| 내일의 기름부음 |

The Anointing
by R. T. Kendall

Copyright ⓒ 1998 by R. T. Kendall

Originally published in English under the title
The Anointing by Hodder and Stoughton
A division of Hodder HeadLine Ltd.
338 Euston Road
London NW1 3BH

Korean Translation Copyright ⓒ 2014 by PureNard
2F 16, Eonju-ro 69-gil, Gangnam-gu, Seoul

The Korean edition is published by Arrangement with Hodder and Stoughton.
All rights reserved.

본 저작물의 한국어판 저작권은 Hodder and Stoughton과의 독점 계약으로 한국어 판권은 '순전한 나드'가 소유합니다.
저작권자의 허락 없이 이 책의 일부 또는 전체를 무단 복제, 전재, 발췌하면 저작권법에 의해 처벌을 받습니다.

내일의 기름부음

초판발행| 2014년 4월 18일
6쇄발행| 2021년 12월 15일

지 은 이| R. T. 켄달
옮 긴 이| 박정희

펴 낸 이| 허철
총   괄| 허현숙
편   집| 김혜진
디 자 인| 이보다나
인 쇄 소| 예원 프린팅
펴 낸 곳| 도서출판 순전한 나드
등록번호| 제2010-000128
주   소| 서울특별시 강남구 언주로69길 16, (역삼동) 2층
도서문의| 02) 574-6702
편 집 실| 02) 574-9702
팩   스| 02) 574-9704
홈페이지| www.purenard.co.kr

Printed in Korea

ISBN 978-89-6237-160-4 03230

The Anointing

내일의 기름부음

R. T. 켄달 지음 | 박정희 옮김

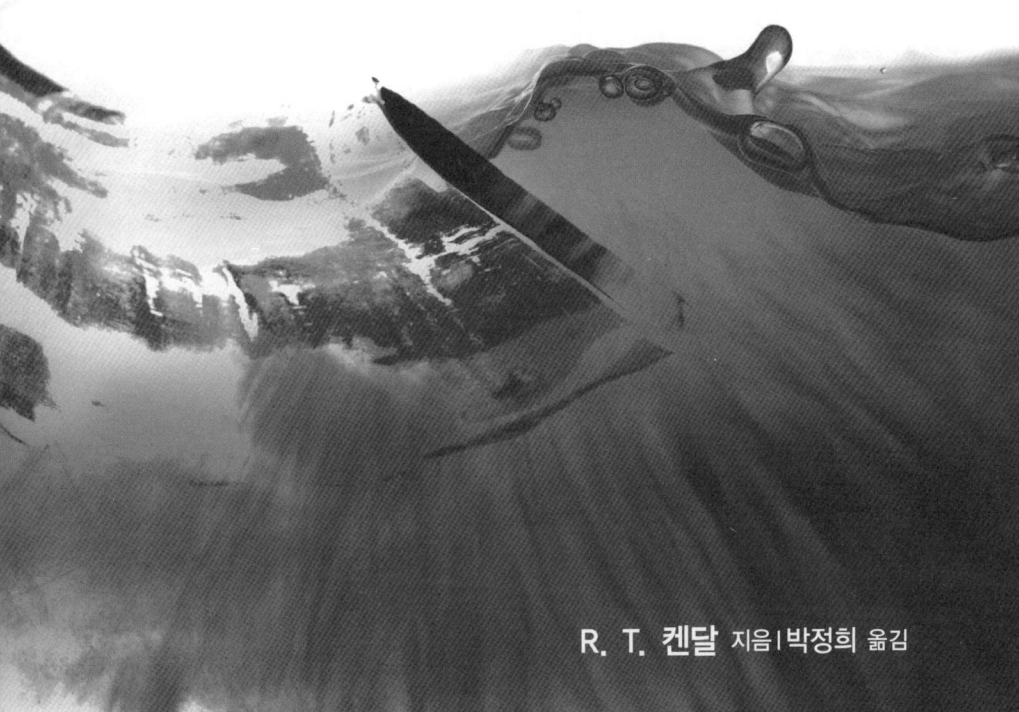

T h e   A n o i n t i n g

추 / 천 / 사

이 책은 나의 사역이 형성되는 일에 실질적인 영향을 주었다. R. T. 켄달의 깊이 있는 지식과 진솔한 간증은 우리가 어제의 사람으로 전락되는 것을 막고, 오늘날 하나님의 목적에 합한 사람으로 살아가도록 돕는다.

조엘 에드워즈 | 영국복음주의연맹 대표

R. T. 켄달의 《내일의 기름부음》은 매우 훌륭하고 신선하다. 같은 주제의 책 가운데 이와 같은 책을 본 적이 없다. 이 책은 성령에 관한 한 오늘의 교회가 어디에 위치해 있는지를 정확하게 묘사하고 있다. 분명 이 책을 통해 당신은 오늘날 하나님께서 하고 계신 일들에 감사하며, 그분의 임재를 더욱 갈망하게 될 것이다. R. T. 켄달은 참으로 귀하고도 드문 조합을 가지고 있다. 그는 하나님께서 과거에 하신 일에 대한 경외심과 오늘날 성령께서 운행하시는 일에 대한 예민함, 그리고 앞으로 올 더 큰 기름부음에 대한 갈망을 모두 가지고 있다.

콜린 다이 | 켄싱턴템플교회 담임목사

목 / 차

5   추천사

8   감사의 글

10 서문

13 서론

PART I 기름부음을 소개하며

20   Chapter 1   기름부음

35   Chapter 2   나의 기름부음 인정하기

53   Chapter 3   기름부음의 한계

PART II 어제의 기름부음

72   Chapter 4   어제의 기름부음

90   Chapter 5   어제의 사람

106   Chapter 6   성공이 너무 일찍 찾아올 때

PART Ⅲ 오늘의 기름부음

128_ Chapter 7 기름부음의 스티그마

146_ Chapter 8 안전지대를 떠나

162_ Chapter 9 오늘의 사람

179_ Chapter 10 기름부음과 고립감

PART Ⅳ 내일의 기름부음

202_ Chapter 11 은밀한 기름부음

221_ Chapter 12 내일의 사람

239_ Chapter 13 말씀 앞에 열려 있기

259_ Chapter 14 성령께 열려 있기

280_ Chapter 15 내일의 기름부음

295_ 각주

감 / 사 / 의 / 글

나는 평소 로버트 머레이 맥체인의 성경읽기표에 따라 성경을 읽어나 간다. 평소와 다름없이 순서에 따라 사무엘상 16장 1절을 읽은 어느 날 아침, 한 구절이 눈에 선명하게 들어오며 뜻밖의 계시로 다가오는 경험을 하였다.

여호와께서 사무엘에게 이르시되 내가 이미 사울을 버려 이스라엘 왕이 되지 못하게 하였거늘 네가 그를 위하여 언제까지 슬퍼하겠느냐 너는 뿔에 기름을 채워 가지고 가라 내가 너를 베들레헴 사람 이새에게로 보내리니 이는 내가 그의 아들 중에서 한 왕을 보았느니라 하시는지라 (삼상 16:1)

나는 순식간에 이 구절 안에서 어제의 사람(사울 왕), 오늘의 사람(사무엘) 그리고 내일의 사람(다윗), 이렇게 시기적으로 구분되는 세 명의 인물을 발견하게 되었다. 바로 여기에서 이 책이 태어났다.

항상 그랬듯이 이 책을 쓰는 데 있어서도 많은 이들에게 도움의 빚을 졌다. 호더&스토우턴 출판사의 편집자 아나벨 롭슨의 인내심과 꼼꼼함에 특별히 감사드린다. 나의 난해한 손글씨를 해독할 수 있는 몇 안 되는 사람 중 하나인 비서 쉴라 펜턴에게도 그동안의 수고에 감사의 인사를 전한다. 책이 나오기까지 많은 친구들이 원고를 읽어주었다. 그 중 귀한 조언을 해준 린던 보우링과 마이클 이튼에게 특별히 감사를 전한다. 롭 파슨스가 서문을 써준 것에 대해서는 영광으로 생각한다.

나는 이 책을 특별히 아들 로버트 틸맨에게 바친다. 나의 아들로 산다는 것이 그에게 쉽지는 않았을 것이다. 나의 가까운 지인은 그에게 늘 '삶 이후의 삶'을 봐야 한다고 말하곤 했다. 이 말은 그가 평소에 가지고 있던 건전한 신학적인 교리 너머에 생생하게 살아 계신 하나님을 몸소 체험해야 한다는 의미였다. 그런데 그 일이 일어났다. 이 내용은 본문에서 잠시 이야기하게 될 것이다.

가장 깊은 감사는 언제나처럼 늘 사랑과 위로로 함께해준 아내에게 돌린다.

서 / 문

가끔 비 오는 토요일 아침에 집에 앉아 있노라면, 나의 마음은 어느새 런던의 한복판으로 향하곤 한다. 나의 머릿속에 떠오르는 그림은 아주 선명하다. 평소에는 번잡한 거리지만, 주말이라 한적해진 길이 보인다. 그 길을 따라가다 보면 호텔이 하나 나오고, 어슬렁어슬렁 걸어서 굽이진 길을 돌면 런던경찰청에 다다르게 된다. 인적이 드문 그곳에 누군가가 보인다. 그는 검정색 코트를 입고 모자를 쓰고 있다. 사람들이 그에게 다가가면 그는 그들과 대화를 나누기도 하고, 그들에게 전도지를 나눠주기도 한다.

저명한 신학자이며 성경연구가인 R. T. 켄달이 이렇듯 매주 토요일 오전에 빠짐없이 길에서 만나는 사람들에게 부활하신 예수님에 대한 소식을 전하는 모습을 생각할 때마다, 나는 혼자 웃음을 짓곤 한다. 그것은 존경심에서 우러나오는 것이다. 나를 포함해서 세상에는 많은 설교가가 복음을 이야기하고 있지만, 그에게는 성경말씀뿐만 아니라 하나님께서 하시는 일에 대한 특별한 열정이 있다.

바로 여기에 그를 이해하는 데 도움이 될 열쇠가 있다. R. T. 켄달은 성경의 하나님께서 오늘 무슨 일을 하고 계신지 알아내고자 한다. 그러한 추구는 그 속성상 위험할 수밖에 없다. 신학은 논의의 영역 안에 머무는 한, 그리고 학문적인 목적에 한정지어져 있는 한 '안전'하다. 반면 세상에는 자신들의 '경험들'에 대해 떠벌리기만을 좋아하면서, 성경에 대해서는 조금도 관심을 가지려고 하지 않는 사람들로 가득 차 있다. 따라서 그의 추구는 그로 하여금 여러 가지 대가를 지불하게 했다.

첫째는 당연히 그에 대한 비평들이다. R. T. 켄달은 신학의 양극 진영 모두로부터 미움을 받는 특이한 능력을 지니고 있다. 하지만 이러한 표면적 아픔을 넘어 훨씬 더 깊은 곳에는 성경에 대한 수준 높은 고찰과 그것을 쓰신 하나님께서 지금도 일하고 계시다는 인식을 함께 가지고 있는, 다른 말로 하면 말씀과 성령의 조화를 갖춘 주님의 사람들이 일어서기를 바라는 간절한 염원이 도사리고 있다.

내가 태어난 지 50년이 되는 올해, 공교롭게도 이 책의 원고를 읽어달라는 요청을 받았다. 반세기를 살았다는 사실에 문득 정신이 든다. 인생은 짧다. 그래서 그런지 원고를 읽어갈수록, 하나님의 은혜로 성령께서 이 세대 가운데 행하실 일들을 부디 놓치고 싶지 않은 바람이 더 간절해졌다. 우리는 신학적으로 건전하다거나 사역이 확장된다거나 해야 할 일이 많다고 해서 만족할 수는 없다. 우리에게는 기름부음이 필요하다.

나이가 들어가면서 우리가 꾸는 악몽은 바뀐다. 어릴 적 무서워했던 몽달귀신은 자랄수록 훨씬 더 공포스러운 형태로 바뀌어간다. 그런데 가장 공포스러운 것 중 하나가 바로 이 책 안에 나와 있다고 나는 생각한다. 하나님의 기름부음을 잃었지만, 그 사실을 알지 못한 채 아무것도 달라진 것이 없는 양 인생을 살아가는 어제의 사람이 되는 것, 바로 그것이다. R. T. 켄달이 묘사하듯, 어제의 사람에게 무슨 일이 일어났는지를 아는 것은 단 두 명, 바로 하나님과 과거의 하나님의 임재로 살아가려고 노력했던 것을 수년이 지난 뒤에야 발견하게 될 본인뿐이다.

하지만 이 책이 품고 있는 소망은 따로 있다. 그것은 성경의 하나님께서 오늘날 우리 세대와 나라 가운데 행하고 계신 일들을 보기 원하는 사람들의 무리(평범한 사람들)가 일어나는 것을 보는 것이다. 그 사람들의 이름이 신문의 머리기사를 장식하진 않더라도, R. T. 켄달의 생각이 옳다면 적어도 그들은 세상을 뒤집어놓을 만한 힘을 갖게 될 것이다. 왜냐하면 하나님의 기름부음이 그들의 마음과 생각과 영에 가득할 것이기 때문이다.

나 자신은 물론이거니와 이 책을 읽는 독자 누구도 그것을 놓치지 않기를 진심으로 기도한다.

롭 파슨스

서 / 론

웨스트민스터채플에서 담임목사로 시무한 이래로 내게 가장 큰 영향력을 끼친 사람은 바로 마틴 로이드 존스다. 그는 성령께서 우리에게 직접 개입하셔서 일하신다는 사실에 대해 열려 있는 사람이다.

마틴 로이드 존스는 나의 육신의 아버지 다음으로 내게 가장 큰 영향을 끼쳤다. 그는 지금의 나를 있게 한 사람으로, 내게 생각하는 방법을 가르쳐주었다. 마틴 로이드 존스는 내가 웨스트민스터채플에 부임하자마자 곧바로 나를 받아들여주었다. 우리는 정기적으로 매주 목요일 오전 11시에 만나 교제를 나눴다. 나는 매번 그 다음 주에 있을 예배를 위해 준비한 세 편의 설교 원고를 로이드 존스 목사에게 읽어주었다.

내가 웨스트민스터채플에서 목회를 시작한 이후 첫 4년간 청중 앞에 서서 내뱉은 모든 말은 먼저 로이드 존스 목사에게 들려준 것이었다. 금세기에 나와 같은 특권을 누린 목사는 아마 아무도 없었으리라 본다. 당시 나는 그의 생각이 어떻게 작동하는지 볼 수 있었다. 나는 그에게 수

백 가지의 질문을 했고, 나의 비밀과 두려움을 모두 털어놓았다. 그는 마치 아버지와도 같았으며, 나는 그에게 많은 사랑을 받았다.

마틴 로이드 존스는 참으로 지혜로웠다. 때론 지나치다 싶을 정도로 신중한 면도 있긴 했지만, 대체적으로 "아주 좋습니다. 계속 하세요"라고 말하곤 했다. 그의 성향 자체가 모험을 즐기는 편은 아니었다. 하지만 그는 내 가슴 속에 불타고 있던 것들을 설교할 수 있도록 자유롭게 풀어주었다. 예를 들면 그는 나의 '이삭'에 대한 계시를 좋아했다.

아브라함은 13년 동안 의심의 여지없이 이스마엘이 하나님께서 약속하신 아들이라고 믿었다. 그러나 어느 날 하나님께서 아브라함에게 말씀하셨다. "아니다. 이삭이 오고 있다"(창 17:15-21). 이것은 일부 신실한 그리스도인들이 은사주의운동이 바로 그동안 교회가 기다려온 부흥이라고 믿었던 것과 흡사하다. 그러나 아니다. 이삭이 오고 있다! 이 말은 우리가 지금까지 목도해온 것과는 비교도 할 수 없을 정도로 거대하고 강력한 성령의 움직임이 올 것이란 뜻이며, 그 격차는 이삭이 이스마엘에 비해 견줄 수 없을 정도로 중요한 언약이었던 만큼 클 것이다.

마틴 로이드 존스는 교회 역사상 가장 탁월하다고 할 수 있는 성경 강해 설교자였다. 그의 천재성에 견줄 자가 없다. 그는 말씀을 사랑하는 것만큼이나 성령에 대해서도 개방적인 태도를 가지고 있어서, 이 두 가지 중 어느 것을 더 중요시하는지 구분할 수 없을 정도였다. 기본적으로 그의 은사는 성경을 이해하는 데 있었으나, 그는 그저 '모범적'이기만 한 사람들보다는 성령의 즉각적이고 직접적인 역사하심에 대해 열려 있는 사람들을 더욱 좋아하였다. 그는 전자들을 '아무짝에 쓸모없는 완벽한 전통주의'라고 부르곤 했다.

1955년 10월 31일 월요일 아침, 테네시 주 팔머를 출발하여 당시 내가 다니고 있던 내슈빌의 신학교로 차를 몰고 가던 중 하나님의 영광이 차 안에 임했다. 그리고 갑자기 눈앞에 예수님께서 나를 위해 하나님께 중보하시는 장면이 펼쳐졌다. 나는 그런 것을 본 적이 없었다. 그 영광스러운 순간 감격에 겨운 나는 운전을 하면서 기쁨의 눈물을 흘렸다. 그 후로 목적지까지 어떻게 운전해서 갔는지 나중에 천국에 가면 이 장면을 꼭 한 번 보고 싶다.

내가 지금 기억하는 그 다음 장면은 이것이다. 그렇게 1시간 정도 운전해가다가 테네시의 스머나를 지나갈 즈음, 예수님께서 하나님께 "그가 그것을 원합니다"라고 말씀하셨다. 그러자 하나님께서 대답하셨다. "그에게 줄 것이다." 바로 그 순간, 믿기지 않을 정도의 온기와 평화가 액체로 된 불꽃처럼 내 가슴 속으로 밀려들어왔다. 그것은 분명한 실체였다. 나는 예수님의 얼굴을 바라보았다. 1분은 좀 못 되는, 몇 십 초 동안 나는 그분의 얼굴을 응시했다. 그리고는 끝이 났다. 10분 후 나는 차에서 내려 내 방으로 들어가서 면도를 하고 신학교의 첫 수업에 들어갔다.

이 경험은 나의 신학을 바꾸어놓았다. 나는 내가 뭔가 새로운 것을 발견하였고, 바울 사도 이후 이러한 경험을 한 사람이 내가 처음일 것이라고 생각했으며, 그렇게 믿었다. 불과 몇 시간 만에 나는 변화되었고, 나의 신학적 교리도 수정되었다. 그러나 그때는 그것을 인식하지 못했다. 하지만 이 일로 나는 원래 소속되었던 교단(물론 지금도 사랑하고 존경한다)으로부터 떨어져 나와 결국 영국의 웨스트민스터채플까지 오게 되었다.

나는 이 모든 이야기를 로이드 존스에게 했다. 솔직하게 말하자면, 그는 나의 이러한 면을 가장 흥미로워하였다. 하지만 나는 내가 경험했던 일의 초자연적인 영역에 대해서는 접어둔 채, 웨스트민스터에서는 강해설교에 충실할 것을 주님께서 원하신다고 믿었다. 그리고 이것은 지금까지도 변함이 없다. 나의 옛 경험은 로이드 존스의 가르침과 어우러져 어떠한 종류의 기름부음을 받은 자를 만나든지 항상 열려 있을 수 있도록 해주었다. 1955년 10월 31일의 첫 경험 이후 약 1년에 걸쳐 나는 일련의 환상을 보았다. 이 중 어떤 것은 이루어졌으며, 어떤 것은 아직까지 성취되지 않은 채로 남아 있다.

나에게 가장 큰 영향을 준 사람은 바로 나의 아버지이다. 내가 아버지에 대해 갖고 있는 가장 오래된 기억은, 우리가 켄터키 애슐랜드에 살 때 거실 의자에 무릎을 꿇고 앉아 기도하시던 모습이다. 아버지는 체사피크 & 오하이오 철도회사에서 사무원으로 일하시며, 우리가 다니던 교회 주일학교에서 교사로 섬기셨다. 아버지는 평신도였지만 30분 정도 하나님과 단둘이 보내는 시간을 갖지 않고서는 직장조차도 나가지 않는 그런 분이셨다. 나는 아버지만큼 존경할 만한 분을 이제껏 만나보지 못했다. 이런 아버지를 허락하신 하나님은 내게 너무나 인자하신 분이다. 다윗은 "내게 줄로 재어 준 구역은 아름다운 곳에 있음이여 나의 기업이 실로 아름답도다"(시 16:6)라고 노래했다.

기름부음 그리고 궁극적으로 말씀과 성령의 조화를 논의함에 있어서, 우리는 세 명의 인물에 초점을 맞추게 될 것이다. 어제의 사람(혹은 어제의 기름부음)의 유형으로 볼 수 있는 사울 왕, 오늘의 사람을 상징하는 사무엘 선지자 그리고 내일의 사람을 상징하는 다윗이 그들이다. 그러므로 이 책은 자연스럽게 어제의 기름부음, 오늘의 기름부음, 내일의 기름부음, 이렇게 세 부분으로 나누어진다. 나는 1947년 스미스 위글스워스가 예언했으며, 그 이후 우리가 줄곧 기다리고 있는 말씀과 성령의 연합이 내일의 기름부음을 통해 이루어질 것이라고 믿는다. 그리고 그날이 오기를 고대한다.

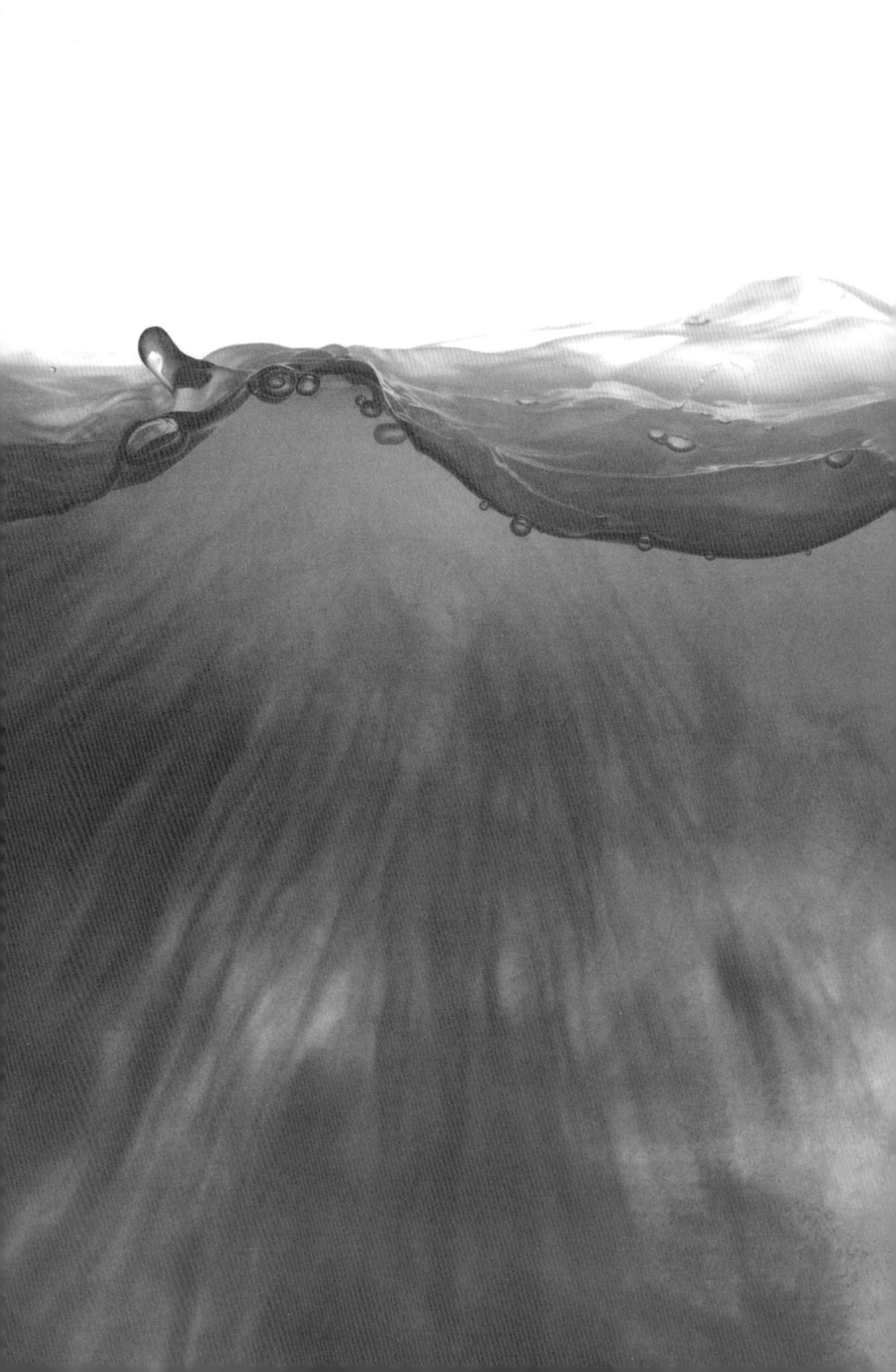

PART I
기름부음을 소개하며

The Anointing

기름부음

얼마 전 미국의 한 성공회 목사로부터 지금까지 들은 것 중 가장 끔찍한 이야기를 들었다. "성령께서 교회를 완전히 떠나신다 해도, 오늘날 교회가 하는 일들의 90퍼센트는 아무런 지장을 받지 않을 것이다"라는 것이었다! 이 말은 오늘날 교회가 본래의 모습으로부터 얼마나 왜곡되어 버렸는지를 잘 표현해주는 이야기다. 우리 개인의 삶을 이 문장에 넣어도 말이 되지 않을까 싶다. 하나님의 개입이라고는 전혀 찾아볼 수 없는 '기독교적' 활동을 우리는 얼마나 많이 해대고 있는가?

여기에 쓸 수 있는 단 하나의 해독제가 있다. 그것에는 무한한 가능성과 놀라운 능력이 있으며, 자유케 하는 효력이 있는데, 그것이 바로 기름부음이다.

얼마 전, 나는 재키 플린저와 함께 홍콩의 구룡성채를 걸으며 그녀가 한때 마약중독자였던 이들을 대상으로 사역하는 것을 보았다. 나는 그곳에 있는 것만으로도 겁이 났는데, 재키는 이미 그곳에서 20년간 살아온 터였다. 하나님께서 이 여인을 통해 그곳에서 하신 일들은 매우 놀라웠다. 당시 재키가 무심코 내뱉은 말이 있다. "영적인 사람에게는 초자연적인 일이 더 자연스러운 거예요."

기름부음은 성령의 능력이다. 이보다 더 좋은 정의는 없다. 이 책은 성령의 능력에 관한 것이다. 하지만 나는 이 장에서 좀더 구체적인 정의를 소개하고자 한다.

기름부음이란?

몇 년 전, 한 사람이 내 사무실로 와서 물었다. "기름부음이라는 것이 뭡니까?" 당시 내가 이렇게 대답했던 것 같다. "일을 쉽게 할 수 있도록 돕는 선물이지요." 그때까지 이런 표현을 써본 적이 없었지만, 아마도 속으로 그렇게 생각하고 있었던 모양이다. 이 생각의 씨앗은 재키 플린저가 한 말에서 왔을 것이다. 성령으로 충만한 사람은 기이한 일들을 행할 수 있으나 그들에게 그것은 너무나 자연스러운 일이다. 그들에겐 그 일이 매우 쉽다. 기름부음이 작동되면 말이다.

물론 쉽게 되는 모든 일이 기름부음에 의한 것은 아니다. 먹는 것, 수다떠는 것, TV를 오래 보는 것 등 쉽게 되는 일이라고 해서 다 좋은 것도 아니다. 유혹도 쉽게 다가오며, 비생산적인 일을 하는 것도 '자연스러운 일'로 여겨질 수 있다. 그러나 기름부음은 선한 결과를 가져오고, 사람들을 축복하며 위로한다. 그 과정이 순조로우며, 부담이나 피로감이 없다. 그리고 덕을 세운다.

> 기름부음은 성령의 능력이다. 이보다 더 좋은 정의는 없다.

어떤 일에 기름부음이 작동하면, 그 일은 쉬워진다. 몇 년 전, 고(故) 존 웜버 목사가 친히 내 사무실에 들른 적이 있었다. 우리가 이야기를 나누고 있는데 문 밖에서 빌 레이놀즈의 목소리가 들렸다. 빌은 우리 교회 장로로 교회의 행정을 맡고 있다. 나는 빌이 존 웜버를 만나면 좋을 것 같다는 생각이 들어 그를 데리러 나갔다. 내가 그를 소개하자마자 존 웜버는 빌에게 예언하기 시작했다. "당신은 고넬료와 같습니다. 당신의 기도가 하나님께 상달되었으며, 기억된 바 되었습니다."

이어서 존 웜버는 빌의 두 아들들에 대해 예언했다. 그가 빌의 아들들에 대해 아는 바가 전혀 없었던 것은 물론이고, 더욱 빌을 놀라게 했던 것은 3년 전 이미 한 사역자가 자신의 두 아들에 대해 똑같은 예언을 한 적이 있다는 것이었다. 내가 빌에게 "이런 신기한 일이 있을 수 있다니 놀랍지요"라고 말했다. 빌 역시 놀라워했다. 하지만 존 웜버는 대수롭지 않다는 듯이 말했다. "내가 시작하고 싶다고 시작할 수 있는 것도 아니고, 그만하고 싶다고 끝낼 수 있는 것도 아닌걸요."

기름부음이 작동되면, 우리의 은사는 밥을 먹거나 친구랑 이야기를 나누는 일처럼 자연스럽고 쉬운 일이 된다. 은사는 늘 가지고 있는 것일 수 있으나 항상 쉽게 풀어지는 것은 아니기 때문이다. 은사에 기름부음이 부어질 때 쉽게 그 능력이 드러난다. 이에 대한 또 하나의 예로, 내가 1994년에 스프링 하베스트에서 강해설교를 했을 때를 들 수 있다.

당시 나는 마인헤드와 스케그네스 두 곳에서 설교를 하고 있었다. 마인헤드에서 이사야 49장을 가지고 설교하던 중 나는 특별한 하나님의 도우심을 느낄 수 있었다. 그날 설교에 분명 기름부음이 있었다(적어도 내가 느끼기에는 그랬다). 난 그 다음주에 스케그네스에서도 같은 설교를 하면 같은 경험을 하게 될 것이라고 생각했다. 하지만 아니었다. 두 번째 설교는 힘겹고 초조했으며, 끝나지 않을 것처럼 길게만 느껴졌다. 똑같은 원고를 가지고 했지만, 두 설교는 극명한 대조를 이루었다.

기름부음은 우리 스스로 시작하거나 멈출 수 있는 것이 아니다. 그렇다고 예상치 않았던 기름부음이 임했을 때 우리가 통제력을 잃는다는 뜻은 아니다. "예언하는 자들의 영은 예언하는 자들에게 제재를 받나니"(고전 14:32). 하지만 '바람이 임의로 불매'(요 3:8), 우리는 성령의 예기치 않은 흐름에 의해 끊임없는 놀라움을 맛보게 된다.

문제는 우리의 삶은 계속되고, 우리는 우리가 가진 것들을 가지고 최선을 다하며 살아야 한다는 것이다. 내키든 내키지 않든, 우리는 일을 하러 가야 한다. 원하든 원하지 않든, 나는 일주일에 서너 편의 설교 혹은 강의안을 준비해야 한다. 그리고 내 감정과는 상관없이 나는 일주일에 몇 번씩 대중 앞에 서야 한다. 때론 설교 준비를 하던 중 기름부음이 강해서 예배가 너무나 기다려지는 경우도 있다. 반면 연구에 연구를 거듭해도 특별한 영감이 떠오르지 않을 때도 있다(솔직히 말하자면 이런 경우가 대부분이다). 이따금 몇 초 만에 준비한 설교가 며칠씩 걸려서 준비한 것에 못지않은(혹은 더 나은) 경우도 있었다.

    이것은 어느 영역에나 적용된다. 성령 충만한 간호사는 환자에게 주사를 놓기 위해 병원 복도를 걸어가던 중 갑자기 하나님의 임재를 감지할 수 있다. 그러면 그녀는 늘 해오던 업무를 할 따름이지만, 이날만큼은 하나님께서 특별한 방식으로 그녀와 함께하신다는 것을 느끼며 일을 할 것이다. 이보다 더 신나는 일은 없다. 직업이 비서, 전문직 종사자, 주부, 트럭 운전사 혹은 목사 그 무엇이건 간에 기름부음의 가능성은 항상 존재한다. 다만 하나님께서 언제 스스로를 드러내실지 그것을 모를 뿐이다. 하나님의 임재가 대중 앞에서 설교할 때 임하실지, 혹은 그것을 준비하느라 혼자 깊은 씨름을 할 때 임하실지 나로서도 전혀 알 길이 없다.

    왜일까? 이것에 대해서는 다음의 두 가지로 설명할 수 있다. 첫째는 '나'이다. 나의 기분이 어떤지, 간밤에 얼마나 잤는지, 방금 누구랑 이야기를 나눴는지, 마음 상태가 어떤지, 마감시간을 맞추느라 시간에 쫓기거나 서두르고 있는 건 아닌지 등이 바로 요인이 될 수 있다. 대부분 우리 상태가 육체적이거나 감정적이기 때문이다. 보통 부담이나 스트레스를 받는지의 여부가 크게 영향을 줄 수 있다. 혹은 좋은 친구를 만날 약속이 잡혀 있다든지 하는 것과 같이 무언가를 기대하고 있는 상황인지 아닌지도 영향을 끼칠 수 있다. 그러므로 이것은 성령과는 거의 상관이 없다.

    둘째는 성령이라는 인격체의 주권이다. 기름부음은 바로 성령이며, 성령은 사람과 같은 인격체이시다. 아버지 하나님도 인격체시며, 그 아들 예수님도 사람과 같은 인격체시다. 이처럼 성령도 인격을 가지고 계신다. 그래서 그분 스스로의 의지를 가지고 우리가 전혀 기대하지 않을 때 찾아오시고, 때로는 우리에게 전혀 그럴 만한 자격이 없을 때 찾아오시기도 한다. 이것이 어느 정도 기도의 분량과 연관성이 있는 것이 사실이지만, 내가 충분히 기도하지 못했을 때에도 성령은 주권적으로 임하시곤 하였다. 기름부음은 거저 베푸시는, 그야말로 은혜다.

> 기름부음이 작동되면, 우리의 은사는 밥을 먹거나 친구랑 이야기를 나누는 일처럼 자연스럽고 쉬운 일이 된다. 은사는 늘 가지고 있는 것일 수 있으나 항상 쉽게 풀어지는 것은 아니기 때문이다. 은사에 기름부음이 부어질 때 쉽게 그 능력이 드러난다.

성령의 또 다른 이름

'은사'와 '기름부음'은 때로 상호교환적으로 사용될 수 있는 단어들이지만, 기름부음이 가진 역동성은 은사를 최고조로 발휘시킨다. 우리는 우리가 가진 은사에 기름부음이 임하도록, 즉 우리의 기름부음 위에 기름부음이 임하도록 기도해야 한다. 이것은 성령께서 다양한 방법으로 스스로를 드러내시기 때문이다.

성령은 모든 믿는 자 안에 거하시지만(롬 8:9, 고전 12:11-13), 근심하기도 하시며(엡 4:30), 소멸되기도 하신다(살전 5:19). 그는 사울에게서 '떠나셨으며'(삼상 16:14), 나중에 다시 임하셨을 때 그가 예언하기 시작했다(삼상 19:23). 사울은 왕으로서 버림받았으나(삼상 16:1) 그는 여전히 기름부음 받은 자로 불렸다(삼상 24:6). '은사'와 '기름부음'은 비슷한 의미로 사용될 수 있지만, '기름부음'이란 말은 이처럼 한 가지 의미 이상으로 사용되었다.

마음이 편안한 상태, 즉 느긋하고 부담도 없고 아무것도 증명해보일 필요도 없을 때, 내가 가진 은사가 가장 편안하게 느껴질 때, 기름부음이 가장 극대화된다.

구원이라는 선물과 우리가 죽은 후에 천국에 갈 것이라는 확신, 그 다음으로 우리에게 가장 소중한 재산이 바로 기름부음이다.

기름부음은 곧 성령이다. 그것은 정말 성령의 또 다른 이름이다. 요한의 성령에 대한 표현 중 하나가 이것이다. "너희는 거룩하신 자에게서 기름부음을 받고 … 주께 받은 바 기름부음이 너희 안에 거하나니 아무도 너희를 가르칠 필요가 없고"(요일 2:20, 27). 성령께서 우리의 선생님이시니 그가 모든 것을 가르치시고(요 14:26), 모든 진리 가운데로 인도하신다(요 16:13).

나는 다른 무엇보다 이것을 더 소유하기 원한다. 나는 이 세상의 다른 어느 것보다 성령을 더 받기 원한다. 잠언에 의하면, 기름부음은 지혜이며 명철이다. "지혜가 제일이니 지혜를 얻으라 네가 얻은 모든 것을 가지고 명철을 얻을지니라"(잠 4:7). 야고보도 '지혜'라는 단어를 사용한다. "너희 중에 누구든지 지혜가 부족하거든 모든 사람에게 후히 주시고 꾸짖지 아니하시는 하나님께 구하라 그리하면 주시리라"(약 1:5).

이전 세대에서는 기름부음이란 뜻으로 '엉션'unction이라는 단어를 사용하기도 했는데, 이는 아마도 요한일서 2장 20절에서 이 단어를 썼기 때문일 것이다. 이 단어는 목사의 설교와 연관하여, 즉 설교가 기름부음이 있었는지 여부를 말할 때 종종 사용되었다. 나도 "내 설교에 기름부음이 임하게 할 수 있다면 무슨 짓이라도 하겠다"라고 말할 때, 보통 이 단어를 사용하곤 한다.

한번은 스프링 하베스트에서 간담회를 가졌는데, 그때 내가 아마도 그런 표현을 썼던 것 같다. 그러자 약 10분 후에 한 사람이 손을 들고 내게 질문했다. "엉션이라는 말이 도대체 무슨 뜻입니까?" 이 질문에 놀란 나는 그분이 내게 농담을 하고 있는 것이 아닌가 생각했다. 하지만 나는 우리들이 자주 사용하는 단어 중 많은 사람들이 그 뜻을 전혀 알지 못하는 것이 많다는 것을 알게 되었다. 그런 의미에서 이 단어에 대해 좀더 설명하기 원한다.

'엉션'이란 단어는 다이애나 비의 장례식 때 불려진 '사랑의 왕 내 목자' The King of Love my Shepherd is 라는 찬양 혹은 시편 구절에 등장한다.

주께서 내게 상을 베푸시고
은혜의 기름 부으시네 Thy unction grace bestoweth
오 놀라운 이 기쁨
당신의 순결한 잔에서 흐르네
* 헨리 W. 베이커

예수님께서 회당에 들어가사 성경을 읽으려고 서셨다. 그분의 손에 선지자 이사야의 글이 전해졌다. 주님께서 책을 펴서 이사야 61장 1-2절의 말씀을 읽으셨다. "주의 성령이 내게 임하셨으니 이는 가난한 자에게 복음을 전하게 하시려고 내게 기름을 부으시고 anointed 나를 보내사 포로된 자에게 자유를, 눈 먼 자에게 다시 보게 함을 전파하며 눌린 자를 자유롭게 하고 주의 은혜의 해를 전파하게 하려 하심이라 하였더라"(눅 4:18-19).

'어노인팅'anointing 혹은 '엉션'이란 단어는 헬라어 '크리스마'chrisma에서 유래되었다. 나는 이 두 단어를 '어노인팅' 즉 기름부음으로 통일하여 사용하고자 한다. 이 단어의 사전적의 의미는 단순히 '연고나 기름을 바르다'이다.

'병자성사'(病者聖事, extreme Unction, 조병예식이라고도 불림)라고도 불리는 기름바름은 카톨릭 교회가 지키는 7대 성사 중 하나로, 병으로 죽어가는 사람에게 기름을 바르는 의식을 말한다.[1] 이것은 야고보서 5장 14절 "너희 중에 병든 자가 있느냐 그는 교회의 장로들을 청할 것이요 그들은 주의 이름으로 기름을 바르며 그를 위하여 기도할지니라"는 말씀을 근거로 한다. 하지만 이 말씀이 병으로 임종을 앞둔 자에게만 적용된다는 암시는 찾아볼 수 없다. 내가 시무하는 교회에서는 오랫동안 병자들을 위해 기름을 바르며 기도해왔으며, 이들 중에서 치유를 경험한 일들이 다수 있었다.[2]

'크리스마'는 헬라어 '크리오'chrio에서 파생된 것으로, 메시아 혹은 기름부음 받은 자란 뜻의 '크라이스트'Christ의 어근이다. 요한일서 2장 20절과 27절에서 사용되고 있는 이 '크리스마'라는 단어는 '카리스마'charisma(주로 개인의 강력한 개성을 말할 때 사용됨) 혹은 '카리스마타'charismata(성령의 은사들을 지칭함)와는 다른 것이다. 그러나 이 두 단어는 모두 기름부음의 결과로 나타나는 것들이라고 볼 수 있다.

구약에서 '기름부음'이라는 단어는 최소한 다음의 5가지의 맥락으로 나타난다. 첫째로, 올리브유에 몰약, 계피, 사탕수수 등의 향을 섞어 만든 기름과 관련이 있다. "그것으로 거룩한 관유를 만들되 향을 제조하는 법대로 향기름을 만들지니 그것이 거룩한 관유가 될지라"(출 30:25). 하나님께서는 이 향기름을 "회막과 증거궤에 바르고 상과 그 모든 기구이며 등잔대와 그 기구이며 분향단과 및 번제단과 그 모든 기구와 물두멍과 그 받침에 발라 그것들을 지극히 거룩한 것으로 구별하라 이것에 접촉하는 것은 모두 거룩하리라"(출 30:26-29)고 하셨다. 이 기름부음은 거룩한 물건들에 대한 것이었다.

둘째로, 제사장을 세울 때 사용되었다. 거룩한 물건에 부었던 것과 같은 종류의 기름을 아론과 그 아들들에게 부었다(레 8:10-13). 이것은 매우 중대한 의식이었다. 모세는 아론과 그의 아들들에게 이렇게 말했다. "여호와의 관유가 너희에게 있은즉 너희는 회막 문에 나가지 말라 그리하면 죽음을 면하리라"(레 10:7). 이 기름은 제사장들이 관리했다(민 4:16).

셋째로, 왕을 세울 때 사용되었다. 이것에 대한 첫 번째 예는 사무엘이 사울을 세울 때였다. "이에 사무엘이 기름병을 가져다가 사울의 머리에 붓고 입맞추며 이르되 여호와께서 네게 기름을 부으사 그의 기업의 지도자로 삼지 아니하셨느냐"(삼상 10:1). 이러한 이유로 하나님께서 나중에 사울을 버려 이스라엘의 왕이 되지 못하게 하셨을지라도(삼상 16:1), 사울은 여전히 하나님의 '기름부음 받은 자'로 불렸던 것이다(삼상 24:6).

넷째로, 성령의 임재와 밀접한 관계를 갖는다. 사무엘이 사울에게 기름 부은 후에 사울에게 여호와의 영이 크게 임했으며(삼상 10:6) 새 마음을 주셔서(삼상 10:9) 그가 예언하기 시작했다(삼상 10:10-11). 나중에 사무엘이 비밀리에 다윗에게 기름 부었을 때, 여호와의 영이 다윗에게 임했다. 사울은 여전히 왕위에 있었지만, 하나님으로부터는 버림받았다(삼상 16:1). 비록 다윗의 머리에 왕관은 없었지만, 사무엘이 기름을 붓자 그 즉시로 성령이 다윗에게 임했다. "사무엘이 기름 뿔병을 가져다가 그의 형제 중에서 그에게 부었더니 이 날 이후로 다윗이 여호와의 영에게 크게 감동되니라"(삼상 16:13).

당시 사울에게 왕관은 있었지만, 기름부음은 이미 그를 떠났다. "여호와의 영이 사울에게서 떠나고 여호와께서 부리시는 악령이 그를 번뇌하게 한지라"(삼상 16:14). 하지만 다윗에게는 왕관은 없었지만, 기름부음, 즉 성령의 임재하심이 있었다.

이 네 번째의 경우에 이르러서야 그동안 의미적으로 내포되어 있던 한 가지 사실이 드러나게 된다. 이 기름이 바로 성령의 상징이라는 것이다. 하지만 이 기름이 부어진 곳에 실제로 성령께서 친히 임하셨다는 것을 볼 때, 기름을 붓는다는 것은 하나의 단순한 상징 이상이었다.

이 사실은 예수님께서 열두 제자에게 사단을 제압할 수 있는 권세를 주시며 보내실 때 분명하게 드러난다. "많은 귀신을 쫓아내며 많은 병자에게 기름을 발라 고치더라"(막 6:13). 그러므로 기름은 상징 그 이상의 의미를 지니고 있었다. 어떤 점에서 이것은 하나의 도구라고 볼 수 있으며, 나도 이것을 다 이해한다고 말할 수는 없다. 하지만 내가 말할 수 있는 것은, 비록 믿음의 기도가 병든 자를 낫게 하는 것이지만, 이것이 기름을 바르는 행동과 함께 이루어져야 한다는 것이다(약 5:14-15).

다섯째, 이 단어는 실제로 전혀 기름을 필요로 하지 않는 상황에서도 사용되었다. "나의 기름 부은 자를 손대지 말며 나의 선지자들을 해하지 말라 하셨도다"(시 105:15). 아브라함은 선지자라 불렸으며(창 20:7), 하나님께서는 아비멜렉에게 그를 해하지 말라고 경고하셨다. 이 말씀은 아브라함이 기름부음을 받았다는 증거가 나타나 있지 않음에도 불구하고 그가 기름부음 받은 자라는 뜻이다.[3]

이사야서의 말씀에서도 이와 비슷한 예를 찾아볼 수 있다. "주 여호와의 영이 내게 내리셨으니 이는 여호와께서 내게 기름을 부으사 가난한 자에게 아름다운 소식을 전하게 하려 하심이라 나를 보내사 마음이 상한 자를 고치며 포로된 자에게 자유를, 갇힌 자에게 놓임을 선포하며"(사 61:1). 이는 하나님의 메시아, 즉 예수 그리스도의 기름부음과도 연결되는데, 실제로 예수님께 기름이 부어졌다는 기록은 성경 어디에도 없다.

다양한 사례들

구약시대의 인물들도 이러한 기름부음을 받았다는 것은 놀랄 일이 아니다. 성령은 영원하시다(히 9:14). 이 말은 그분이 창세전부터 계셨으며, 영원 무궁히 존재하시는 하나님이란 뜻이다. 예수님의 탄생이 말씀, 즉 로고스의 시작이 아닌 것처럼, 오순절 성령의 강림하심이 성령의 시초는 아니다. 오순절에 일어난 일은 주님께서 아버지께로 돌아가시고 난 후 일어난 성령의 대대적인 현현의 시초였다. 하지만 성령은 천지창조로부터 시작해서 구약시대에 이미 존재해 계셨다(창 1:2). 구약의 영웅들이 했던 모든 일들이 그들의 '믿음'으로 인해서 가능했던 것처럼(히 11:1-2), 그들의 기름부음도 그와 같았다. 올리브오일도 필요 없었고, 어떻게 기름부음을 받았는지에 대한 설명도 필요 없었다.

엘리야가 갈멜산에서 바알의 선지자들 앞에서 당당하게 "너희가 어느 때까지 둘 사이에서 머뭇머뭇 하려느냐 여호와가 만일 하나님이면 그를 따르고 바알이 만일 하나님이면 그를 따를지니라"(왕상 18:21)라고 말할 수 있었던 것은 기름부음 때문이었다. 엘리야는 이 말을 할 때, 성령의 인도하심으로 매우 담대했다. 어찌나 담대했던지 그는 그 거짓 선지자들을 드러내놓고 조소하였다. 그들이 "바알이여 우리에게 응답하소서!"라고 소리쳤을 때, 엘리야는 그들을 조롱하였다.

그리고 엘리야는 마침내 백성들에게 "내게로 가까이 오라"고 한 뒤, 무너진 여호와의 제단을 수축하였다. 그리고 이렇게 기도하였다. "아브라함과 이삭과 이스라엘의 하나님 여호와여 주께서 이스라엘 중에서 하나님이신 것과 내가 주의 종인 것과 내가 주의 말씀대로 이 모든 일을 행하는 것을 오늘 알게 하옵소서"(왕상 18:36). 그러자 바로 불이 떨어졌다. 이 광경을 본 백성들은 놀라 땅에 엎드려 말했다. "여호와 그는 하나님이시로다 여호와 그는 하나님이시로다"(왕상 18:39). 이렇듯 엘리야가 이길 수 있었던 유일한 이유는 바로 성령의 기름부음에 있었다.

스데반의 얼굴이 천사의 얼굴처럼 빛났던 것도 기름부음 때문이었으며, 이로 인해 유대인들은 스데반이 지혜와 성령으로 말함을 능히 감당하지 못했다(행 6:10, 15). 모세의 얼굴에 광채가 났던 것도 같은 이유였다(출 34:30). 그래서 그가 사람들에게 "너희는 두려워하지 말고 가만히 서서 여호와께서 오늘 너희를 위하여 행하시는 구원을 보라"(출 14:13)고 말할 수 있었고, 나중에 이스라엘 자손이 바다 가운데를 걸어갈 수 있었다(출 14:22).

하녀 앞에서 그리스도를 부인했던 베드로가 7주가 지난 후 오순절 날 수천 명의 유대인들 앞에 서서 설교를 할 수 있었던 것도(행 2:14-41), 미문 앞의 앉은뱅이 거지에게 "은과 금은 내게 없거니와 내게 있는 이것을 네게 주노니 나사렛 예수 그리스도의 이름으로 일어나 걸으라"고 하며 생전 걸어본 적이 없는 자를 단번에 치유하여 걷게 할 수 있었던 것도 기름부음 때문이었다(행 3:6-7).

4세기에 아타나시우스라는 이름의 한 아프리카인 신학자가 예수님의 영원한 신성을 이야기하였을 때 그는 환영받지 못했다. 그는 육신을 입고 이 땅에 오신 말씀이 성부 하나님이 그러하신 것처럼 동일하게 영원한 실체이시며, 또한 실재하신다고 주장하며 홀로 싸웠다. 그러자 그를 비평하는 자들이 이렇게 말했다. "세상 모든 사람이 당신을 반대합니다." 이에 그는 이렇게 대꾸했다. "세상이 아타나시우스를 반대한다면, 나 아타나시우스가 세상을 반대합니다." 그가 이렇듯 담대하게 홀로 싸울 수 있었던 것도 기름부음 때문이었다.

16세기에 마틴 루터가 세상을 뒤집어놓을 수 있었던 것도 기름부음 때문이었다. 그는 우리가 하나님 앞에서 오로지 믿음으로 의롭다 여기심을 받는다는 주장을 홀로 들고 섰다. 그로 인해 서구사회는 오늘날 전혀 다른 사회가 되었다.

존 칼빈의《기독교 강요》*Institutes of the Christian Religion* 도 기름부음 아래 쓰였다. 프랑스 왕에게 헌정되었던 이 책은 나중에 전 유럽에서 출간되었는데, 이 네 권의 책은 그 어느 저서보다 프로테스탄트의 신학을 잘 정리하고 있다. 헨리 에머슨 포스딕 목사는 심지어 "칼빈을 빼놓고 서구문명사를 읽는다는 것은 한쪽 눈을 가리고 읽는 것과 같다"고 말하기도 했다.

순교자들에게 용기를 가져다주는 것도 기름부음이다. 영국의 메리 여왕(일명 '피의 메리' *Bloody Mary*라고 불림) 통치시절(1553-1558), 많은 이들이 자신의 믿음을 지키기 위해 순교했다. 1555년 어느 날, 화형대에 매달린 휴 라티머 주교와 젊은 니콜라스 리들리 주교의 몸 위로 불꽃이 무섭게 휘감겨 오르고 있었다. 그 순간 라티머 주교는 리들리 주교에게 소리쳤다. "두려워하지 마십시오, 주교님. 당당하게 서세요. 오늘 우리는 이 영국 땅에서 영영 꺼지지 않을 촛대에 불을 붙이는 것입니다." 1년 후에 존 브래드포드라는 순교자는 불길이 자신과 동료들을 삼키려 할 때, 이렇게 말했다. "형제들, 기뻐하게나. 우리는 오늘밤 주님과 즐거운 저녁식사를 나누게 될 걸세."

존 웨슬리와 조지 휫필드가 설교할 때, 그토록 많은 이들이 회심했던 것도 그들이 가진 기름부음 때문이었다. 조나단 에드워즈가 '분노하신 하나님 손 안의 죄인들'이라는 제목으로 설교했을 때, 이 설교를 듣던 사람들 위로 쏟아진 것도 그것이었다. 1801년 켄터키의 케인 릿지에서도 어느 주일날 수천 명에게 이것이 임했다. 이날 무명의 한 평신도 설교자가 쓰러진 나무를 딛고 서서 그날의 본문 말씀 "우리가 다 반드시 그리스도의 심판대 앞에 나타나게 되어"(고후 5:10)를 읽자, 수백 명의 사람이 땅에 쓰러졌다. 이렇게 시작된 케인 릿지의 부흥은 미국에서 일어난 두 번째로 큰 부흥이었다.

기름부음에 대해 내가 할 수 있는 최선의 설명은, 그것이 우리의 은사를 쉽게 풀어지게 한다는 것이다. 기름부음이 있으면, 무엇이든 쉽게 된다. 그리고 자연스러워 보인다. 억지로 되게 하려고 애를 쓸 필요가 없다. 모든 일에는 기름부음이 있든지, 없든지 둘 중 하나다. 무슨 일을 하려고 할 때 만약 '애를 써야' 한다면, 그것은 아마도 그 일이 주어진 기름부음 너머의 일이기 때문일 것이다. 우리가 자신의 기름부음 영역 밖에 있는 일을 하면, 그 결과로 종종 피로, 탈진, 영적 무기력이 뒤따른다. 이를 다르게 표현하자면 '안으로부터 죽어가는' 것이다.

나의 기름부음 인정하기

몇 년 전 《피터의 원리》The Peter Principle라는 책이 큰 화제가 됐었다. 이 책이 말하는 기본적인 내용은, 모든 사람은 자신의 능력의 한계가 드러날 때까지 계속해서 승진해 올라간다는 것이다. 야망 때문이든지 혹은 직장 내에서 빈자리를 채우기 위한 자동적인 승진이든지 간에 일단 승진을 하게 되면, 얼마 전까지만 해도 능숙하게 일을 처리하던 사람이 갑자기 업무 능력의 한계에 처하게 된다. 그 결과로 짜증과 좌절이 찾아오고, 때로는 고혈압, 신경쇠약 혹은 결혼생활의 파경도 찾아온다.

피터의 원리가 작동하는 원리는 이렇다. 아주 우수한 타이피스트 혹은 비서가 현재 사무직에 종사하고 있다고 하자. 그는 편지를 타이핑하거나 받아적기를 하거나 또는 전화를 받는 업무에 있어서 탁월하다. 아주 쉽게 이 일들을 한다. 그런데 보다 높은 직급으로 승진할 수 있는 기회가 찾아와 그 자리에 지원을 하고 급기야 발탁된다. 이제 그는 업무상 어려운 결정들을 내려야 하고, 아랫사람들을 부려야 하는 익숙하지 않은 일들로 인해 스트레스를 받기 시작한다. 아마도 그는 이러한 업무 능력을 타고난 사람이 아닌 듯하다.

하지만 그는 이 자리에 붙어 있기 위해 노력하기 시작한다. 이 사람은 자기가 능숙하게 발휘할 수 있는 능력 이상의 것을 요구하는 자리에까지 승진된 것이다. 그는 예전 직급에 머물러 있어야 했다. 하지만 그렇게 하지 않았다. 그는 이 새로운 일을 해내기로 작정한다. 이런 상황에서 자신이 능력의 한계까지 승진했다는 사실을 인정할 사람은 거의 없다.

있는 그대로 받아들일 것인가?

인정하고 싶지 않지만, 피터의 원리는 실재한다. 정부나 산업분야 그리고 교회 안에서도 많은 사람들이 자신의 능력 이상의 직업 혹은 직급을 가지고 있다. 수많은 사람들이 자신들이 감당할 수 없는 수준까지 승진되어 있다. 평신도 설교자가 목사가 되고, 작은 교회의 목사가 큰 교회의 목사가 되려고 노력하고, 뮤지션이 워십리더가 되고, 방언하는 자가 지식의 말씀을 말하기 시작하고, 간증거리가 좀 있다고 설교를 하고 싶어 하기도 한다. 이러한 예는 끝이 없다.

물론 우리를 좀더 높은 수준의 자리로 이끌어 올림으로써 우리를 빚어가시는 것이 하나님의 방법일 때가 분명 있다. 하지만 만약 이것이 하나님께로부터 온 승진이 아닐 때는 문제가 된다. 이를 다르게 표현하자면, 자신의 기름부음의 영역 밖으로 나간 것이다.

모든 사람은 기름부음을 받았다. 사도 바울은 고린도전서 12장 4-11절에서 이것을 '은사'gifts라 불렀다. 헬라어 카리스마타는 실제로 '은혜'(선물)를 의미한다. 이것은 받을 자격이 없는 우리에게 하나님께서 은혜로 주신 선물인 것이다. 문제는 우리가 야망이란 것을 가지고 있어서, 내가 가진 은사가 사람들 앞에서 미천해 보이는 것을 좋아하지 않는다는 것이다. 바울은 내가 기름부음이라 부르는 이 '은혜'(선물)를 사람의 몸의 지체에 비유하여 다음과 같이 말하였다.

> 몸은 한 지체뿐만 아니요 여럿이니 만일 발이 이르되 나는 손이 아니니 몸에 붙지 아니하였다 할지라도 이로써 몸에 붙지 아니한 것이 아니요 또 귀가 이르되 나는 눈이 아니니 몸에 붙지 아니하였다 할지라도 이로써 몸에 붙지 아니한 것이 아니니 (고전 12:14-16)

어떤 은사는 눈이나 머리처럼 더 많은 주목을 받고, 어떤 은사는 손이나 발처럼 대수롭지 않게 여겨지기도 한다. "눈이 손더러 내가 너를 쓸 데가 없다 하거나 또한 머리가 발더러 내가 너를 쓸 데가 없다 하지 못하리라 그뿐 아니라 더 약하게 보이는 몸의 지체가 도리어 요긴하고"(고전 12:21-22). 어떤 사람은 겉으로 거의 드러나지 않는 은사를 가지고 있다. 하지만 콩팥이나 내장이 그렇듯이 이 은사도 매우 요긴한 지체다(고전 12:23). 하나님의 계획은 "몸 가운데서 분쟁이 없고 오직 여러 지체가 서로 같이 돌보게"(고전 12:25) 하는 것이다.

바울은 "너희는 그리스도의 몸이요 지체의 각 부분이라"(고전 12:27)고 결론 맺고 있다. 어떤 사람들은 사도나 선지자나 교사처럼 중요한 은사를 가지고 있다. 반면, 어떤 이들은 고린도전서 12장 8-10절의 은사 리스트에 나와 있지도 않은, '서로 돕는 것'(고전 12:28) 정도로 불리는 은사를 가지고 있기도 하다.

우리가 가진 은사(기름부음)를 있는 그대로 인정하고 받아들일 것인가? 아니면 야망과 인정받고 싶은 욕구에게 길을 내어주고 말 것인가? 마틴 루터는 말하기를, 하나님은 사람의 성(性)을 통해 우리를 결혼하게 하시고, 야망을 통해 일하게 하시고, 우리의 두려움을 통해 믿음에 이르게 하신다고 했다. 하지만 만약 어느 커플이 아가페적인 사랑 없이 에로스적인 사랑이 동기가 되어 결혼을 하려고 한다면, 이 결혼은 결국 파경을 맞이할 것이다.

이처럼 야망도 하나님의 영광에 대한 사모함과 함께 가지 않는다면, 우리는 기름부음 밖으로 넘어서는 중대한 실수를 저지르게 될 것이다. 예수님께서 "너희가 서로 영광을 취하고 유일하신 하나님께로부터 오는 영광은 구하지 아니하니 어찌 나를 믿을 수 있느냐"(요 5:44)고 물으신 이유도 아마 여기에 있을 것이다.

일반적으로 베푸시는 은혜

우리는 모두 은사를 가지고 있다. 우리가 그리스도인이 되기 이전부터 우리는 은사를 가지고 있었다. 우리가 회심하기 이전부터 하나님께서는 우리 개개인의 머리에 손을 얹고 계셨다. 우리가 구원의 유산에 대해 생각조차 못할 때, 하나님께서는 우리에게 천사들을 보내주셨다. "모든 천사들은 섬기는 영으로서 구원받을 상속자들을 위하여 섬기라고 보내심이 아니냐"(히 1:14). 그러니 그리스도인이 될 사람들만 은사 혹은 기름부음을 받는다는 것은 말이 되지 않는다.

비그리스도인들도 은사를 가지고 있다는 사실에는 매우 중요한 의미가 있다. 이 은사는 타고 나는 것과 그 사람이 자라는 동안 받은 영향들로부터 온다. 따라서 일정 부분 유전적이며, 또 어느 부분은 환경적이다. 우리가 부모로부터 물려받은 특정한 은사나 능력들은 교육이나 문화 혹은 다른 사람들의 영향력에 의해 다듬어진다.

모든 사람에게 베푸시는 하나님의 선하심, 이것을 '일반은총'common grace라 부른다. 존 칼빈은 이것을 '자연 속에서의 특별한 은혜'special grace within nature라고 부른다. 예수님께서 말씀하시기를 하나님이 "그 해를 악인과 선인에게 비추시며 비를 의로운 자와 불의한 자에게 내려주심이라"(마 5:45)고 하셨다. 야고보는 "온갖 좋은 은사와 온전한 선물이 다 위로부터 빛들의 아버지께로부터 내려오나니 그는 변함도 없으시고 회전하는 그림자도 없으시니라"(약 1:17)고 기록하고 있다.

따라서 그리스도인이 아닌데도 어떤 이는 천재일 수 있다. 하나님께서 알버트 아인슈타인에게 아이큐 212를 주셨다(IQ는 100을 평균으로 정한 값으로, 130 이상이면 천재로 분류한다). 하나님께서 에드바르 그리그로 하여금 그 웅장한 피아노 협주곡 A단조를 작곡하도록 하셨고, 예후디 메뉴힌에게 바이올린을 연주할 수 있는 뛰어난 능력을 주셨다. 하나님께서 어떤 사람은 소프트웨어를 개발하는 프로그래머가 되게 하시고, 또 다른 이는 외과의사가 되어 뇌를 수술하거나 간을 이식하고 질병을 진단할 수 있도록 하신다. 이것은 스포츠, 금융, 건축, 문학 등의 분야에서도 마찬가지다.

이 모든 것은 하나님께서 일반적으로 베푸시는 은혜라고 할 수 있다. 이것은 구원의 은혜와는 다른 것이다. 물론 모든 구원받은 자들도 이 일반적인 은혜를 누린다. 하지만 일반적인 은혜를 누리는 모든 사람이 다 구원받는 것은 아니다.

야망이 하나님의 영광에 대한 사모함과 함께 가지 않는다면,
우리는 기름부음 밖으로 넘어서는 중대한 실수를 저지르게 될 것이다.

아내 루이스와 결혼한 지 2년 후, 나는 돈을 벌기 위해 진공청소기를 팔았다. 나는 어릴 때부터 장사하는 일에 훈련이 되어 있었다. 내가 10살 되던 해 처음으로 했던 일이 《그릿》*Grit*이라는 주간신문을 집집마다 다니며 파는 것이었다. 진공청소기 방문판매는 자랑할 만한 일은 못 되었어도 생활을 꾸려나갈 정도는 됐다. 바울이 천막 만드는 일에 은사가 있었던 것처럼(행 18:3), 나는 청소기 파는 일에 은사가 있었던 듯하다. 아마도 바울은 언젠가 다시 이 천막 만드는 일을 할 것이라고는 절대 생각하지 않았을 것이다. 나는 요즘에도 거의 매주 내가 다시 포트 로더데일과 마이애미로 돌아가 청소기를 파는 꿈을 꾸다가 깨곤 한다.

가끔 하나님께서는 바이올린 연주와 같이 고상하거나 품위 있는 것과는 거리가 아주 먼 은사를 주시기도 한다. 우리가 여기서 봐야 할 것은, 은사라는 것이 내가 청소기를 판매하던 시절에 작동했던 일반적인 은혜 수준의 은사로부터 시작해서 여러 수준과 차원으로 사용될 수 있다는 것이다.

이처럼 모든 사람이 은사를 가지고 있다. 그리스도인이 아닌 사람도 은사를 가지고 있다는 점을 볼 때, 은사는 사람의 영성과는 아무런 상관이 없다. 그냥 일반적인 것이다. 그것은 회심했다고 받는 것이 아닐 수도 있다. 하나님께서 아타나시우스나 어거스틴을 구원하셨을 때 그랬던 것처럼, 천재적 자질을 가진 사람이 그리스도인이 될 경우에는 교회와 세상에 커다란 유익이 된다. 하지만 그리스도인이 되지 않은 천재들도 많이 있을 수 있다. 이것이 일반적인 은혜이다.

나에게 특별히 베푸신 은혜

모든 그리스도인들은 자신들의 은사를 발견해야 한다. 우리는 회심하기 이전부터 가지고 있던 일반적 은혜로서의 은사를 어느 정도 가지고 있으며, 또한 하나님을 믿고 난 이후 하나님께서 특별하게 부어주신 초자연적인 은사가 무엇인지도 알아야 한다.

예를 들면, 원래부터 대중 앞에서 말을 잘 하던 사람은 회심한 이후에 곧바로 설교자로 부름 받을 수도 있다. 시를 즐겨 쓰던 사람은 영접 후에 바로 찬양곡을 쓸 수도 있다. 외국어에 능했던 사람이라면, 방언에 쉽게 매료되거나 금방 방언을 하게 될 수도 있다. 물론 외국어에 능하지 않은 사람들도 방언의 은사를 받기도 한다. 하지만 성령께서는 종종 우리가 자연적으로 가진 능력 위에 더 큰 은혜를 더하셔서 그것을 배가시키신다. 그래서 그 일을 행하는 것이 우리에게는 자연스러운 일이지만, 일반 사람들에게는 초자연적인 것처럼 보이게 하신다.

이러한 사실은 우리 자신을 좀더 잘 이해할 수 있도록 도와줄 뿐만 아니라, 우리의 은사가 우리가 구원받은 후 빛 가운데 행함으로써(요일 1:7) 성령께서 새롭게 부어주신 기름부음과는 아무런 상관이 없는 것일 수도 있다는 사실을 알게 해준다. 우리는 또한 이 사실을 우리 삶에 적용하여 마치 자신에게 실제보다 더 많은 은사가 있는 것처럼 행동하거나 자기 자신을 보다 더 영적이라고 생각하는 우를 범하지 말아야 한다. 이 사실을 잘 이해한다면, 직장과 교회에서 우리가 얼마나 유용한지 그리고 어떻게 쓰임 받고 있는지를 발견할 수 있을 것이다.

은사를 인정하는 것이 왜 그렇게 중요한가? 왜냐하면 우리가 가진 은사는 너무나 귀한 것이기 때문이다. 성령께서는 이것을 통해 우리 안에서 가장 자유롭게 일하신다. 모든 그리스도인에게 성령이 계시지만(롬 8:9, 고전 12:13), 그렇다고 해서 모든 그리스도인이 같은 분량의 믿음을 갖고 있지는 않다.

> 내게 주신 은혜로 말미암아 너희 각 사람에게 말하노니 마땅히 생각할 그 이상의 생각을 품지 말고 오직 하나님께서 각 사람에게 나누어 주신 믿음의 분량대로 지혜롭게 생각하라 (롬 12:3)

각 사람에게 나누어주신 믿음의 분량 혹은 한계가 우리의 은사이다. 내가 가진 것이 당신에게는 없는 것일 수 있고, 당신에게 있는 것이 내게 없을 수도 있다. 중요한 것은 하나님께서 우리에게 주신 은사를 기쁨으로 인정할 것인가, 말 것인가이다.

　그러므로 우리는 하나님께서 우리 각자에게 특별히 주신 은사가 무엇인지 발견해야 한다. 결국 우리에게 은사를 주권적으로 주시는 분은 주님이시다. 때로 다른 사람에게 주신 은사를 내게도 주시기를 바랄 수도 있다. 그러나 먼저는 나에게 주신 은사를 알고 인정해야 한다. 하나님께서 나를 통해 일하기로 결정하신 방법에 동의할 것인가? 하나님께서 내게 주신 특정한 은사를 인정할 것인가? 나를 향한 하나님의 주권적인 다루심을 확신할 것인가? 아니면 다른 사람에게 주신 은사나 직임 혹은 권한을 시기할 것인가?

성령께서는 은사를 통해 우리 안에서 가장 자유롭게 일하신다.

　종종 우리가 특정한 은사를 가졌음을 남들에게 말하기 어려울 때가 있다. 혹시라도 건방져 보인다거나 잘난 체하는 것처럼 보일 수도 있기 때문이다. 하지만 이것들을 우리에게 주시기 위해 주님께서 어떤 고통을 겪으셨는지를 의심하는 한 하나님께서는 우리를 마음껏 사용하실 수 없다. 또한 남들과 같은 특별한 은사가 없거나 똑똑하지 못한 자신의 한계를 인정하는 것은 때로 힘든 일이다.

　나 역시 내가 조나단 에드워즈나 마틴 로이드 존스가 아니라는 사실을 인정해야 했다. 그것은 참으로 고통스러운 일이었다. 특히 나에게 더 많은 것을 기대하는 사람들 앞에서는 더욱 그랬다. 과연 우리가 무엇을 할 수 있을까? 오로지 우리가 할 수 있는 한 가지는, 그럴만한 자격 없는 우리를 지금 이대로의 모습으로 이곳에 보내신 하나님 그분께로부터 인정을 받는 것이다.

바울은 "그러나 우리는 분수 이상의 자랑을 하지 않고 오직 하나님이 우리에게 나누어 주신 그 범위의 한계를 따라 하노니"(고후 10:13)라고 말했다. '분수'라는 말은 로마서 12장 3절에서도 쓰였듯이 '분량'이라는 뜻이다. 이 분수는 하나님께서 정하신다. 여기에서 바울은 분량을 정하시는 하나님의 주권을 인정하고 있다.

하나님께서 바울을 바울 되게 만드셨고, 그를 그가 있어야 할 자리에 두셨다. 자기 자신에게 만족하는 사람은 자신의 은사를 인정하는 사람이다. 그는 하나님께서 주권적으로 정하신 분량 너머로 나가지 않을 사람이다. 그는 하나님의 주권적인 전략 그 이상을 행하지 않을 사람이다. "하나님이 우리에게 나누어 주신 그 범위의 한계를 따라 (자랑)하노니"라는 말의 의미는, 단순히 하나님께서 자신에게 허락하신 그만큼을 인정하는 것이다. 어떤 은사를 가졌다면, 그것을 시인하는 것이다.

자신의 은사를 인정하는 사람에게는 큰 평안함이 있다. 그러나 그렇지 않은 사람에게는 큰 좌절감, 어떤 경우에는 슬픔이 있다. 우리 중에는 자신의 실제 지성, 능력 혹은 은사보다 더 큰 야망을 가진 사람들이 있다. 자기가 정말로 잘하는 것 그 이상의 것을 꿈꾸는 것이다. 그들은 자신이 원하는 이런저런 일들을 감당하기엔 너무나 부족한 자신의 모습 앞에 몇 천 번이고 죽음을 경험한다. 그리고 결국은 피터의 원리와 같은 어리석음에 빠진다.

당신은 하나님께서 주권적으로 주신 은사를 가지고 있다. 만약 당신이 자신에 대해 정직하다면, 당신은 그것이 무엇인지 정확하게 분별해낼 수 있다. "그 무엇보다 너 자신에 대해 정직하라"고 셰익스피어가 말했다.

그래야만 개인적인 욕심이나 사실이기를 바라는 것으로부터 자유로울 수 있다. 한마디로 은사는 쉽게 되는 것이다. 은사로 일을 하면 쉽고, 피곤치 않다. 은사의 방으로 들어갈 때는 그 문을 열기 위해 억지로 부술 필요가 없다. 그냥 걸어 들어가면 된다. 손가락 하나 까딱하지 않고서도 문을 열 수가 있다.

> 자기 자신에게 만족하는 사람은 자신의 은사를 인정하는 사람이다.
> 그는 하나님께서 주권적으로 정하신 분량 너머로 나가지 않을 사람이다.

성령의 은사와 열매

내가 성경에서 가장 좋아하는 이야기는 요셉의 이야기다(창 35-50장). 아버지의 특별한 사랑을 받는 아들이었던 그는 '채색옷'을 받아 입었다. 그러자 형제들이 그를 질투하였다. 요셉은 하나님께로부터 또 다른 선물을 받았다. 그것은 바로 꿈이었다. 그는 예언적인 꿈을 꾸는 은사를 받았다. "요셉이 그들에게 이르되 청하건대 내가 꾼 꿈을 들으시오 우리가 밭에서 곡식 단을 묶더니 내 단은 일어서고 당신들의 단은 내 단을 둘러서서 절하더이다"(창 37:6-7).

이 일로 형제들은 요셉을 더욱 미워하게 되었다. 하지만 이 17살짜리 교만한 소년은 자신의 은사를 더욱 뽐냈다. "내가 또 꿈을 꾼즉 해와 달과 열한 별이 내게 절하더이다"(창 37:9). 이 꿈이 무엇을 뜻하는지는 프로이드가 아니라도 누구나 알 수 있었다.

요셉이 가진 은사에는 아무런 문제가 없었지만, 요셉에게는 큰 문제가 있었다. 요셉은 그 은사를 사용할 준비가 되어 있지 않았다. 형제들 앞에서 의도적으로 자신을 높임으로써 하나님의 은혜를 남용한 것이다. 요셉이 그 은사에 대해 하나님의 신뢰를 받기까지 기나긴 시간을 필요로 했다. 훗날 귀하게 사용하시기 위해 요셉을 구별하여 예비하신 하나님께서 길고도 험한 다루심의 시간들을 예비하셨다. 성경에서는 이것을 '훈계' 또는 '징계'(히 12:6)라고 부른다. 이 말은 '강제적인 배움'이라는 뜻의 헬라어에서 유래되었다. 하나님께서는 우리를 가르치는 법을 알고 계신다. 요셉은 겸손해질 필요가 있었다.

요셉의 기름부음, 혹은 은사는 다듬어져야 했다. 받은 은사만큼 은혜가 필요했다. 예언적 꿈을 은사로 받은 만큼(창세기 45장을 보라. 이것은 정확도가 매우 높은 은사였다), 그것에 대해 함구할 수 있는 은혜도 필요했다. 사실 형제들에게 다 이야기할 필요는 없었다. 만약 요셉이 사랑과 희락과 화평과 오래참음(갈 5:22)과 같은 성령의 열매라는 은혜를 받았다면, 형제들의 감정을 격하게 하는 일은 없었을 것이다. 그러나 그에게는 한 치의 사랑도 없었다. 하지만 그의 은사는 여전히 발휘되었다.

성령의 은사와 성령의 열매는 다르다. 안타깝게도 우리들 대부분이 원하는 것은 성령의 은사다. 어느 목사가 성령의 은사와 열매에 관한 설교를 한 후 청중들을 초청했다. 성령의 은사를 위해 기도 받기 원하는 사람들은 강단의 왼편으로, 성령의 열매를 위해 기도 받기 원하는 사람들은 오른편으로 나오라고 지시했다. 그러자 몇 십 명의 사람들이 왼편으로 모였고, 오른편에는 단 세 사람만 서 있었다.

우리들 대부분이 그렇다. 요셉도 그랬고, 나도 그렇다. 하나님께서는 최고로 고된 훈련을 통해 나의 관심을 성령의 열매를 원하는 삶으로 전환시켜 가셨다. 그분께서는 그것 외에는 아무런 선택의 여지가 없는 곳으로 나를 데리고 가셨다. 하나님께서는 요셉에게도 그렇게 하셨다. 요셉의 형제들이 그를 이스마엘 사람들에게 팔아 넘겼고, 그는 애굽의 보디발 장군의 집에서 일하게 되었다. 한 번도 일을 해본 적이 없었던 요셉이 노예가 된 것이다. 그는 사람으로서 감당할 수 있는 가장 큰 시험 가운데 서게 되었다.

이것이 끝이 아니었다. 보디발의 아내가 그를 침실로 끌어들이기 위해 유혹하기 시작했다. 요셉이 계속해서 거부하자 그녀는 자기 남편에게 요셉이 자신을 강간하려 했다고 거짓말을 했다. 결국 그는 감옥에 감금되었고, 그의 미래는 더 이상 희망이 없어 보였다. 이 순간 천사들은 기쁨으로 환호하고 있었지만, 요셉은 그것을 전혀 느낄 수 없었다. 바로 이때가 요셉의 인생 중에서 가장 성공한 순간 중 하나였다.

빌리 그래함에 의하면, 하나님의 가장 유능한 일꾼들 중 75퍼센트 정도가 사단이 꾸미는 성적 유혹에 넘어진다고 한다. 사실 요셉은 보디발의 아내와 '완벽한 밀회'를 즐길 수 있었다. 보디발의 아내가 누설할 것도 아니고, 당시 집에는 아무도 없었기 때문에, 요셉만 입을 다물면 아무도 알 사람이 없었다. 하지만 그는 하나님 앞에 죄 짓기를 거부하였다(창 39:9). 남자로서 그는 매우 어려운 시험을 통과하였다. 이 경험을 통해 요셉의 은사가 더욱 개발된 것은 아니었지만, 그는 성령의 열매를 풍성하게 거둠으로써 더욱 성숙한 남자로 변모되었다.

감옥에서 요셉은 또 다른 시험을 치르게 된다. 그러나 요셉은 그것을 미처 알지 못하고 있었다. 그가 감옥에서 만난 두 사람이 자신의 은사가 여전히 잘 작동하고 있다는 사실과 그가 어느 정도의 성령의 열매를 맺고 있는지를 알게 해 줄 인물들이라는 사실을 말이다. 첫 번째 관문은 아주 쉽게 통과한다. 요셉이 만난 이 두 명의 사람, 바로의 술 맡은 관원장과 떡 굽는 관원장이 꾼 꿈들을 그는 아주 정확하게 해석해낸다.

하지만 요셉은 두 번째 관문에서 실패한다. 술 맡은 관원장이 3일 만에 복직될 것이라는 예언을 하면서 요셉은 이렇게 덧붙인다. "나를 생각하고 … 내 사정을 바로에게 아뢰어 … 옥에 갇힐 일은 행하지 아니하였나이다"(창 40:13-15). 내 생각에 이때 하나님께서 하늘에서 이 장면을 내려다보시며, "오! 요셉, 그 말은 하지 말지 그랬느냐. 아무래도 감옥에서 한 2년을 더 지내야 할 것 같구나"라고 말씀하셨을 것 같다. 이 2년의 시간 동안, 요셉은 진정으로 사랑하고 용서하는 것을 배우게 되었다.

요셉에게는 꿈을 해석하는 은사와 더불어 그만큼의 성령의 열매가 있어서 자기 자신을 세우기보다는 모든 사람을 세우는 일에 그 은사를 사용해야 했다. 그것은 나중에 요셉이 자신의 형제들을 전적으로 용서함으로써 뿐만 아니라, 스스로 노력하지 않아도 어떻게 하나님께서 자신을 다시 세우시는지를 경험함으로써 가능케 된다.

이 일은 아무도 해석할 수 없는 꿈을 바로가 꿈으로써 찾아온다. 이때 술 맡은 관원장이 요셉을 기억해낸다. 이렇듯 하나님은 전혀 예상치 못한 방법으로 우리를 찾아내신다. 우리가 발버둥치지 않을 때, 하나님께서는 우리를 수렁으로부터 자유케 하기 원하신다.

몇 년 전, 짐 베이커 목사가 수갑을 차고 감옥으로 들어가는 장면을 본 기억이 난다. 당시 그의 이름은 미국 국민들에게 익히 알려져 있었다. 그가 유명해진 것은 내가 영국으로 건너온 이후의 일이었지만, 나는 그의 TV 사역에 대해 알고 있었다(그는 1973년 설립된 'Trinity Broadcasting Network'의 공동설립자, 'Praise the Lord TV Show'의 사회자이자 복음전도자로, 당시 TBN은 미국 내 1억 가구 이상이 보는 유명한 기독교 채널이었다 - 역주). 그는 사람들에게서 거둬들인 헌금을 사적으로 유용하였다는 명목으로 체포되었다. 그가 감옥형을 언도받았을 때, 나는 그가 죄를 지었으니 당연한 대가를 치르는 것이겠거니 생각했다.

짐 베이커가 감옥에 있는 동안 그가 나에게 편지를 보내왔다. 편지는 내가 쓴 《하나님은 그것을 선한 것으로 바꾸사》 God Meant it for Good 4)에 대해 감사하다는 내용이었다. 그 일을 계기로 나는 그에 대해 다시 생각하게 되었다. 물론 그를 존경하게 되거나 그런 것은 아니었지만, 그가 감옥에서 내 책을 읽고 도움을 받았다는 사실을 알게 되자 그에 대해 긍휼함이 없었던 나 자신이 부끄러워졌다. 이 일로 인해 나는 하나님께서 우리를 어떻게 사용하실지에 대해 과소평가해서는 안 된다는 사실과 우리의 사역이 때로는 생각지도 못한 이들에게 얼마나 큰 영향을 미치는지를 알게 되었다. 나중에 알게 된 바에 의하면, 짐은 정말 내가 쓴 책을 읽고 변화되었으며, 감옥에서 나온 뒤 만나고 싶다는 연락이 오기도 했다.

실제로 그는 나를 만나기 위해 당시 휴가차 머물고 있던 플로리다의 키 라고로 찾아왔다. 그는 내가 책에 "하나님의 때가 되면, 당신이 아무말 하지 않아도 당신에 대해 모든 것을 아는 이가 나타나 당신을 변호한다"라고 쓴 것과 같은 일이 자신에게 일어났다고 말했다. 그는 자신에게 어떻게 그런 일이 일어날 수 있었는지 여전히 이해되지 않는다고도 했다.

그 내용은 다음과 같다. 짐 베이커에 대해 개인적으로 아는 바가 없었던 미국의 한 법률대학 교수가 그가 공정한 재판을 받지 못했다는 사실을 우연찮게 알아내고는 짐 베이커에게 재판기록을 모두 읽어볼 수 있겠느냐는 편지를 보내왔다. 조사 끝에 이 법률교수는 짐 베이커가 형량을 채우기도 전에 출소할 수 있도록 도와주었다. 하나님께서 주권적으로 짐 베이커를 만난 적도 없는 사람을 사용하셔서 그를 돕게 하신 것이다.

공평한 은혜

하나님께서 주시는 은사는 언제나 공정하고 옳으며, 적정한 기름부음이다. 우리에게 자격이 없을지라도, 하나님께서 우리에게 행하시는 일은 항상 옳다. 당신이 받은 은사를 점검해보라. 공평하지 않은가? 하나님께서는 당신이 하지 못할 일을 당신에게 요구하지 않으신다. 당신이 가진 은사는 당신이 지치지 않고 사용할 수 있는 은사다. 그것은 매우 쉬운 일이다. 왜냐하면 당신이 할 수 있고, 그리고 당신이 할 수 있다는 것을 아는 일이기 때문이다.

예를 들면, 하나님께서는 절대로 내게 대학에서 수학을 가르치는 일을 하라고 하지 않으실 것이다. 고등학교에서 가르치는 일마저도 시키지 않으실 것이다. 오래전 내가 목회자로서 한참 광야생활을 하고 있을 때, 생계를 위해서 일자리를 구했던 적이 있다. 그때 켄터키의 한 고등학교로부터 1일 임시교사를 해줄 수 있겠느냐는 요청을 받았다. 하루 일하면 14달러를 벌 수 있는 일이어서 나는 흔쾌히 수락했다. 그런데 내가 가르쳐야 했던 수업 중 하나가 대수학이었다. 사실 나는 수학을 잘하지 못했고, 특히 대수학에서는 낙제를 했었다. 하지만 문제 없었다. 나는 학생들에게 내일이면 몸이 아파서 결근하신 선생님이 돌아오실 테니, 오늘은 각자 교과서 두세 페이지만 풀어보라고 시켰다.

한동안 수업이 잘 진행되는가 싶었다. 그런데 시간이 조금 지나자 학생들이 줄줄이 "선생님, 이 문제는 어떻게 풀어요?"라고 질문을 해오기 시작했다. 생각지 못한 상황에 놀라고 당황한 나머지 나는 이렇게 대답했다. "나에게는 이런 문제를 푸는 나만의 방식이 있단다. 아마 너희 선생님은 나와 다른 방법으로 푸실 거야. 내가 이런 유형의 대수학을 풀 때 쓰는 나만의 방법을 너희들에게 설명해주면(물론 나만의 방법이란 없었다), 너희들이 너무 혼란스러울 거야. 그러니 내일 너희 선생님이 오시면 여쭤보거라." 그렇게 무사히 위기를 모면했다.

그런데 그날 몸이 아팠던 선생님은 다음날도 결근을 했고, 학교로부터 하루 더 나와달라고 연락이 왔다. 나는 더욱 놀라고 당황하여 전날과 같은 대사를 그대로 다시 읊었다. 아마도 내가 그 문제들을 어떻게 푸는지 전혀 모른다는 사실을 학생들도 눈치챘음이 분명했다! 나는 두 번 다시 그 학교로부터 연락을 받지 못했다.

하나님께서 주시는 은사는 언제나 공정하고 옳으며, 적정한 기름부음이다.
우리에게 자격이 없을지라도, 하나님께서 우리에게 행하시는 일은 항상 옳다.

하나님께서 주시는 은사와 진급은 항상 정당하다. 이 말은 당신의 타고난 모든 은사가 교육과 문화를 통해 조화롭게 연마되면, 하나님께서 어디로 인도하시더라도 그곳에서 놀라거나 두려워하는 일은 없을 것이란 뜻이다. 하나님께서 하시는 일은 항상 옳다. 그러므로 그분이 맡기신 일을 할 때, 자연스럽게 일을 해낼 수 있는 능력이 흘러나올 것이다. 하나님께서 수준을 맞추셨기 때문에 일은 항상 적절하다. 하나님께서 맞추신 수준은 결코 당신의 능력을 넘어서지 않으므로, 당신은 원하는 목표를 달성할 수 있다. 또한 하나님께서 예비하신 일을 감당한다는 사실로 인해 당신은 만족감을 느낄 수 있다.

당신에게 주어진 은사를 정확히 발견할 때, 당신은 다른 사람의 은사를 어깨 너머로 훔쳐보는 것을 멈출 수 있다. 하나님께서 당신의 손을 통해 이뤄가시는 일들을 통해 당신은 보람을 느낄 것이다. "사람이 먹고 마시며 수고하는 것보다 그의 마음을 더 기쁘게 하는 것은 없나니 내가 이것도 본즉 하나님의 손에서 나오는 것이로다"(전 2:24).

> 아무도 할 수 없고 아무도 하지 않을
> 당신만큼 잘할 사람이 없을
> 당신이 채워야 할 곳이 있네
> 당신이 해야 할 일이 있네
>
> 당신 가까이 있는 일일 수도 있네
> 집안의 작은 일일 수도 있네
> 당신의 손길, 당신의 움직임을 기다리다
> 아름답게 열매 맺을 일이 있네
>
> – 작자 미상

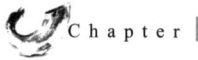

Chapter 3

기름부음의 한계

모든 기름부음에는 한계가 있다. 모든 것을 다 할 수 있는 사람은 없다. 지리적인 한계도 있을 수 있다. 바울에 의하면, 하나님이 우리에게 나누어주신 '범위의 한계'가 있다(고후 10:13). 하나님께서 우리가 활동할 수 있는 영역의 경계를 제한하시고, 또한 몇 가지의 은사를 가질 것인가에 대해서도 정하신다. 그러므로 우리는 오로지 우리 자신에 대해 인정하고, 있는 그대로 받아들이는 법을 배워야 한다.

나 자신이 되는 것

때로 우리 스스로를 용납하는 것이 어려울 때가 있다. 나는 이 부분에 대해 표현할 수 없을 만큼 큰 고통을 겪었다. 웨스트민스터채플에서 가장 어려웠던 일은 온전히 '나 자신'이 되는 일이었다. 당시 내게 위로가 되었던 것은, 하나님께서는 '내가 아는 것을 안다고 하고, 모르는 것은 모른다고 하는 범위 내에서만' 나를 사용하실 것이라는 사실이었다. 이 말은 예를 들면 풀리지 않은 성경구절을 가지고 다 이해한 것처럼 설교해서는 안 된다는 뜻이다.

> 모든 기름부음에는 한계가 있다. 모든 것을 다 할 수 있는 사람은 없다.

최근에 한 사람이 나에게 이렇게 물었다. "당신은 종말론에 대해 어떤 입장을 취하십니까? 전천년설(예수님이 천년왕국 전에 재림하신다는 설)입니까, 후천년설(예수님이 천년왕국 이후에 재림하신다는 설)입니까? 아니면 무천년설(천년왕국 자체가 없다는 설)입니까?" 그의 물음에 나는 언젠가 한번은 내가 맞은 적이 있긴 한데 그것이 언제였는지 모르는 것이 문제라고 대답했다! 나는 종말론과 관련된 여러 가지 가설에 대해 과거에 한두 번씩은 모두 동의한 적이 있었기 때문이다. 그래서 나는 이 주제에 관해서는 별로 설교한 적이 없다. 존 칼빈은 성경의 거의 모든 책에 대해 주석을 썼지만, 요한계시록에 대해서만은 쓰지 않았다. 그는 그것을 이해하지 못했던 것이다.

내가 영국에 온 것은 웨스트민스터채플의 목사가 되기 위해서가 아니었다. 나는 1973년에 옥스포드대학으로부터 내가 존경했던 청교도 존 오웬에 관한 연구과정에 입학을 허가받아 영국으로 왔다. 그리고 3년 후 웨스트민스터채플에서 설교를 한 번 해달라는 요청을 받았다. 그런데 놀랍게도 계속 머물러달라는 청빙을 받아 목회를 시작하게 된 것이다.

목회 초창기에 나는 스스로를 점점 과대평가하기 시작했다. 특히 멋진 설교를 한 후에는 더욱 그랬다. 물론 칭찬은 사람을 세우는 좋은 것이지만, 나의 경우에는 거의 나를 파멸 직전까지 몰고 갔다. 사람들이 칭찬할수록 나는 거기에 걸맞은 수준으로 올라가야만 했다. 그런데 그것은 나의 수준이 아니라 그들이 원하는 수준이었다.

물론 처음부터 그랬던 것은 아니었다. 처음에는 6개월 계약이었으므로, 나는 어느 누구에게도 좋은 인상을 주기 위해 노력할 필요가 없었다. 당시에는 철저히 나 자신이었다. 그러다가 담임목사가 되어달라는 공식적인 제안이 들어왔고, 나는 바로 수락했다. 그런데 그때부터 나의 설교가 달라지기 시작했다. 사람들의 평가가 귀에 들어왔기 때문이다.

어떤 사람들은 내가 너무 소리를 지르며 설교한다며, 좀 그러지 말아달라고 했다. 다른 사람들은 로이드 존스 목사가 그랬듯이 설교 도입부를 부드럽고 느린 어조로 시작해달라고 했다. 또 어떤 이는 예화를 사용하지 말고, 나에 관한 개인적인 이야기도 하지 말라고 했다. 내가 이 모든 것들을 다 기억하고 설교했을 때는 적어도 그것들을 요구한 이들에게는 아마도 칭찬을 들었을 것이고, 어쩌면 로이드 존스 목사의 후임으로 손색이 없다는 소리도 들었을지 모른다. 그렇게 나는 그들이 원하는 수준으로 맞춰갔다.

하지만 나는 불행했다. 나는 내면 깊은 곳으로부터 나 자신이 그곳에 있을 자격이 없는 사람으로 느껴졌다. 나는 미국사람일 뿐더러 그것도 켄터키 촌뜨기였다. 미국에 48개의 주가 있을 당시, 우리가 유행처럼 하던 말이 있었다. "다 아칸소 덕분이야." 보통 전국 성적 순위에서 켄터키는 47위였고, 아칸소가 꼴찌였기 때문이다. 그런 내가 캠벨 모건과 마틴 로이드 존스가 섰던 이 엄청난 강대상에 서 있는 것이었다. 자격지심에 빠진 나는 그들처럼 되기 위해 노력해야 할 것만 같았다. 그러면서 점점 나 자신에 대해 과대평가하기 시작했다. 그럴수록 나의 신경은 예민해져갔다. 나는 나 자신이 되는 것이 두려웠고, 사람들에게 켄터키 촌뜨기다운 면모를 보여주는 것이 싫었다.

그렇게 내가 알지 못하는 사이, 나는 내 기름부음의 영역 밖 경계선 근처를 맴돌고 있었다. 내가 진정한 나 자신이 되면, 사람들이 나를 거부할 것 같았다. 그런데 또 내가 나 아닌 다른 사람이 되면, 하나님께서 그렇게 반응하실 것 같았다! 결국 나는 나의 한계를 인정할 수밖에 없었다. 이것은 내가 했던 일 중 아마도 가장 어려운 일이었을 것이다. 이 일은 전적으로 순종의 문제였다. 이대로의 모습으로 나를 만드신 하나님을 인정해야 했고, 사람들이 좋아하건 말건 나 자신을 인정해야 했다. 결국 중요한 것은 하나님께서 어떻게 생각하시냐는 것이고, 마지막 순간에 그분께 어떤 평가를 받느냐임을 확신하게 되었기 때문이다.

주어진 영역 안에 거하기

마지막 날 주님이 계신 심판대 앞에 섰을 때, 어떠할지에 대해 생각해본 적이 있는가? 나는 그곳이 어디인지도 모른다. 하지만 당신과 나는 분명히 그곳에 서게 될 것이다. 사랑이 우리에게 온전히 이루어지면(요일 4:17) 가능하겠지만, 실제로 심판대 앞에서 자신감이나 담대함을 갖기는 어려울 것이다. 내 생각에는 마치 심장이 가슴을 뚫고 나올 듯한 느낌이 들 것 같다. 그것은 아마도 우리가 경험할 수 있는 가장 섬뜩하고도 무서운 경험이 아닐까 싶다.

당신과 나는 주님의 심판대 앞에서 자신의 은사를 인정했는지, 그리고 주어진 기름부음의 영역 안에서 살았는지에 대해서도 심판을 받을 것이다. 그 이유는 이렇다. 우리는 하나님께서 주신 은사 때문에 상을 받지는 않는다. 요셉은 예언적 꿈을 꾸고, 그것을 해석할 수 있는 능력을 가졌다는 이유로 칭찬받지는 않을 것이다. 사도 바울이 높은 지능을 가졌다고 해서 천국에서 상을 받지는 않을 것이다. 다만 우리는 순종으로 인해 상을 받는다.

> 이는 우리가 다 반드시 그리스도의 심판대 앞에 나타나게 되어 각각 선악
> 간에 그 몸으로 행한 것을 따라 받으려 함이라 (고후 5:10)

우리가 천국에서 상을 받고, 안 받고는 은사의 크고 작음에 상관없이 받은 은사를 인정하는 것과 그 영역 안에서 사는 것에 달려 있다.

우리에게 주어진 은혜의 영역 안에 살면, 이 땅 위에서의 삶도 축복일 것이다. 물론 우리 중 어떤 이는 자신이 가진 은사에 대해 만족할 것이고, 또 어떤 이는 그렇지 않을 것이다. 하지만 마지막 때 심판대 앞에서 주님께 '참 잘했다'는 소리를 듣는다면, 당신과 나에게 이것보다 더 큰 축복은 없을 것이다. 어느 정도는 지금 이생에서의 삶 속에서도 하나님께서 주신 은사에 만족하고 그 안에서 충실할 때, 주님께서 '참 잘했다'고 말씀하시는 것을 느낄 수 있다. 우리가 하나님을 기쁘시게 했다고 생각될 때, 사

람이 아닌 하나님을 기쁘시게 했음을 우리가 알 때, 정말이지 그때의 기분은 매우 좋다. 그리고 그 기분은 우리 모두의 것이 될 수 있다.

하나님께서는 결코 능력의 한계까지 우리를 진급시키지 않으신다. 하나님께서 우리를 어떤 일로 부르셨다면, 우리는 분명 그 일을 할 수 있다. 성 어거스틴은 이렇게 기도했다. "하나님의 뜻대로 시키시되 그것을 감당할 능력을 주시옵소서." 하나님께서는 항상 우리를 부르신 그 일을 할 수 있는 은혜까지 함께 주신다. "네가 사는 날을 따라서 능력이 있으리로다"(신 33:25). 만약 당신이나 내가 하고 있는 어떤 일이 피로감을 가져오고 우리를 '소진'시키는 상황으로 연결되고 있다면, 뭔가가 잘못된 것이다. 분명 어느 단계에선가 우리의 기름부음의 영역을 벗어난 것이다. 그러지 말아야 했던 것이다.

하나님께서는 가끔 우리에게서 임재를 거두기도 하신다. 그래서 우리는 종종 '영혼의 밤'과 같은 경험을 하는 경우가 있다. 하지만 이것은 '소진'되는 것과는 다른 것이다. 하나님께서는 "그의 심중에 있는 것을 다 알고자 하사"(대하 32:31) 히스기야에게 그러셨던 것처럼 테스트하시기 위해 우리를 떠나기도 하신다. 하지만 소진되는 것은 하나님께서 명령하지 않으신 것을 함으로써 우리 스스로 자초하는 것이다.

모든 것을 다 가진 사람은 없다

사도 바울은 자신의 한계와 능력을 알았다. 적들이 자신을 비웃을 때, 바울은 이것을 잘 보여주었다. "그의 편지들은 무게가 있고 힘이 있으나 그가 몸으로 대할 때는 약하고 그 말도 시원하지 않다 하니"(고후 10:10). 그들의 말이 바울의 마음을 찔렀다. 아마도 바울은 아팠을 것이다. 그는 은연중에 자신의 언변이 숙달된 달변가의 것과 같지 않다는 것을 인정한다. "내가 비록 말에는 부족하나 지식에는 그렇지 아니하니"(고후 11:6). 이처럼 바울은 솔직하게 인정할 것은 인정하지만, 주장할 것은 주장한다. "지식에는 그렇지 아니하니!"

바울을 공격한 사람들 중 적어도 일부는 분명 전문적으로 수사학적 훈련을 받은 이들이었을 것이다. 당시 헬라인 지식층에서 뛰어난 말재주를 가진 사람은 군중으로부터 탁월함을 인정받았다. 헬라인들은 우아한 말로 사람들을 따르게 만드는 웅변가들을 좋아했다. 그 시대에 말재주의 은사를 가지고 있는 사람은 그렇지 않은 사람들보다 훨씬 더 유리했으며, 사회적으로 성공을 보장받았다. 바울은 자신이 이러한 수사학에 있어서 훈련받지 못한 사람이라는 것을 인정했던 것이다. P. E. 휴즈의 표현처럼 그에게 '사람들을 현혹시키는 말솜씨'는 없었던 것이다. 그렇다고 해서 그가 설교가가 아니었다는 것은 아니다. 그는 많은 사람들을 회심시킨 좋은 설교가였다. 단지 키케로가 아니었다는 것이다.

하지만 바울은 "그러나 지식에는 그렇지 아니하니"라고 말할 수 있었다. 훈련받은 웅변가는 아니었을지언정, 자신이 무슨 말을 하고 있는지는 알고 있었다. 그는 당대 최고의 선생이었던 가말리엘의 문하에서 율법의 엄한 교훈을 받았다(행 22:3). 그리고 그의 전공분야는 당시 사람들의 관심사였던 주제, 즉 그리스도인의 삶에서의 율법의 의미를 정곡으로 다루고 있었다. 그래서 그의 기름부음은 실제적인 것에 있었다. 당시 다뤄졌던 주제의 본질에 있어서 그는 훈련 받은 사람이었던 것이다.

바울의 상대편에게 있어서는 어떻게 말하느냐가 문제였다면, 바울에게는 무엇을 말하느냐가 중요했다. 한마디로 말하면, 바울의 지식의 충만함이 연설가로서의 부족함을 보완하고도 남았던 것이다. 바울은 상대편으로 인해 빈곤감도, 위협도 느끼지 않았다. 진리가 문체보다, 본질이 방법보다 더 중요하듯, 실제적인 가르침이 어떻게 연설하느냐보다 더 중요했다. 그에게는 복음의 내용만이 본질이었다.

여기에 우리가 배워야 할 교훈이 있다. 첫째, 이미 말했듯이 모든 것을 다 가진 사람은 없다. 이것만으로도 우리는 겸손해질 필요가 있다. 하지만 여기에는 또 다른 교훈이 있다. 우리가 가진 모든 한계에는 그것을 보완하는 것이 있다는 점이다. 당신이 갖고 싶어 하는 은사가 정작 당신에게 없을 수도 있다. 하지만 하나님께서는 다른 사람에게 주시지 않은 것을 당신에게는 주셨다. 라헬은 야곱의 사랑을 받았지만, 레아에게는 자식을 주셨다(창 29:17, 31).

우리가 상대적 빈곤감을 느낄 때, 하나님께서는 그것을 보충하는 방법을 갖고 계신다. 하나님께서는 '그 원하시는 대로'(고전 12:18) 주님의 몸 안에서 우리 각자에게 각각의 은사를 주신다.

> 오직 하나님이 몸을 고르게 하여 부족한 지체에게 귀중함을 더하사 몸 가운데서 분쟁이 없고 오직 여러 지체가 서로 같이 돌보게 하셨느니라 (고전 12:24-25)

하나님께서 우리 각자의 고유한 은사를 결정하신다. 모든 사람이 예레미야의 은사를 가진 것은 아니지만, 우리 모두가 주님의 몸이라는 한 지체를 이룬 이상 우리 모두는 이것을 가지고 있는 것이다. "내가 너를 모태에서 짓기 전에 너를 알았고 네가 배에서 나오기 전에 너를 성별하였고"(렘 1:5).

경계를 넘어선 사울 왕

이 모든 것을 알아도 우리 모두가 자신의 기름부음의 한계를 받아들이고 거기에 순종한다는 것이 쉽지 않을 수도 있다. 나중에 살펴보겠지만, 사울 왕도 특별한 기름부음을 받았지만, 이를 남용함으로써 하루아침에 어제의 사람으로 전락해버리고 만다. 다시 말해 사울은 하나님으로부터 분리되고 과거의 사람이 되어버린다.

그 이전까지 사울은 오늘의 사람, 현재의 사람이었다. 그에게는 하나님께서 함께하심을 증명해주는 역동적인 기름부음이 있었다. 하지만 그는 스스로를 높이고 성공과 영광을 구함으로써 자신의 기름부음 영역 밖으로 나가고 말았다. 하나님께서는 이것을 좋아하지 않으셨다. 그렇게 사울은 어제의 사람이 되고 말았다. 그것도 하루아침에 말이다.

기억해야 할 것은, 사울에게 일어났던 일이 당신과 내게도 일어날 수 있다는 것이다. 사도 바울도 이것을 매우 두려워하였다. 바울은 어제의 사람이 되는 것을 두려워하였다.

그러므로 나는 달음질하기를 향방 없는 것 같이 아니하고 싸우기를 허공을 치는 것 같이 아니하며 내가 내 몸을 쳐 복종하게 함은 내가 남에게 전파

한 후에 자신이 도리어 버림을 당할까 두려워함이로다 (고전 9:26-27)

우리도 그럴 수 있다. 실제로 많은 사람들이 그랬다. 그 결과 주님의 이름에 불명예를 남기고, 많은 신실한 그리스도인들을 당혹스럽게 하였다. 하나님께서는 자신의 영광을 위해 질투하시는 하나님이시며, 우리의 기름부음에 관해서도 질투하신다. 하나님께서 우리에게 허락하신 것을 우리가 인정하고 또 그 영역 안에서 살 때, 하나님께서는 우리에게 더욱 많은 것으로 축복하시고, 우리가 어제의 사람이 되지 않도록 도와주신다. 하나님께서는 편애하지 않으시며, 어느 특정인을 위해서 그분의 법칙을 굽히지 않으신다.

아마도 사울 왕은 지금으로부터 불과 400년 전에 자리잡기 시작한 '신성한 왕의 권리'란 것에 대해 이미 알고 있었는지도 모르겠다. 이것은 군주에게는 자신의 왕권을 수호하기 위한 신성한 불가침의 권리가 주어지며, 왕권을 위협하는 인물을 최악의 정치범으로 받아들이는 사고였다. 군주는 땅의 법을 초월하여 존재한다고 여겨졌다. 그래서 사울 왕은 자신의 기름부음 영역 밖으로 나가 제사장에게만 주어진 특권을 직접 행사하는 우를 범하고 말았다(삼상 13:9-14).

사울 왕은 자신의 기름부음이 아닌 영역으로까지 자신을 승진시켰다. 그러나 그것은 사무엘의 영역이었다. 하나님께 제사 드리는 일에 부름 받은 자는 사무엘이었다. 사울이 아니었다. 아무리 왕이 높은 직책이라 해도 말이다. 사울 자신을 왕으로 세운 자가 사무엘이었음에도, 사울 왕은 왕으로서 무슨 일이든지 자신이 원하면 할 수 있다고 생각했다. 그러나 실상은 그렇지 않았다. 그는 자신이 아닌, 다른 사람이 부름 받은 일이 있음을 기억해야 했다.

우리 중에도 모든 것을 다 하고 싶어 하는 사람이 있을 수 있다. 우리 중에 무슨 일이든 다 할 수 있다고 생각하는 사람도 있다. 사울 왕은 사무엘이 약속한 기한이 지나도 나타나지 않자 인내심을 잃고 사무엘이 맡은 일을 해버리고 만다. "사울은 사무엘이 정한 기한대로 이레 동안을 기다렸으나 사무엘이 길갈로 오지 아니하매 백성이 사울에게서 흩어지는지라 사울이 이르되 번제와 화목제물을 이리로 가져오라 하여 번제를 드렸더니"(삼상 13:8-9). 잠시 후 길갈에 도착한 사무엘은 사울 왕이 한 일을 보고 두려워한다.

> 사무엘이 사울에게 이르되 왕이 망령되이 행하였도다 왕이 왕의 하나님 여호와께서 왕에게 내리신 명령을 지키지 아니하였도다 그리하였더라면 여호와께서 이스라엘 위에 왕의 나라를 영원히 세우셨을 것이거늘 지금은 왕의 나라가 길지 못할 것이라 여호와께서 왕에게 명령하신 바를 왕이 지키지 아니하였으므로 여호와께서 그의 마음에 맞는 사람을 구하여 여호와께서 그를 그의 백성의 지도자로 삼으셨느니라 하고 (삼상 13:13-14)

즉시 사울은 왕이라는 직책이 있다고 해서 죄를 면제받는 것이 아니며, 하나님께서 그를 여느 사람과 똑같이 판단하시고 꾸짖으신다는 사실을 배우게 되었다. 하나님께서는 왕이건, TV에 나오는 유명한 복음전도자건, 대형교회 목사건, 시골교회 목사건 누구라도 끌어내리실 수 있는 분이다.

이것은 매우 무서운 이야기이다. 나 역시 하루아침에 어제의 사람이 될 수 있다. 이것은 나에게 최악의 악몽이다. 나 자신을 너무나 잘 알기에, 나는 나보다 더 훌륭한 이들에게 일어나는 일들을 보면서 이렇게 묻곤 한다. "다음은 내 차례인가?"

한계를 인정할 때 평강이 있다

현재 당신과 내가 가진 기름부음이 어제의 기름부음이 되지 않게 할 방법은 없는가? 나는 방법이 있다고 믿는다. 이것이 내가 이 책을 쓰는 이유 중 하나이다. 내가 지금 쓰고 있는 한 문장 한 문장이 모두 나 자신에게 하는 말이라는 사실을 솔직하게 고백하니, 믿어주기 바란다. 나는 다른 사람들에게 일어난 일이 나에게는 절대 일어나지 않기를 바란다. 그래서 당신과 내가 매일 신선한 기름부음을 받음으로써 어제의 종으로 전락하는 안타까운 일을 겪지 않기를 바라며 이 글을 쓴다.

우리가 분수 이상의 자랑을 하지 않아야 한다고 바울이 말할 때, 그는 그것이 우리 믿음의 분량, 즉 한계를 앎으로써 가능하다고 설명한다. 어떤 사람은 다른 사람에 비해 더 큰 믿음을 가지고 있다. 때론 우리가 가진 믿음의 분량이 어느 정도인지 인정하는 것이 고통스러울 수 있다.

한번은 공산주의 국가에 성경을 비밀리에 보급하는 사역으로 유명세를 탔던 앤드류 형제에게 이렇게 물어본 적이 있다. "러시아에 갈 때, 성경을 몇 권이나 가져가면 좋을까요?" 그러자 그가 대답했다. "목사님의 믿음이 허락하는 만큼입니다." 그리고 그는 덧붙였다. "어떤 사람은 200권을 가져갈 수 있고, 또 어떤 사람은 100권만 가져갈 수도 있지요." 1974

년 두 명의 미국인 교수가 러시아 방문여행에 나를 초대했다. 나는 러시아 국경 초소에서 검문할 때 여행가방만 뒤지고 몸은 수색하지 않는다는 소리를 들었기 때문에 겉옷 안에 두 권의 성경만 넣고 들어갔다. 이것이 내 믿음의 분량이었다.

우리가 가진 기름부음의 분량도 이러한 식으로 인정해야 한다. 물론 우리의 능력에 대해 초현실적인 기대감을 가지고 있을 수 있다. 그러나 문제는 우리가 가끔 하나님께서 우리에게 기대하시는 것보다 더 많은 것을 스스로에게 기대한다는 것이다. 하나님께서는 우리를 잘 아시며, 우리가 단지 먼지뿐임을 기억하신다(시 103:14). 만약 어려서부터 (극성스런 부모들에 의해) 아주 높은 수준의 야망을 품도록 주입교육을 받았다면, 자신에 대해 낮은 수준의 기대감을 갖는다는 것이 힘들 수도 있다. 하지만 내 말은 우리가 우리의 한계를 인정할 때, 거기에 커다란 평강이 있다는 것이다.

나는 패커 박사가 내게 조언해준 주제, 즉 '예수의 사제적(제사장적) 사역에 대한 존 오웬의 시각'에 대한 논문을 쓰겠다는 단 하나의 목적을 가지고 1973년 옥스포드대학에 들어갔다. 당시 나의 지도교수였던 배리 화이트 박사도 이를 흔쾌히 허락했다. 그는 먼저 나에게 오웬 이전의 청교도 역사에 관한 과제를 많이 내주었는데, 이를 통해 오웬이 가진 신학의 모체를 이해하게 하려는 것이었다.

첫 해 과정이 끝나갈 무렵, 패커 박사와 화이트 박사가 나를 불렀다. 그들의 표정은 다소 심각해보였다. 그들은 서로를 바라보며 "교수님이 말씀하실래요? 아니면 제가 말할까요?"라고 말했다. 이쯤 되니 나도 걱정이 되었다. 결국 패커 박사가 최대한 조심스럽게 말하기를, 원래 세웠던 계획을 최소화하고 지난 1년간 공부하면서 발견한 나의 장점을 살려보는 것이 어떻겠냐고 했다. 한마디로, 존 오웬에 대한 논문을 포기하라는 것이었다.

나는 곧장 옥스포드의 헤딩턴에 있는 집으로 달려가 침대에 드러누웠다. 살면서 그렇게 부끄럽고 창피한 적은 없었다. '내 친구들이 뭐라고 생각할까? 고향에 있는 사람들이 내가 존 오웬에 관한 논문을 쓰지 않고 다른 주제로 바꾼 것에 대해 뭐라고 생각할까?'

그러나 사실 이 일은 옥스포드에서 내게 일어났던 일 중 가장 좋은 일이었다. 나의 한계를 전적으로 인정하기까지는 몇 주의 시간이 걸렸다. 시간이 지날수록 점점 짐 패커와 배리 화이트 박사의 판단을 이해하기 시작했고, 나의 장점을 살리는 데 집중하기 시작했다. 그리고 결국 그것이 내 인생을 바꾸고 말았다!

우리에게 주어진 기름부음의 영역 안에 살 때, 우리에게는 자유가 있다. "주의 영이 계신 곳에는 자유가 있느니라"(고후 3:17). 내 친구 피트 캔트렐은 "자유의 극치는 아무것도 증명해보일 필요가 없는 것이다"라고 말했다. 내가 시행착오를 겪으며 분별하게 된 바로는, 하나님의 임재를 인식할수록 더욱 나다운 모습이 된다는 것이다. 그러나 그분의 임재를 덜 인식할수록 더욱 스스로를 증명해보여야 할 필요를 느끼게 된다.

우리가 우리의 한계를 인정할 때, 거기에 커다란 평강이 있다.

내가 더욱 나 자신이 될수록 나의 자유는 더 커지며, 하나님께서 지금의 모습으로 나를 만드셨다는 것을 확신한다. 내가 나의 기름부음의 영역 밖으로 나간다면, 남의 영역을 불법으로 침해하는 것이 된다. 내가 다른 사람을 흉내낸다면, 그것은 그 사람의 기름부음을 훔치는 것이며, 이런 일은 항상 화를 자초한다.

재미있는 사실은, 다른 사람을 모방하려 할 때 그들이 가진 진정한 은사는 결코 내 것이 되지 않고, 단지 그들이 가진 외형상의 특이한 점만을 흉내내게 된다는 점이다. 그리고 다른 사람에게서 가장 쉽게 모방할 수 있는 것은 대부분 그들의 이상한 행동이나 혹은 심지어 그들의 약점뿐이라는 것이다.

과거에 유명했던 텍사스 주의 한 부흥강사는 설교가 절정에 달하면 꼭 왼손을 귓가에 동그랗게 모으는 독특한 버릇을 가지고 있었다. 그가 왜 그런 행동을 하는지 아무도 아는 이가 없었다. 재미있게도 당시 텍사스와 오클라호마에 있던 젊은 목사들 중 설교하다가 왼손을 귓가에 모으는 이들이 생겨났다. 그리고 그들은 자신들에게 그와 같은 기름부음이 임했다고 생각했다! 이 부흥강사는 얼마 후 텍사스 주 포트 워스에 있는 사우스웨스턴침례신학교의 설교학 교수로 초빙되었는데, 이 교수의 제자인지 아닌지는 누구나 쉽게 구별할 수 있었다!

몇 년 전 사우스웨스턴침례신학교에 갔을 때, 그 이유가 궁금했던 나는 그분에 관한 이야기를 꺼냈다. 누군가 아는 사람이 있을지도 모른다고 생각했기 때문이었다. 마침내 나의 기대가 들어맞았다. 그 대학의 어느 노교수 한 분이 나중에 내게 와서 말했다. "말씀하신 그 부흥강사가 누군지 압니다." 나는 물었다. "도대체 왼손을 귓가에 모은 이유가 뭔지 아십니까?" 대답은 이랬다. "그분에게 난청이 있었지요. 손을 귓가에 모으면 자신의 소리가 더 잘 들렸답니다."

그것은 기름부음과는 전혀 상관없는 이유였다. 대단한 은사를 가진 사람을 모방한다고 해서 그 은사가 내 것이 되는 것은 아니다. 그의 특이한 외형만 흉내낼 따름이다. 로이드 존스 박사가 일전에 내게 해준 이야기가 있다. 웨일즈에 존경받는 한 사역자가 있었는데, 그는 앞머리가 눈을 가리지 않도록 머리를 뒤로 젖히는 버릇을 가지고 있었다. 그로 인해 웨일즈 전역에는 설교 중에 그 사역자처럼 앞머리를 젖히는 젊은 목사가 많이 생겼다고 한다. 심지어 그 중에는 대머리도 있었다!

> 우리는 하나님의 임재를 인식할수록 더욱 나다운 모습이 된다.
> 그러나 그분의 임재를 덜 인식할수록 더욱 스스로를 증명해보여야 할 필요를 느끼게 된다.

하나님의 의도에 충실하기

하나님께서 우리 각자를 지금의 모습으로 만드셨다. 그분은 우리가 태어나기도 전에 우리의 부모를 정하시고, 우리의 환경과 친구들을 정하시고, 우리의 관심사도 다르게 주셨다. 우리의 지능도 그분이 정하셨음은 물론이다. 그러므로 우리가 우리의 한계를 인정할 때, 자유할 수 있을 뿐만 아니라 생산성도 더 높아진다. 보증 없는 야망에 대해 비현실적인 기대감을 가지고 자신이 얼마나 유능한지 증명해 보이기 위해 노력하는 삶보다 자신의 한계를 인정하는 삶이 몇 천 배 더 풍성하게 거둘 것이다.

그는 우리를 지으신 이요 우리는 그의 것이니 (시 100:3)

야곱아 너를 창조하신 여호와께서 지금 말씀하시느니라 이스라엘아 너를 지으신 이가 말씀하시느니라 너는 두려워하지 말라 내가 너를 구속하였고 내가 너를 지명하여 불렀나니 너는 내것이라 (사 43:1)

얼마 전 에딘버러의 토마스 토랜스 교수의 강의를 들은 적이 있다. 강의 내용은 현대신학부터 핵물리학까지 망라하고 있었다. 강의가 끝난 다음 각 분야의 교수들을 포함한 청중들로부터 질문을 받는 시간이 있었는데, 토랜스 박사가 답변할 수 없는 질문은 하나도 없었다. 나는 왜 칼 바르트가 토랜스 교수를 유럽에서 가장 학식이 뛰어난 사람이라고 했는지 이해가 되었다. 내가 어느 한 사람의 학식과 지성에 그렇게 감탄해 본 적은 한 번도 없었다.

그날 이후 나도 토랜스처럼 되고 싶은 욕망이 생겼다. 철학서적과 아인슈타인의 상대성이론을 읽고자 하는 욕망이 일었다. 20세기의 모든 신학자들에 대해 통달하고 싶었다. 토랜스가 그랬던 것처럼 나도 핵물리학 교수들의 질문에 답변할 수 있는 사람이 되고 싶었다. 그러다가 내가 대수학에도 낙제하고, 켄터키의 한 고등학교 학생들의 단순한 질문에도 답변할 수 없었던 사람이라는 사실이 떠올랐다. 나는 토랜스가 아니며, 또 결코 그렇게 될 수도 없다는 것을 깨달았다.

우리의 한계를 인정하는 것은 자신의 기름부음을 인정하는 것의 기본이다. 하나님께서는 우리가 자신에 대한 비현실적인 포부를 가지고 있는 한 우리를 사용하지 않으실 것이다. 이러한 비현실적인 기대감은 스스로에 대한 지나친 자부심에 기인한다.

내가 또 본즉 사람이 모든 수고와 모든 재주로 말미암아 이웃에게 시기를 받으니 이것도 헛되이 바람을 잡는 것이로다 (전 4:4)

내가 허황된 꿈을 품음으로써 나 자신에게 솔직하지 못했던 것은 결국 나를 지으신 하나님의 의도에 충실하지 않았던 것이다. 나는 단지 친구들의 부러움을 살 만한 성과를 거두기를 원했었다.

우리가 주님의 심판대 앞에 설 때, 우리 각자에 대한 진실이 모두 밝혀질 것이다. 그때는 아무것도 감출 수 없다. 그러므로 지금 당장 우리의 한계를 인정하고, 모든 위장을 중단하는 것이 상책이다. 그러면 하나님께서 우리를 사용하실 것이다. 그렇게 될 때 결국 열매가 맺히고, 우리에게는 자유함이 있을 것이다. 이 자유함이 우리가 포기해야 했던 위장의 어리석음을 아주 넉넉히 보상하고도 남을 것이다.

보증 없는 야망에 대해 비현실적인 기대감을 가지고
자신이 얼마나 유능한지 증명해 보이기 위해 노력하는 삶보다
자신의 한계를 인정하는 삶이 몇 천 배 더 풍성하게 거둘 것이다.

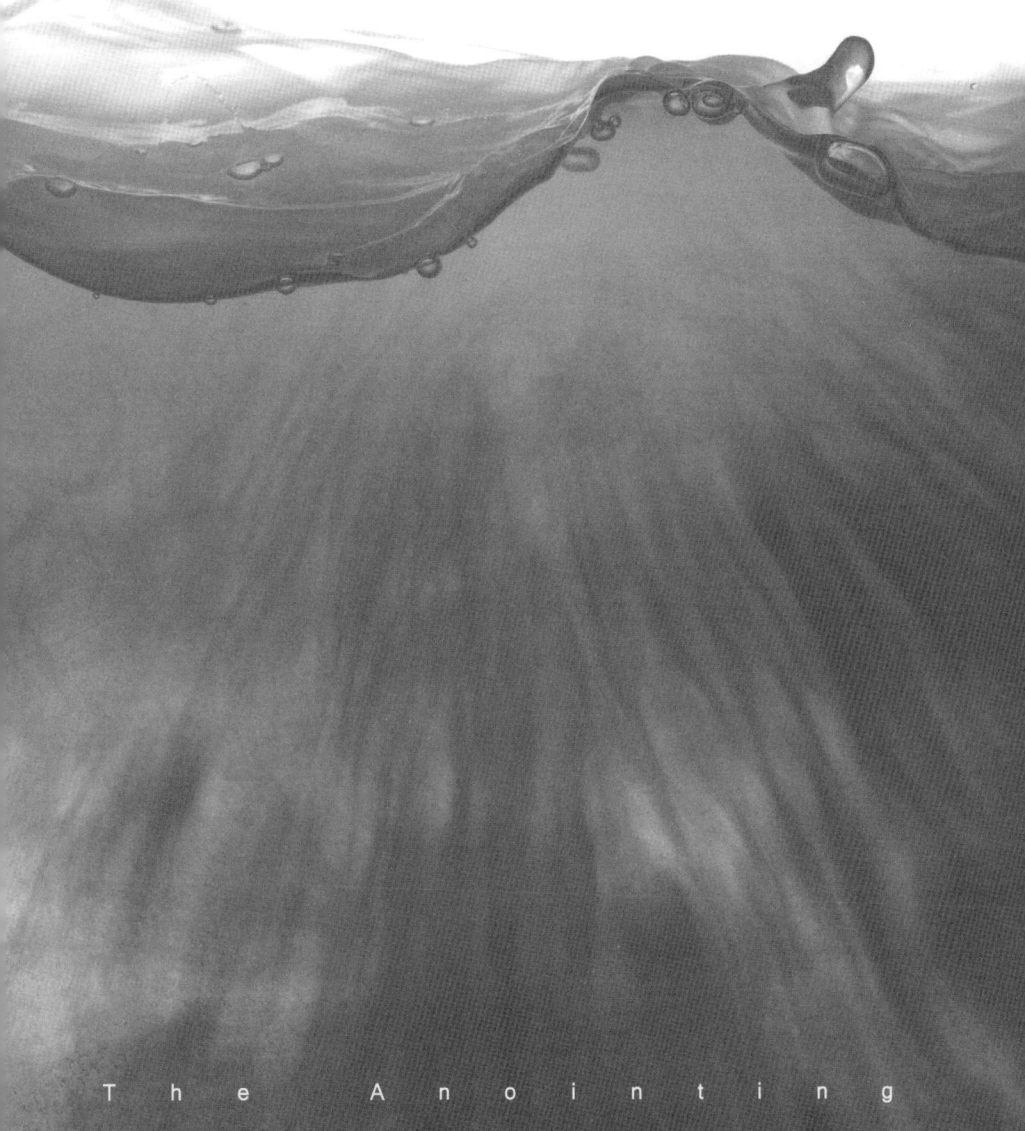

PART II
어제의 기름부음

The Anointing

어제의 기름부음

나는 부흥과 함께 시작된 교단 소속인 나사렛교회Church of the Nazarene에서 성장했다. 초기에 이 교회에는 특이할 정도로 강력한 회개의 영이 부어졌다. 교단 설립자인 피니어스 브레시 목사의 표현대로 '영광'이 그들에게 임했다. 그것이 무엇이었을까? 그것은 그들의 낮은 교육수준과 빈곤함, 투박함 그리고 촌스러움을 초월하는 기름부음, 잃어버린 바 된 자들이 예배에 발을 들여놓으면 즉시로 회개하고 회심케 할 정도로 강력한 하나님의 임재였다. 당시 그들을 비웃고 조롱하러 왔던 이들도 결국 마음이 깨어져 하나님 앞에 엎드려 눈물을 흘렸다. 예배 때마다 사람들은 즐거움의 탄성을 지르고, 주체할 수 없는 기쁨의 몸짓으로 수건을 흔들곤 하였다.

나의 고향 켄터키의 애슐랜드에서 우리 나사렛 교인 Nazarene 은 '시끄러운 교인' Noisyrene 으로 불렸다. 학교 친구들이 내가 어느 교회에 다니는지를 안다는 것이 내게는 조심스런 일이었다. 하지만 그것이 우리 교회의 자랑이었다. 브레시 목사는 말년에 여러 교회를 다니며 설교하였는데, 오직 한 가지 주제만 전하였다. 그것은 바로 "영광을 붙들고 있으라!"였다. 왜 그랬을까? 하나님의 영광이 떠나면, 그것으로 모두 끝나기 때문이다. 그들에게는 그것 외에는 가진 것이 없었다. 돈도, 교육도, 고상한 그 무엇도 없었다. '하나님의 영광', 그 기름부음 외에는 말이다.

이것은 기름부음의 또 다른 면을 보여준다. 이것은 성령께서 스스로 사람들 위에 내려오시는 것이며, 성령께서 직접 일하시도록 내어드리는 것이다. 그분께서는 사람의 교육, 문화, 지위의 수준과 상관없이 일하신다. 사람의 성숙함과도 전혀 관계가 없다. 한마디로 성령 그분 자신인 것이다. 이 기름부음의 결과로 사람들은 전혀 생각하지 못했던 일들을 하고, 기대하지 못했던 것들을 느끼게 된다. 브레시 목사가 말한 '영광'이 이것이다.

이것은 회개하길 원치 않았던 죄인들을 회개하고 회심하게 만든다. 때로 희락이 임하기도 하는데, 사람들은 웃고 소리치고 또는 기운을 잃고 바닥에 쓰러지기도 한다(조나단 에드워즈는 이것을 '기절'했다고 표현했다). 이런 일들은 케인 릿지 부흥에서도 있었고, 초기 나사렛 교인들에게도 있었다.

가끔 우리 교회에서 '주님 뜻대로 하소서, 주님 뜻대로 하소서'라는 찬송을 부른다. 나는 하나님께서 의아해하시며 우리에게 "정말?"이라고 반문하시지 않을까 생각한다. 정말 하나님의 뜻대로만 되었다면, 어떤 일이 일어났을지 나는 잘 모르겠다. 물론 하나님께서 과거에 어떻게 일하셨는지는 안다. 하지만 오늘날 높은 학식과 문화적이고 세련된 것을 추구하는 우리들의 자세가 성령께서 뜻대로 하시도록 허용하지 않는다는 것이 문제다. 브레시 목사는 나사렛 교인들도 언젠가 이렇게 되어 '영광'을 잃게 되지 않을까 염려하였던 것이다.

그런데 여기에도 문제가 있다. 안타깝게도 기름부음이 걷히고 그분의 영광이 사라졌는데도 이것을 인정하려 들지 않는 사람들이 항상 있다는 것이다. 그리고 그들은 소리를 지르며 마치 성령께서 역사하고 계신 것처럼 '연출'한다. 일단 이렇게 되면, 이 영광은 두 가지 점에서 어제의 기름부음으로 전락한다. 첫째, 하나님께서는 전 시대에 사용하신 것과 똑같은 방법으로 영광을 드러내는 것을 좋아하지 않으신다. 어제의 영광은 어제의 것일 뿐이다. 둘째, '연출'하려는 자들은 어제의 기름부음이 살아있도록 노력함으로써 자신들의 육적인 모습을 여실히 드러내고 만다. 이들은 하나님께서 어제는 하셨지만 오늘은 하지 않으실지도 모르는 일을 재현하려고 노력하는 것이다.

내 나이 6살이었던 1942년 부활절 아침에 나는 부모님의 침대 옆에서 하나님을 영접했다. 그리고 19살에 하나님의 부르심을 느껴 테네시 주 동부의 작은 산골마을 교회의 목사가 되었다. 내가 앞에서 이야기했던 성령체험은 그로부터 1년 후인 1955년 10월 31일, 내가 신학교에 다니던 중에 일어났다. 팔머에서 내슈빌로 차를 운전해 가던 중 하나님의 영광이 차 안에 임했다. 나는 성령의 파도가 불길처럼 내 가슴 속으로 들어오는 것을 느꼈다.

다음에 일어난 일은 이렇다. 나는 라디오를 끄고 도착지에 다다를 때까지 기도해야겠다고 마음먹었다. 가슴과 배에 엄청난 무게감이 느껴졌는데, 그때는 그것이 하나님께서 일하고 계시는 것임을 알지 못했다. 사실 그 반대로 느껴졌다. 하나님께서는 너무도 멀리 계신 것 같았다. 그런데 두 개의 성경구절이 동시에 떠올랐다. 당시 내 느낌과는 아주 상반되는, "내 멍에는 쉽고 내 짐은 가벼움이라"(마 11:30)라는 구절과 내가 그럴 수 있기를 구하고 있던 "너희 염려를 다 주께 맡기라 이는 그가 너희를 돌보심이라"(벧전 5:7)라는 구절이었다. 그리고 갑자기 예수님께서 하나님 우편에서 나를 위해 중보하시는 모습이 보였다. 그 광경이 너무 선명하여 당황스러울 정도였다. 그 다음 내가 기억하는 것은 너무나 평온하고 감미로운 아버지와 아들의 대화였다. 얼마나 생생하였던지, 성령의 따스함이 실제로 가슴으로 느껴지는 육체적인 경험이기도 했다.

그 어떤 것, 그 누구보다 예수님께서 더욱 실제로 다가오셨다. 기름부음이 내게 임해 성경이 강력하고도 투명하게 열리기 시작했다. 그와 더불어 나의 신학이 바뀌었다. 그리고 언젠가 내가 국제적인 사역을 하게 될 것이라는 비전을 보았다. 이 시기에 내가 누린 평안과 기쁨 그리고 하나님의 임재는 특별한 것이었다. 나는 이 일이 어릴 적 다녔던 교회에서 겪었던 일들과 함께 현재 내가 성령께 열려 있도록 준비시키기 위한 것이었다고 믿는다.

부흥에는 끝이 있다

내가 위에서 설명한 일들(내가 다녔던 교회나 다른 부흥의 시대에 일어난 일 그리고 나 자신에게 일어난 일)은 어제의 기름부음의 두 가지 예에 해당한다. 내가 다녔던 교회에 임했던 기름부음은 실재했으며 매우 강력한 것이었다. 하지만 그 일은 이제 단지 기억 속에 존재할 뿐이다. 그것이 계속될 것이라는 보증은 없다.

그리고 1955년 10월 31일에 내게 일어난 일 역시 매우 실제적이고 강력한 것이었지만, 시간이 지나자 대부분 기억 속의 일이 되고 말았다. 물론 이것은 매우 중요한 의미를 지닌 결코 잊지 못할 기억이다. 사실 그때를 생각하면 거의 대부분의 일들이 선명하게 기억난다. 하지만 그 일이 있은 지 1년이 지나자 나에게 상한 마음^{bitterness}이 들어오기 시작했고, 그때의 평안과 기쁨은 더 이상 실제적이지도, 강력하지도 않은 것으로 변하고 말았다.

성령의 임재가 왜 어느 정도 시간이 지나면 잦아드는지 우리는 알 길이 없다. 그러고 보면 "영광을 붙들고 있으라!"고 한 브레시 목사의 말은 일리가 있는 말이다. 일단 그것이 떠나버리면, 결코 그분이 함께하실 때와 같지 않기 때문이다. 우리 삶에서의 하나님의 영광의 현현은 항상 일시적인 것이라고 말할 수 있다. 부흥에는 끝이 있다. 왜 그럴까?

앞에서 설명했던 두 가지 이유로 다시 돌아간다면, 첫째는 '나', '우리' 때문이다. 바로 우리가 성령을 근심케 한다. 성령을 근심케 하는 가장 주된 이유는 상한 마음, 쓴뿌리인 듯하다. "하나님의 성령을 근심하게 하지 말라 그 안에서 너희가 구원의 날까지 인치심을 받았느니라"(엡 4:30)고 말한 바울이 이어서 "너희는 모든 악독^{bitterness}과 노함과 분냄과 떠드는 것과 비방하는 것을 모든 악의와 함께 버리고 서로 친절하게 하며 불쌍히 여기며 서로 용서하기를 하나님이 그리스도 안에서 너희를 용서

하심과 같이 하라"(엡 4:31-32)고 덧붙이고 있는 것을 보면 그렇다. 개인적인 경험을 통해 봤을 때에도 악독한 마음과 용서하지 않으려는 영이 나를 사로잡았을 때, 하나님의 강력한 임재는 떠나갔다.

두번째 이유는 성령의 주권에 있다. 그분은 나타내시고 잠시 머물기는 하시되, 계속해서 한 가지 모습으로 계시지는 않는다. 왜 그럴까? 그 이유는 알 수 없다. 내가 말할 수 있는 것은 그분이 주권적이시라는 것과 우리가 그분을 근심시켰든지 혹은 우리에게는 불가해한 영역에 속하는 이유로 하여간 그분이 떠나가신다는 것이다. 그것은 몇 년이 될 수도 있고 며칠이 될 수도 있다. 우리는 그분께서 함께하심으로 영원히 우리 가운데 능력이 나타나길 소원하지만, 결국 성령께서는 그 놀라운 임재를 언젠가 거두어가시고 만다.

요점은 이것이다. 우리는 어느 순간 어제의 기름부음으로 전락해버리고 말 수 있는 것들에 대해 인식하고 있어야 한다. 실제로는 그렇지 않은데, 어제 일어난 일이 오늘도 일어나고 있다고 믿는 척해봐야 아무 쓸모도 없다.

로이드 존스 목사가 이런 이야기를 들려주었다. 그가 이전에 섬기던 웨일즈의 한 교회에서 월요일 기도모임을 할 때, 한 성도가 성경을 읽기 위해 일어섰다. 그때 성령께서 아주 특이한 방법으로 그에게 임하셨다. 그날의 모임은 영원히 끝나지 않을 것처럼 밤이 깊었음에도 계속될 정도로 너무나 은혜로웠다. 하지만 로이드 존스 목사는 결국 모임을 끝내고 말았다(이후 몇 년간 이 일을 후회했다고 한다). 그 다음주 월요일 모임에서 그 성도는 같은 방법을 시도했다. 로이드 존스 목사는 "나는 그가 다시 시도할 것이라는 것을 알고 있었고, 그 결과가 어떨지도 알고 있었다"고 말했다. 성령의 역사는 일어나지 않았다. 성령께서 동의하시지 않는 한 우리는 어제의 기름부음을 오늘의 것으로 만들 수 없다.

나는 어제의 기름부음에 대해 이제 한 차원 더 나아가 말하려 한다. 간단히 말해서 교회사는 올라갔다 내려갔다 하는 그래프 선이라고 말할 수 있다. 전성기를 누리는가 하면, 어느새 바닥을 치기도 한다. 우리가 알아야 할 중요한 사실 중 하나는, 하나님께서는 그분의 영광을 드러내실 때 이전과 같은 방법을 잘 사용하지 않으신다는 것이다. 16세기에는 하나님께서 루터와 칼빈과 같은 사람들을 통해 강력하게 일하셨다. 18세기에는 웨슬리와 휫필드와 같은 이들을 통해서 역사하셨다. 하지만 이 두 시대를 비교해보면, 하나님께서 사뭇 다른 일을 하신 것을 볼 수가 있다.

간단하게 표현하자면, 16세기에 하나님께서 하신 일은 다분히 지적인 영역에 속한다. 영화로운 교리들, 즉 오직 믿음에 의해 의롭다 하심을 얻는 것과 예수님 한 분으로부터만 오는 구원의 확신 등과 같은 교리들을 재발견한 것이다. 물론 이들에게 진리의 체험이 없었다는 뜻은 아니며, 당연히 체험을 하는 사람들도 있었다. 하지만 이러한 교리의 재발견으로 인해 세상은 뒤집어졌다.

반면 18세기의 웨슬리와 휫필드의 가르침은 다분히 경험주의적이었다. 당시에는 실제적인 성령 체험을 통해 사람들에게 변화가 일어났다. 예를 들어 사람들이 바닥에 쓰러지는 일이 일어났다. 조나단 에드워즈의 표현처럼 '기절하기' 혹은 '온 몸에 기운이 빠지는' 일들이 일어난 것이다.

웨일즈 부흥(1904-1905)은 또 달랐다. 이때에는 찬양을 많이 부르고, 간증이 많았으며, 집회마다 흥겨움이 있었다. 대신 설교는 많지 않았다. 하지만 그곳에 임한 능력은 부인할 수 없는 것이었다. 이와 관련하여 로이드 존스 목사가 들려준 이야기가 있다.

한 광부가 일을 마치고 집으로 돌아왔는데, 부인이 저녁도 차려놓지 않고 교회에 간 것을 알고 무척 화가 났다. 그래서 그는 '내가 달려가서 그놈의 교회를 박살내야지' 하고 교회로 뛰어갔다고 한다. 그가 교회에 도착했을 때에는 이미 교회 입구까지 사람들로 꽉 차 있어서 쉽게 들어갈 수가 없었다. 하지만 그의 노여움이 쉽게 풀릴 만한 것이 아니었던지라, 그는 사람들을 밀치며 안으로 들어가기 시작했다. 그 다음 그가 기억하는 것은 강대상 앞에 엎드려 두 손을 위로 치켜든 채 하나님께 긍휼을 구하며 울고 있는 자신의 모습이었다. 이 장면을 목격한 사람들의 증언에 의하면, 그가 교회 안으로 들어와 장의자를 밟고 앞쪽으로 걸어나가더니 갑자기 무릎을 꿇고 울더라는 것이었다.

이것이 능력이다. 이것이 기름부음이다. 웨일즈에서 이처럼 놀라운 일들이 수도 없이 일어났다. 하지만 부흥이 끝나자 모든 것이 끝났다. 그것 또한 어제의 기름부음이 되었다. 슬프게도 어떤 사람들은 부흥이라고 하면 과거 웨일즈에서 일어난 일들을 떠올린다. 언젠가 런던의 한 목사로부터 내가 어떤 분의 사역에 대해 열려 있음을 질타하는 내용의 편지를 받은 적이 있었다. 그 편지에는 이런 구절이 있었다. "런던에 부흥이 오면, 당연히 제가 그것을 알 수 있겠지요." 과연 그럴까?

> 우리가 알아야 할 중요한 사실 중 하나는, 하나님께서는 그분의 영광을 드러내실 때 이전과 같은 방법을 잘 사용하지 않으신다는 것이다.

기름부음의 잔재

우리는 어제의 기름부음도 그 당시에는 매우 중요한 의미를 지니는 사건이었음을 인식해야 한다. 하나님께서 사울을 다른 사람으로 바꾸신 일도, 사울 왕이 예언하게 된 것도 그의 인생을 바꾸는 매우 중요한 순간이었다. 사람들은 "사울도 선지자들 중에 있느냐?"(삼상 10:9-11)라고 말했다. 이때는 이스라엘에게 있어서 역사적인 순간이었고, 사울의 삶에 있어서는 전환점이 되는 순간이었다.

하지만 중요한 사건들은 대부분 지속적이지 않다. 그러므로 과거의 영광에 연연하다가는 어제의 모조품밖에 가져올 수 없다. 사울 왕은 하나님의 영이 떠나간 후에도 여전히 예언할 수 있었다. 그러나 그것은 그에게 임했던 기름부음의 운동성에 힘입어 지속된 것일 뿐이다. 정말 하나님께서 하신 놀라운 일들 가운데는 이따금씩 기름부음이 떠나간 후에도 그 능력들이 재현되는 경우가 있다.

하나님의 은사와 부르심에는 '후회하심이' 없으므로(롬 11:29), 과거에 커다란 능력을 받은 사람은 그 기름부음의 역동성에 의해 은사가 계속해서 나타나는 것을 볼 수 있다. 이럴 때 사람들은 '하나님의 기름부음이 오늘도 내게 머물러 있다'고 서둘러 확신하고 싶어 한다. 하지만 어쩌면 이것은 어제의 기름부음의 잔재에 불과할지도 모른다.

개인적인 삶 속에서는 위선자의 모습으로 살아감에도 불구하고, 여전히 은사가 발휘될 수 있다는 것은 참으로 두려운 이야기다. '내가 아직도 설교를 잘 하는 걸 보면 하나님 앞에 바로 서 있다는 뜻 일거야'라고 속단하며 자기 자신도 속일 수 있다. 그러나 이것은 단지 하나님의 은사와 부르심에 후회하심이 없기 때문일 뿐이다. 내가 하나님 앞에 충성되고 순종하는 아들이 아닐지라도, 하나님께서는 내게서 말씀 전하는 은사를 거두어가지 않으실 것이다.

하나님께서는 나를 지으실 때 특정한 능력들을 주셨고, 적절한 사역 가운데로 나를 초청하셨다. 나는 하나님과의 지속적인 친밀함으로부터 오는 신선한 기름부음 없이도, 공부하고 노력함으로써 그 능력들을 배가시킬 수 있다. 사람들이 "오늘 말씀 참 좋았어요"라든가, "오늘 하나님께서 목사님을 통해서 내게 말씀하셨어요" 등과 같은 말을 해올 때, 나는 하나님께서 나를 기뻐하고 계신다고 믿을 수 있다. 우린 때로 사람들의 칭찬을 너무 심각하게 받아들이는 치명적인 실수를 저지른다.

때로는 정말로 분별할 줄 모르는 사람들이 있을 수 있다. 공부도 많이 했고 능력도 있고 언변에도 능하고 지도력도 있고, 게다가 자신의 사역으로 인해 사람들이 은혜도 받고 있다면 그럴 수 있다. 이러한 하나님의 사람들은 자신의 은사가 너무나도 잘 작동하고 있다는 사실 때문에, 자신이 하나님을 기쁘시게 하고 있다고 굳게 믿을 수 있다. 그리고 "난 지금 하나님의 기름부음을 받고 있다"고 말하고 다닐지도 모른다. 물론 그럴 수도 있다. 하지만 이것 역시 어제의 기름부음일 수 있다. 거기에 신선한 기름부음은 한 방울도 없을 수 있다.

그래서 TV에 등장하는 복음전도자들 중에 사람들 앞에서는 죄에 대해 가르치면서(이를 듣는 사람들은 경외감으로 말씀을 듣고 또 헌금도 한다), 정작 자신은 평생 죄 가운데 사는 이들이 있을 수 있는 것이다. 이러한 복음전도자는 그의 실체가 발각되기까지 그 은사로 사람들에게 은혜를 끼친다. 정말 은혜를 끼친다. 실제적이며 파워풀한 영향을 미치기도 한다. 하지만 이것은 어제의 기름부음에 불과하다.

여기에 무슨 문제가 있는가? 많은 문제가 있다. 하나님께서는 무슨 일이 일어나고 있는지 다 알고 계시며, 한참 후에 우리에게 퇴장 명령을 내리기로 결정하실지도 모른다. 이것은 그분이 우리의 사역이나 혹은 우리가 다른 이들을 섬기는 일에 관심이 없으시다는 뜻이 아니다. 관심이 많으시다.

하지만 그분은 또한 우리에게 허락하신 기름부음을 경계하신다. 하나님은 우리의 기름부음이 그분과 친밀한 삶을 살며, 전적으로 순종하며, 빛의 길을 걸으며, 매일 주님의 얼굴을 구하는 삶을 삶으로써 날마다 신선하게 공급받는 것이 아니면, 그것을 기뻐하시지 않는다. 한참 후에 하나님께서 "기다릴 만큼 기다렸다"고 하시며 우리를 어제의 사람으로 분류하기로 결정하실지도 모른다.

이것이 바로 사울 왕에게 일어난 일이다. 그는 어제의 사람으로 전락했지만, 왕관은 계속해서 쓰고 있었다. 그는 어제의 사람이 된 이후에도 계속해서 예언하였다. 어제의 사람이 되어버렸지만, 영향력과 권력은 여전히 가지고 있었다. 그는 어제의 기름부음을 업고 활강하고 있었다. 하지만 그는 참된 순종으로부터 오는 신선한 기름부음을 얻을 기회를 박탈당하고 말았다.

지도자의 자리에 있는 사람들 가운데 어제의 기름부음으로 얻은 명성에 기대어 사는 것이 거의 확실해 보이는 사람들이 있다는 것은 참 슬픈 일이다. 그들은 목사나 주교나 설교자 혹은 교회 지도자일 수도 있다. 그는 만인의 음성을 들을지라도, 하나님의 음성은 듣지 못할 수 있다. 그는 탄탄한 인맥과 막강한 영향력은 가졌을지라도, 성령의 입이 되어 드리지 못할 수 있다.

하나님은 우리의 기름부음이 그분과 친밀한 삶을 살며, 전적으로 순종하며, 빛의 길을 걸으며, 매일 주님의 얼굴을 구하는 삶을 삶으로써 날마다 신선하게 공급받는 것이 아니면, 그것을 기뻐하시지 않는다.

오늘의 신선한 기름부음

우리에게 신선한 기름부음은 필수적이다. 그것은 하나님께서 후회하심이 없도록 주신 것들을 재충전하는 것이다. 만일 후회하심이 없는 우리의 은사가 하나님께로부터 오는 신선한 것으로 재공급받고 있지 못하다면, 우리는 어제의 기름부음에 의존하고 있는 것이다.

얼마 전 일반적인 성직자 혹은 교회 지도자들이 개인적으로 하나님과 친밀하게 함께하는 시간을 얼마나 갖고 있는지에 관한 통계조사가 나온 것을 보았는데, 하루 평균 4분이었다. 우리는 왜 오늘날 교회에 능력이 없는지 의아해하곤 하는데, 바로 이것이 교회 가운데 죽음의 영이 거하는 이유 중 하나임에 분명하다. 마틴 루터의 일기에는 다음과 같은 글귀가 적혀 있다. "오늘은 너무나 바쁜 날이다. 그러므로 오늘은 2시간이 아니라 3시간을 기도해야 한다." 존 웨슬리도 매일 2시간 이상을 기도했다. 그러나 오늘날 존 웨슬리 같은 사람은 별로 없는 것 같다. 마틴 루터와 같은 사람도 마찬가지다.

이 이야기는 교회 지도자뿐만 아니라 모든 교회 구성원에게 동일하게 적용된다. 그들은 사업을 하거나 혹은 미디어나 법조계에 종사하고 있을 수도 있고, 자신이 소속된 분야에서 높은 위치에 있을 수도 있다. 돈도 제법 잘 벌고, 편안한 삶을 영위하고 있을 수도 있다. 그러나 하나님께서 어떻게 당신의 필요를 채우시고 당신의 삶을 보호하시고 축복하시는지 살펴보라. 속지 말라. 어쩌면 당신 역시 이 모든 것들을 어제의 기름부음으로 해오고 있을 수도 있다. 당신 자신에 대해 만족하고 있을지 모르지만, 내면은 차갑게 식어 있을 수 있다. 당신은 이렇게 말할지도 모른다. "내 처지가 그렇게 나쁜 건 아니야. 하나님께서 나를 도와주시니까 내가 이만큼 사는 거 아니겠어?" 물론 그럴 수 있다. 하지만 어제의 기름부음을 가지고도 그 일들이 가능할 수도 있다.

당신이 간호사건 가정주부건 트럭 운전사건 혹은 치과의사건 상관없이, 당신도 교회 지도자만큼이나 하나님과의 친밀함 가운데 있어야 한다. 하나님은 우리와 타협하실 위치에 계신 분이 아니시다. 그분은 우리 중 어느 누굴 위해서도 그분의 법을 굽히지 않으신다. 그분이 원하시는 것은 우리의 순종이며, 친밀함이다. 우리가 매일 주님의 얼굴을 구하며 그분께로 나오는 것이며, 우리가 하늘나라 계좌에 차곡차곡 쌓아가는 것이다.

> 너희를 위하여 보물을 땅에 쌓아두지 말라 거기는 좀과 동록이 해하며 도둑이 구멍을 뚫고 도둑질하느니라 오직 너희를 위하여 보물을 하늘에 쌓아 두라 거기는 좀이나 동록이 해하지 못하며 도둑이 구멍을 뚫지도 못하고 도둑질도 못하느니라 네 보물이 있는 그곳에는 네 마음도 있느니라 (마 6:19-21)

우리에게 신선한 기름부음은 필수적이다.

그것은 하나님께서 후회하심이 없도록 주신 것들을 재충전하는 것이다.

후회하심이 없는 우리의 은사가 하나님께로부터 오는 신선한 것으로

재공급받고 있지 못하다면, 우리는 어제의 기름부음에 의존하고 있는 것이다.

하늘나라 계좌에는 우리가 하나님 나라를 위해 드린 돈만 입금되는 것이 아니다. 거기에는 우리가 베푼 용서도 들어간다. 우리가 큰 잘못을 용서할수록 계좌에 들어가는 '칭찬'credit도 더 커진다. 예수님도 누가복음 6장 32-36절에서 이 '칭찬'이란 단어를 세 번이나 사용하고 계신다.

> 너희가 만일 너희를 사랑하는 자만을 사랑하면 칭찬 받을 것이 무엇이냐 죄인들도 사랑하는 자는 사랑하느니라 너희가 만일 선대하는 자만을 선대 하면 칭찬 받을 것이 무엇이냐 죄인들도 이렇게 하느니라 너희가 받기를 바라고 사람들에게 꾸어 주면 칭찬 받을 것이 무엇이냐 죄인들도 그만큼 받고자 하여 죄인에게 꾸어 주느니라 오직 너희는 원수를 사랑하고 선대하며 아무 것도 바라지 말고 꾸어 주라 그리하면 너희 상이 클 것이요 또 지극히 높으신 이의 아들이 되리니 그는 은혜를 모르는 자와 악한 자에게도 인자하시니라 너희 아버지의 자비로우심 같이 너희도 자비로운 자가 되라 (눅 6:32-36)

'칭찬'은 종종 신선한 기름부음에 의해서도 주어진다. 우리가 하늘에서 받을 상급은 어제의 기름부음이 아니라 오늘의 신선한 기름부음에 의해 정해진다. "이는 우리가 다 반드시 그리스도의 심판대 앞에 나

타나게 되어 각각 선악간에 그 몸으로 행한 것을 따라 받으려 함이라"(고후 5:10). 내가 받을 상급은 내가 얼마나 설교를 잘했는지, 얼마나 많은 설교를 했는지, 혹은 내 목회를 통해 얼마나 많은 이들이 구원을 받았는지와는 상관이 없다. 하나님께서는 나를 지으시고 내게 부여하신 환경, 경험 그리고 사역으로 나를 부르실 때 주신 은사와 같은 은혜를 통해서 이 일을 하신다. 따라서 내가 받은 은혜로 인해 상급을 받는다는 것은 말이 되지 않는다.

> 누가 너를 남달리 구별하였느냐 네게 있는 것 중에 받지 아니한 것이 무엇이냐 네가 받았은즉 어찌하여 받지 아니한 것같이 자랑하느냐 (고전 4:7)

하나님께서는 그분께서 내게 주신 능력으로 인해 내게 상 주시지 않는다. 천국에서 받을 나의 상급은 빛의 길을 걸으며, 고난을 기뻐하며, 이웃을 용서하고, 그리고 그분과 친밀한 관계를 갖는 것에 우선순위를 두는 삶을 살라고 설교해온 내용대로 얼마나 실제로 행하며 살았는가에 전적으로 달려 있다.

그리고 이 모든 것들은 또한 오늘날 하나님께서 내게 말씀하시는 음성을 듣는 것에 의해 가능하다. 과거에 받았던 기름부음이 오늘날 하나님과의 깊은 관계 가운데 나감으로써 받는 새로운 기음부음으로 덧입혀진다면, 나는 하나님의 음성을 계속해서 들을 것이고 매일 그분의 뜻을 발견하게 될 것이다. 그분께서 내게 원하시는 것 혹은 내가 보기를 원하시는 것을 놓치지 않을 것이다. 하나님께서 어디에서 무슨 일을 하시고, 어디로 움직이시며, 어떤 방법으로 그분의 주권적인 영광을 드러내실지 놓치지 않을 것이다.

하나님께서 하시는 일로부터 제외당하는 것만큼 끔찍한 일은 없다. 내가 성경에 대한 많은 지식을 가지고 있다는 것 자체가 하나님께서 오늘 무슨 일을 하시는지를 인식하는 데 보증이 되는 것은 아니다.

캠핑금지

우리는 중요한 일과 필수적인 일의 차이를 반드시 분별할 수 있어야 하며, 항상 후자를 선택할 줄 알아야 한다. 그것이 시간이나 돈에 관한 문제든지 혹은 일과나 인간관계에서의 문제든지, 핵심은 무엇이 필수적인 것인가를 아는 것이며, 그 필수적인 일을 해내는 것이다. 어제의 기름부음은 중요하다. 하지만 오늘의 신선한 기름부음은 필수적이다. 만일 내가 매일 새로운 기름부음을 경험하고 있지 못하다면, 어제의 사람으로 전락하는 것은 시간문제다.

이것을 잘 설명해주는 용어 중 '캠핑금지'라는 표현이 있다. 이 말은 성령의 현상에 만족하여 텐트를 치고 머물러 안주하려는 이들에 대한 경고의 표현이다. 예를 들어 오순절 교회들과 많은 은사주의 교회들이 방언을 말하는 것에 집중한 나머지 사실상 그 이상으로 넘어가길 원치 않는 경우가 많다. 또한 거룩한 웃음$^{holy\ laughing}$과 바닥에 쓰러지는 현상에 영향을 받은 이들은 이러한 종류의 분위기 속에 영원히 거하기를 원하는 것처럼 보일 때도 많다.

사실 이것은 모든 운동 혹은 흐름이 직면하게 되는 위험이기도 하다. 하나님의 영광이 드러난 특정한 방법에 갇힌 나머지, 그분께서 앞으로 사용하실 다양한 방법들에 열려 있기보다는 우리가 아는 그 한 가지 방법만을 고집하여 추구하는 것이다. 특정한 현상은 매우 빨리 어제의 기름부음이 되어버릴 수 있음에도 불구하고, 그 한 가지 현상에 안주하여 '캠핑'하기를 원하는 사람들이 종종 있다.

사람들은 새로운 교단의 출범이 부흥과 함께 시작되는 것이라고 믿지만, 실상은 교단의 출범이 부흥의 종말을 의미할 가능성이 훨씬 높다. 성령의 새로운 움직임에 반응하여 무언가를 조직하기 시작하면, 우리는 무의식적으로 그 움직임을 어제의 기름부음으로 만들어버리고 만다.

19세기 켄터키 주의 케인 릿지 부흥 당시 일어난 일이 바로 이러한 경우다. 당시 성령의 역사가 처음으로 일어나기 시작했을 때 이를 목격한 사람들이 놀랐던 것은, 교단들 사이에 치열했던 신학적 논쟁이 성령의 역사 앞에 순식간에 아무 의미 없는 것으로 변해버렸다는 점이었다. 예를 들면 침례교, 장로교, 감리교와 같은 교단들이 더 이상 자신들을 갈라두었던 신학적 차이들에 대해 논쟁의 필요성을 느끼지 못했다는 것이다. 그들은 하나님과 그의 아들 한 분 안에서 하나가 되어 기뻐하였다. 그들이 느끼기로 그들 모두에게 중요한 것은 자신들이 그리스도인이라는 사실 하나였다. 바로 이때 한 지도자가 나섰다. 그는 '그리스도인' 교회를 만들자는 아이디어를 들고 나왔다. 무슨 일이 일어났겠는가? 또 하나의 새로운 교단이 만들어졌다. 그들은 그것을 크리스천교회라고 불렀다. 사실상 그렇게 부흥은 끝나고 말았다. 하루아침에 어제의 기름부음으로 전락하고 만 것이다.

참으로 받아들이기 어려운 사실이지만, 우리는 성령을 독점할 수 없다. 우리는 성령을 우리가 원하는 대로 점유할 수도 없다. 그분은 매수되지 않으시며, 패스트푸드점처럼 라이센스를 주시지도 않는다. 그러므로 우리는 그분을 공경하고 존중해야 하며, 그분이 자유롭게 일하실 수 있도록 해드려야 한다. 우리가 그분을 따라가야지, 그분께서 우리에게 맞추시게 해서는 안 된다. 그렇지 않으면 우리가 신나게 우리의 길을 가는 동안 그분은 아주 조용히, 그리고 아무런 흔적도 없이 뒤로 물러서신다. 마치 아들 예수가 자신들과 함께 있다고 믿고 갈릴리로 돌아간 요셉과 마리아처럼(눅 2:46-48) 말이다. 주님은 그들과 동행하지 않으셨다. 그들은 결국 예수님을 찾을 때까지 돌아가야 했다. 우리가 해야 하는 일이 바로 이것이다.

> 우리는 성령을 공경하고 존중해야 하며, 그분이 그분 자신일 수 있도록 해드려야 한다.
> 우리가 그분을 따라가야지, 그분께서 우리에게 맞추시게 해서는 안 된다.
> 그렇지 않으면 우리가 신나게 우리의 길을 가는 동안 그분은 아주 조용히,
> 그리고 아무런 흔적도 없이 뒤로 물러서신다.

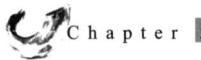

Chapter 5
어제의 사람

여호와께서 사무엘에게 이르시되 내가 이미 사울을 버려 이스라엘 왕이 되지 못하게 하였거늘 네가 그를 위하여 언제까지 슬퍼하겠느냐 너는 뿔에 기름을 채워 가지고 가라 내가 너를 베들레헴 사람 이새에게로 보내리니 이는 내가 그의 아들 중에서 한 왕을 보았느니라 하시는지라 (삼상 16:1)

8월 24일, 늘 하던 대로 성경을 읽기 위해 사무엘상 16장을 폈다. 나는 당시 마틴 로이드 존스를 통해 알게 된 스코틀랜드의 설교가 로버트 머레이 맥체인의 성경읽기표 순서대로 성경을 읽어나가고 있었다. 사무엘상 16장은 이전에도 수없이 읽었던 장이고, 목사가 된 이래 설교도 세 차례 정도 했던 본문이다. 그러나 그날 사무엘상 16장 1절을 읽었을 때, 마치 레이저 광선이 세 각도에서 그 구절을 비추는 것과 같았다. 그 광선이 너무나 선명하여 나는 무척 놀랐다. 그 첫 구절에서 나는 세 종류의 사람을 보았다. 그것은 어제의 사람(사울 왕), 오늘의 사람(사무엘, 하나님께서 말씀하시는 대상) 그리고 내일의 사람(다윗, 사무엘이 기름 붓는 대상)이었다.

어제의 사람 사울 왕은 하나님께 신임을 잃었지만, 여전히 왕관을 쓰고 있었다. 내일의 사람 다윗은 하나님께로부터 기름부음을 받았지만, 아직 그에게 왕관은 없었다. 오늘의 사람은 어제의 사람과 결별하고 내일의 사람을 뽑아야 했다. 사무엘에게 주어진 임무는 어렵고 고통스러운 것이었다. 이것은 오늘의 사람에게 매우 막중한 책임이 놓여 있음을 보여준다.

현재성을 잃다

최근 들어 나는 '어제의 사람'이라는 표현을 자주 사용한다. 어디에서 그 표현을 처음 들었는지는 모르겠다. 내가 이해하기로 이 말은 현재성을 잃어버린 사람을 의미한다. 어제의 사람은 여전히 사역하고 설교할 수 있다. 하지만 이런 사람은 뭔가를 '놓쳐버린', 즉 멀어져버린 사람이다. 똑같은 말을 전할 때, 그 말이 과거에는 어느 정도의 능력 혹은 적어도 영향력을 끼쳤는데, 이제는 더 이상 이들의 말 가운데 아무런 무게가 실리지 않는 것이다. 이런 사람들은 종종 자신들의 현재성을 증명해보이기 위해 무던히도 노력한다. 하지만 그 능력은 이미 사라져버렸다. 한마디로 표현하자면, 한물간 사람들이다.

사울 왕은 하나님께 신임을 잃어버린 경우다. 하나님께서는 사무엘에게 "내가 사울을 버려 이스라엘 왕이 되지 못하게 하였다"고 말씀하셨다. 하지만 사울의 왕권은 이후에도 20여 년이나 지속된다. 한편 다윗은 기름부음을 받고도 왕관을 쓰기까지 20여 년을 기다려야 했다. 하지만 중요한 것은 그가 기름부음을 받았다는 사실이다. 그와 동시에 다윗에게 있어서 사울은 여전히 사무엘로부터 기름부음 받은 왕이었다. 사울이 왕으로 있는 한, 다윗은 그를 하나님의 '기름부음 받은 자'라고 불렀다(삼상 24:6, 26:9). 그러나 다윗에게는 하나님으로부터 받은 기름부음이 있었다. "이날 이후로 다윗이 여호와의 영에게 크게 감동되니라"(삼상 16:13).

사울은 두 가지 방식으로 기름부음을 고수했다. 먼저 그는 공식적으로 왕권을 유지했다. 실질적으로는 하나님께로부터 버림받았지만, 여전히 자신의 지위와 영향력을 행사하고 있었다. 두 번째로 사울은 새로운 사람으로 거듭날 때 받은 은사들을 여전히 가지고 있었다. 하나님께서는 사울에게 새 마음을 주셨고, 그에게 놀라운 예언의 능력도 함께 주셨다(삼상 10:9-10). 하나님의 영이 크게 임하므로 예언도 했는데, 이를 본 자들이 이렇게 말하였다. "사울도 선지자들 중에 있느냐?"(삼상 10:11)

하나님으로부터 버림받고 한참 지난 후에도 사울은 여전히 같은 은사를 가지고 있었고, 사람들은 여전히 "사울도 선지자들 중에 있느냐?"(삼상 19:24)고 말하였다. 이 예를 보면 왜 사도 바울이 "하나님의 은사와 부르심에는 후회하심이 없느니라"(롬 11:29)고 말했는지 이해할 수 있다. 하나님께서는 사울의 교만과 불순종에도 불구하고 그에게 주셨던 은사를 거두어가지 않으셨다.

사울의 예를 보면, 많은 권력과 높은 명망의 자리에 앉은 자들이 하나님으로부터 신임을 잃고도 얼마나 대중적 존경을 받으며 큰 문제없이 살아갈 수 있는지 알 수 있다. 반대로 다윗의 예를 통해서는, 하나님의 신임을 이미 받았지만 아직 아무런 지위가 주어지지 않을 수 있음을 볼 수 있다.

오래 전 내가 알고 지냈던 한 사람이 있었는데, 이 사람은 내가 들어본 것 중 가장 탁월한 언변의 은사를 가진 사람이었다. 그는 목사였고, 뛰어난 설교자였으며, 성경학자였다. 그런데 그에게 하나님과의 관계에 문제가 있음을 보여주는 일이 일어났다. 야망이 그를 압도해버린 것이다. 그는 하나님의 사람이기보다 유명인사가 되기를 원했다. 한때는 부흥이 그의 가장 큰 열망이었으나 이제는 교계에서의 승진 사다리가 더욱 중요한 것이 되어버렸다. 하지만 이러한 그의 변화는 밖으로 알려지지 않아서 대중은 그를 여전히 거룩하고 성령 충만한 사람으로 보고 있었다. 그를 지지했던 사람으로서 나는 그에게 그가 아주 중요한 무언가를 잃어가고 있다고 경고해주었다.

나 외에도 세 명의 사람이 이미 무거운 부담감을 안고 그를 위해 기도하고 있었다. 하루는 그의 교회에서 기도할 때, 이들의 입에서 공적인 예언이 터져나왔다. 한 사람이 "이 교회에 이가봇('영광이 없다'는 뜻의 히브리어, 삼상 4:21)이라 쓰여 있습니다"라고 예언했다. 그가 이 예언을 할 때, 아지랑이 같은 무언가가 그곳을 채웠다가 이내 사라졌다. 성도들은 그 예언이 무슨 뜻인지 전혀 알지 못했으나 그들 가운데 경외감이 훑고 지나갔다. 나중에 이들은 그를 개인적으로 만나 다시 예언을 해주었다. 그러나 그는 그들의 예언을 무시했으며, 그들을 조롱하기까지 했다. 이 사람들은 결국 무거운 마음을 안고 떠나고 말았다.

이 사건은 내게 크나큰 인상을 남겼다. 그것은 나의 사역에 있어서 전환점이 되는 계기가 되었다. 나는 이 일을 가까이에서 지켜볼 수 있었던 몇 안 되는 사람 중 하나였다. 나는 사람들의 예언을 무시한 그 목사를 깊이 존경해오고 있었다. 당시 젊은 목사였던 내게 그는 많은 영향을 주고 있었다. 나는 이 존경스러운 하나님의 사람이 무언가 중요한 것(신선한 기름부음)을 잃어버렸음을 알게 되었다. 하지만 당시 대부분의 사람들은 그것을 보지 못했다.

하나님께서 이 목사와 교회로부터 떠나셨다는 사실이 명백해진 것은 그 일이 있은 지 몇 년이나 지나서였다. 그는 여전히 목사직과 다양한 지위와 영향력을 고수하고 있었고, 능수능란하게 설교하였으며, 그토록 추구하던 사람들의 인정과 그에 따른 보상도 얻었다. 하지만 그는 정작 기름부음을 잃었다. 그리고 교회는 명성을 잃어버리고 말았다. 현재 그 교회에는 과거와 같은 영광스런 모습이 전혀 남아 있지 않다.

이 교회에서 과거에 가지고 있던 영광스러운 모습이 모두 사라져버렸다는 사실을 대중들이 인식하는 데는 수년의 세월이 걸렸다. 당시 예언자들이 그 목사에게 예언한 직후에는 아무 일도 일어나지 않았다. '이가봇'이라는 글자가 새겨진 채로 그 목사는 계속해서 설교했고, 교회는 여전히 융성하였다. 마치 뿌리가 뽑힌 나무에 한동안은 푸른 잎이 달려 있듯, 신선한 기름부음의 부재는 몇 년간 겉으로 드러나지 않았다. 사람들은 몰랐지만, 하나님의 눈에 이 언변이 수려한 목사는 이미 어제의 사람이 되어버리고 말았다.

어제의 사람이 된 사울

사울의 예를 보면, 어떻게 사역자가 오직 '후회하심'이 없기에 거둬가시지 않는 은사를 가지고도 여전히 수천 명을 감동시키고 자신들의 사역을 지속해가는지 알 수 있다. 이들이 가지고 있는 어느 정도의 은사로 그 일들을 지속해가는 것도 사실이지만, 또 한편으로는 하나님께서 알고 계신 것을 사람들이 분별하지 못하기 때문에 그런 것도 있다. 오직 사무엘만이 진실을 알았다. 사울은 어제의 사람이지만, 그의 권력과 위치, 거기에다가 하나님으로부터 부름 받을 때 함께 받았던 후회하심 없이 부여된 은사들로 인해 계속해서 왕으로 머물러 있었다.

어린 시절, 우리 교회에서는 전략적으로 최고의 부흥강사들을 초빙하곤 했다. 나는 그들의 강력한 설교에 무척 감명을 받았다. 그런데 후에 그 부흥강사들 중 일부가 그렇게 집회를 다님과 동시에 성적으로 부도덕한 이중적인 삶을 살고 있었다는 사실을 알게 되었을 때, 나의 실망감은 이루 말할 수 없었다. 사역을 통해 많은 이들을 개종시켰지만, 정작 자신들은 비밀스런 죄를 짓는 위선자의 삶을 살고 있던 것이었다.

내가 아는 또 한 사람이 있었다(이 사람도 내게 영웅과 같았다). 이 사람의 설교에는 강력한 능력이 있어서, 그의 설교를 듣는 이들은 몸을 떨곤 했다. 그가 죄와 그 대가에 대해 설교할 때는 그 말이 어찌나 생생한지 가능한 한 죄로부터 최대한 멀리 도망가고픈 생각이 들었다. 그리고 설교 막바지에 청중들을 초청하면, 사람들은 앞다퉈 앞으로 달려나갔다. 그가 지옥을 설명하면, 그 묘사가 너무나 사실적이어서 마치 유황불 냄새를 맡는 듯하였다. 당시 그에게는 그가 가는 도시마다 따라다니며 함께

호텔에 묵는 여성이 있었는데, 나중에 밝혀 진 바로는 그의 정부였다. 그런데 이러한 사실은 그의 설교에 아무런 영향을 미치지 않는 것 같았다.

사울 왕도 시작은 좋았다. 사무엘은 이스라엘의 왕을 찾는 데 헌신되어 있었다. 그리고 사울을 찾아냈다. 하나님께서는 사울에게 새로운 마음과 은사를 주신 것뿐만 아니라 왕권 초기에는 사람들을 사로잡는 권위도 주셨다. 이스라엘 사람들이 혼란의 위기에 섰을 때, 사울은 뛰어난 지도력을 발휘했다.

> 사울이 이 말을 들을 때에 하나님의 영에게 크게 감동되매 그의 노가 크게 일어나 한 겨리의 소를 잡아 각을 뜨고 전령들의 손으로 그것을 이스라엘 모든 지역에 두루 보내어 이르되 누구든지 나와서 사울과 사무엘을 따르지 아니하면 그의 소들도 이와 같이 하리라 하였더니 여호와의 두려움이 백성에게 임하매 그들이 한 사람 같이 나온지라 사울이 베섹에서 그들의 수를 세어보니 이스라엘 자손이 삼십만 명이요 유다 사람이 삼만 명이더라 (삼상 11:6-8)

이 일이 있은 지 불과 얼마 지나지 않아 하나님께서 사무엘에게 "내가 이미 사울을 버려 이스라엘 왕이 되지 못하게 하였거늘 네가 그를 위하여 언제까지 슬퍼하겠느냐"(삼상 16:1)라고 말씀하시게 되리라고 누가 상상인들 할 수 있었겠는가? 사울은 40세의 나이에 어제의 사람이 되고 말았다.

무엇이 잘못되었을까? 사울은 자신을 과분하게 높였다. 사울은 번제와 화목제를 드리기 위해 사무엘을 기다리지 않았다(삼상 13:8-9). 대신 자신의 기름부음 영역 밖으로 나가 그가 직접 그 제사를 드리기로 결정했다. 이 일은 사무엘에게만 부여된 특권이었으나, 사울은 자신이 왕으로서 원하는 모든 일을 할 수 있다고 생각했다. 그는 스스로 번제를 올렸다. 이때 사무엘이 도착했다. 그는 "왕이 행하신 것이 무엇이냐"(삼상 13:11)라고 사울에게 물었다. 그러자 사울은 다음과 같이 변명하였다. "당신은 정한 날 안에 오지 아니하고 … 부득이하여 번제를 드렸나이다"(삼상 13:11-12). 그러자 사무엘은 다음과 같이 말하였다.

> 사무엘이 사울에게 이르되 왕이 망령되이 행하였도다 왕이 왕의 하나님 여호와께서 왕에게 내리신 명령을 지키지 아니하였도다 그리하였더라면 여호와께서 이스라엘 위에 왕의 나라를 영원히 세우셨을 것이거늘 지금의 왕의 나라가 길지 못할 것이라 여호와께서 왕에게 명령하신 바를 왕이 지키지 아니하였으므로 여호와께서 그의 마음에 맞는 사람을 구하여 여호와께서 그를 그의 백성의 지도자로 삼으셨느니라 하고 (삼상 13:13-14)

이렇게 단호하게 말씀하셨음에도 불구하고, 하나님께서는 사울에게 두 번째 기회를 주셨다.

> 사무엘이 사울에게 이르되 여호와께서 나를 보내어 왕에게 기름을 부어 그의 백성 이스라엘 위에 왕으로 삼으셨은즉 이제 왕은 여호와의 말씀을 들으소서 만군의 여호와께서 이같이 말씀하시기를 아말렉이 이스라엘에게 행한 일 곧 애굽에서 나올 때에 길에서 대적한 일로 내가 그들을 벌하노니 지금 가서 아멜렉을 쳐서 그들의 모든 소유를 남기지 말고 진멸하되 남녀와

소아와 젖 먹는 아이와 우양과 낙타와 나귀를 죽이라 하셨나이다 하니 (삼상 15:1-3)

하지만 사울은 자신을 다시 높이고 말았다. '가장 좋은 양과 소를 살려 남기려는 자신의 판단이 더 낫다고 생각한 것이다.

사무엘이 이르되 여호와께서 번제와 다른 제사를 그의 목소리를 청종하는 것을 좋아하심 같이 좋아하시겠나이까 순종이 제사보다 낫고 듣는 것이 숫양의 기름보다 나으니 이는 거역하는 것은 점치는 죄와 같고 완고한 것은 사신 우상에게 절하는 죄와 같음이라 왕이 여호와의 말씀을 버렸으므로 여호와께서도 왕을 버려 왕이 되지 못하게 하셨나이다 하니 (삼상 15:22-23)

결국 사울이 두 번째 저지른 판단착오가 처음 저질렀던 잘못을 입증하고야 말았다. 하나님께서는 이 두 번째의 불순종이 있자마자 사무엘에게 다음 왕을 찾아 기름 부을 것을 명하신다.

나는 나름 열심히 사역하고 있는데 정작 하나님께서는 나를 어제의 사람으로 간주하신다면, 그것만큼 슬픈 일은 없다. 물론 우리가 알고 있는 진리를 다음 세대에게 넘겨줘야 할 때가 온다는 점에서, 우리 모두는 언젠가 어제의 사람이 된다고 할 수 있다. 또한 우리 모두 언젠가 죽을 것이라는 점에서도 그렇다. 하지만 그런 경우에라도 우리가 굳이 어제의 사람이 될 필요는 없다. 성경은 아벨에 대하여 "그가 죽었으나 그 믿음으로써 지금도 말하느니라"(히 11:4)고 말하고 있다. 우리 이전 세대의 수천 명의 사람들이 지금도 교회에 말하고 있다. 그러나 나는 지금 이러한 의미의 어제의 사람을 말하는 것이 아니다.

신선한 기름부음을 공급 받지 못하여 어제의 사람이 된 자들은 대부분 겉으로 잘 드러나지 않는다. 그들은 하나님의 관점에서는 과거의 사람이 되었지만, 타고난 재주나 은사, 성격 그리고 영향력 있는 지위를 가지고 여전히 많은 사람들을 인도하고 있을 수 있다. 하지만 하나님께서는 비밀리에 이미 내일의 사람을 내정하시고, 그를 위해 더 많은 기름부음을 준비하고 계실 수 있다.

이것은 우리 중 누구에게나 일어날 수 있는 일이지만, 우리 중 누구에게도 일어나서는 안 되는 일이다. 내가 이 책을 쓰게 된 이유 중 하나도 특별히 지도자급에 있는 사람들에게 우리가 받은 기름부음을 당연하게 간주해서는 안 된다는 경종을 울리기 위해서다. 하나님은 질투하시는 분이다.

> 너희는 스스로 삼가 너희의 하나님 여호와께서 너희와 세우신 언약을 잊지 말고 네 하나님 여호와께서 금하신 어떤 형상의 우상도 조각하지 말라 네 하나님 여호와는 소멸하는 불이시요 질투하시는 하나님이시니라 (신 4:23-24)

일시적인 어제의 사람

우리는 종종 우리가 하나님의 법에 있어서 예외라고 생각하곤 한다. 내가 하나님과 '특별한' 관계 속에 있기 때문에, 하나님께서 말씀하신 그대로 다 따르지 않아도 된다고 생각하는 것이다. 그러나 이러한 생각의 근원은 기만적이면서도 치명적인 자기사랑에 있다. 사울은 오랜 시간이 지난 다음에야 사무엘이 알았던 것을 알게 되었다. "하나님은 나를 떠나서 다시는 … 내게 대답하지 아니하시기로"(삼상 28:15).

우리가 어제의 사람이 되는 또 하나의 경우가 있다. 그것은 하나님께 딱 걸리는 것, 붙잡혀 들통나는 경우이다. 우리의 극악한 교만과 하나님에 대한 불순종이 비춰지고 드러나는 것이다.

그래도 이런 종류의 어제의 사람에게는 하나님께 조용히 어제의 사람으로 낙인찍힌 사람들보다 더 희망이 있다. 하나님께 '걸렸다'는 것은 그래도 아직은 모두 끝난 것이 아니라는 뜻이기 때문이다! 요나가 하나님으로부터 도망가던 중 뱃사람들에 의해 발각되었다(욘 1:7). 하지만 하나님께서는 자비로우셔서 요나에게 '두 번째로'(욘 3:1) 오신다. 그러므로 우리는 어제의 사람이 그 슬픈 자리에 항상 머물러 있을 것이라고 생각해서는 안 된다. 사울은 그랬지만, 요나는 달랐다. 때로는 퇴장 당했다가 다시 입장할 수도 있다. 그러나 사울은 그러지 못했다.

어제의 사람은 일시적인 것일 수 있다. 경우에 따라 혹독한 훈련 혹은 징계의 시간을 의미하는 것일 수 있다(히 12:6). 하나님께서 다시 사용하실 수 있도록 준비시키는 대기석에 그를 잠시 두시는 것일 수 있다. 종종 실수를 경험하고 나서 더 큰 사역으로 옮겨가는 경우가 많다. 삼손이 그랬다(삿 16:24-30).

중요한 것은 무엇이 그 차이를 결정하느냐는 것이다. 정답은 한마디로 그분의 책망에 대한 우리의 자세이다. 사울은 하나님의 책망 앞에 방어적이었고 배우려 하지 않았다. 그러나 요나와 삼손은 하나님께 다시 기회를 달라고 전심으로 기도했고, 하나님께서는 그것을 허락하셨다.

신선한 기름부음의 공급을 받지 못하여 어제의 사람이 된 자들은 대부분 겉으로 잘 드러나지 않는다. 그들은 하나님의 관점에서는 과거의 사람이 되었지만, 타고난 재주나 은사, 성격 그리고 영향력 있는 지위를 가지고 여전히 많은 사람들을 인도하고 있을 수 있다. 하지만 하나님께서는 비밀리에 이미 내일의 사람을 내정하시고, 그를 위해 더 많은 기름부음을 준비하고 계실 수 있다.

우리는 어리석은 행동을 저지름으로써 스스로를 퇴장시키기도 한다. 이것은 사도 바울이 두려워하는 것이기도 했다. "내가 내 몸을 쳐 복종하게 함은 내가 남에게 전파한 후에 자신이 도리어 버림을 당할까 두려워함이로다"(고전 9:27). 여기에는 여러 가지 상황이 있을 수 있다. R. T. 윌리암스 목사(내 이름이 이분의 이름을 따라서 지어졌다)는 자신이 안수한 후배 목회자들에게 "돈과 여자, 이 두 가지를 경계하라"고 경고하곤 했다. 그는 이렇게 말했다. "이 두 가지 중 어느 한 가지 문제에라도 연루된다면, 하나님께서는 용서해주실지라도 사람들은 용서하지 않는다."

하지만 사람들도 용서해주기는 한다. 어떤 사람들은 리차드 닉슨이 국민들 앞에서 눈물로 용서를 빌었다면, 대통령직을 고수할 수 있었을지도 모른다고 생각한다. 스스로 교회의 권위자들로부터 자신을 방어하려 했던 한 TV 부흥강사도 만약 사람들 앞에서 용서의 눈물을 흘리는 길을 택했더라면, 차라리 일말의 존경심은 얻을 수 있었다. 하지만 그는 고집스럽게도 마땅히 받았어야 했던 징계를 거부했고, 그 결과 아마도 평생 어제의 사람으로 살아갔을 것이다.

다윗의 간통과 살인죄는 나단 선지자에 의해 드러나게 되었다. 그가 저지른 죄는 가히 비난받을 만했다. 나단이 추궁하였을 때, 다윗은 그것을 고스란히 받아들였다. 나단은 다음과 같이 말했다.

> 여호와께서 또 이와 같이 이르시기를 보라 내가 너와 네 집에 재앙을 일으키고 내가 네 눈앞에서 네 아내를 빼앗아 네 이웃들에게 주리니 그 사람들이 네 아내들과 더불어 백주에 동침하리라 너는 은밀히 행하였으나 나는 온 이스라엘 앞에서 백주에 이 일을 행하리라 하셨나이다 하니 (삼하 12:11-12)

이것은 절대 듣기 좋은 말이 아니었다. 하지만 사울과 달리 다윗은 즉각적으로 반응했다. 다윗은 순순히 "내가 여호와께 죄를 범하였노라"(삼하 12:13)고 했다. 다윗은 당시 엄청난 죄의 대가를 치러야 했지만, 하나님 앞에서 끝난 것이 아니었다. 그에게는 미래가 있었다.

몇 년 전, 다윗의 삶에 관해 시리즈로 설교한 적이 있었다. 이 설교를 시작한 지 18개월 정도 되어 사무엘하 12장까지 마쳤을 때, 나는 그만 의욕을 잃고 말았다. 더 이상 계속해나갈 엄두가 나지 않았다. 당시 나의 절망스런 마음을 교회 장로들과도 나누기도 했다. 며칠 후 금식하며 기도하고 있는데, 갑자기 하나님께서 나타나셨다. 그분은 너무나 선명하게 다음과 같이 말씀하셨다. "그래서 더 이상 다윗의 삶에 관해 설교하지 않겠다는 말이냐?" 나는 도저히 다윗의 그 놀라운 삶의 여정 중 이 '내리막길' 부분을 대면할 자신이 없었기에 다윗에 관한 설교를 멈추고 싶었다.

하나님께서는 계속해서 말씀하셨다. "그런데 너희들 대부분의 삶이 지금 그 지점에 있다는 것을 모르느냐?" 그것은 전혀 예상치 못했던 말씀이었다. 나는 우리 교인들 대부분이 거룩하고 흠이 없어서 사무엘하

13장부터 24장까지의 내용이 그들과는 별로 상관이 없을 것이라고 여기고 있었다. 나는 지금도 하나님께서 우리 교인들에 대해 무엇을 알고 계셨는지 모른다(그리고 알고 싶지도 않다). 결국 나는 계속해서 다윗의 '내리막길' 인생에 대해 설교해나갔다. 분명한 것은 이 부분이 전체 시리즈 중 가장 압권이었다는 것이다! 내 생각에는 이때 내게 더 많은 기름부음과 계시와 그 어느 때보다 더 큰 자유가 임했다. 다윗은 잠시 동안 어제의 사람이었다. 하지만 사울 왕은 끝까지 어제의 사람으로 남았다. 다윗은 고분고분하고 유순하였으나, 사울은 교만하고 고집이 셌다.

하나님과의 관계가 핵심이다

우리가 어제의 사람이 되는 것은 하나님과의 관계가 끊어짐으로 인해서다. 이것이 사울의 실수였다. 그는 자신을 하나님의 말씀보다 위에 둠으로써 하나님과의 관계를 잃고 말았다. 하나님께서는 이스라엘의 초대 왕을 위해서도 그분의 법을 변개치 않으셨다. 제아무리 명망 높은 유명인사라 해도 하나님께서는 그분의 법에 예외를 두지 않으신다. 나나 당신을 위해서도 그렇게 하지 않으실 것이다. 그분의 이름과 명성은 나의 성공과 실패에 달려 있지 않다. 그분은 나나 당신을 대신하여 쓰실 자를 하루아침에라도 세우실 수 있는 분이다.

나와 하나님과의 관계가 끊어져 있을지도 모른다는 증거 중 하나는, 어제 하나님께서 하셨던 일에 동의하고 있다는 이유만으로, 오늘도 내가 하나님께서 하고 계시는 일에 함께하고 있다고 생각하는 것이다. 어떤 사람들은 자신들이 '건전한' 신학이론을 가졌기 때문에, 하나님께서 일하시는 현장에 서 있다고 생각한다. 그래서 조나단 에드워즈는 각 세대의 할 일이 우리의 주권자 하나님께서 그 시대에 어떤 방향으로 움직이고 계신가를 발견하여 그 방향에 동참하는 것이라고 했다.

우리는 종종 하나님께서 어제 우리와 함께하셨으므로 오늘도 그러실 것이라고 생각한다. 물론 하나님께서는 우리를 떠나지도, 버려두지도 않으시겠다고 약속하셨다. 하지만 그분의 주권 안에 흐르는 특별한 임재는 늘 우리와 함께하시는 것이 아니다. 이것이 바로 요셉과 마리아가 배웠던 것이다. "그 날들을 마치고 돌아갈 때에 아이 예수는 예루살렘에 머무셨더라 그 부모는 이를 알지 못하고 동행 중에 있는 줄로 생각하고 하룻길을 간 후 친족과 아는 자 중에서 찾되"(눅 2:43-44).

과거에는 어떤 특정 임무나 비전을 위해 존재했지만, 이제는 하나님께서 부르신 목적이 모두 이루어져 더 이상은 필요가 없어진 단체들이 있을 수 있다. 그럼에도 불구하고 어떤 선교회들은 그 유용성의 한계를 넘어 존재한다. 크리스천 기관들 역시 필요 이상으로 오래 존재하는 경우가 있다. 그들의 존재 가치를 다 수행하고 난 뒤에 마침내 그 사역이 끝이 났음을 인정하는 데는 엄청난 용기와 정직성이 요구된다.

세례 요한은 당대 최고의 사역자였다. 하지만 그의 추종자 중 일부는 세례 요한이 기꺼이 어제의 사람이 되려 하는 상황을 탐탁지 않게 여겼다(요 3:26). 요한은 자신의 사명과 그를 위해 부어졌던 기름부음의 한계를 인정하는 정직함을 가지고 있었고, 나아가 자신이 길을 닦았던 그 이유가 되신 분을 받아들일 것을 제자들에게 가르쳤다.

우리는 지위는 가지고 있지만 정작 오늘 하나님께서 나와 함께하심으로 덧입히시는 그 신선한 기름부음은 잃어버렸을 수 있다. 높은 자리에 앉아 있고 따르는 이도 많고 인맥도 화려하고 막강한 영향력도 자랑하고 결정권도 행사하지만, 정작 하나님께서는 전혀 나와 동의하지 않으실 수 있다.

우리가 어제의 사람이 되는 것은 하나님과의 관계가 끊어짐으로 인해서다.

Chapter 6

성공이 너무 일찍 찾아올 때

어제의 사람이 되었음을 말해줄 수 있는 또 하나의 지표는 성공이 너무 일찍 찾아왔을 경우이다. 모든 사람이 성공을 원하지만, 사실 그것은 매우 위험한 일이다. 특히 이것이 너무 일찍 찾아왔을 때는 어제의 사람이 되는 지름길이 되기도 한다.

당신이 만약 지금 성공적인 삶을 살고 있다면, 자신이 어제의 사람일지도 모른다는 사실을 깨닫기란 쉽지 않다. "성공한 사람을 가리킬 수는 있지만, 그 사람을 가르칠 수는 없다"라는 말이 있다. 이런 사람들은 남의 말을 잘 들으려 하지 않는다. 그들은 자신들이 하나님과 멀어졌다거나 사단에게 더 이상 위협적인 인물이 아니라는 사실을 잘 받아들이지 못한다. 어떤 이들은 자신이 오늘의 사람이며, 하나님께서 오늘 하시는 일의 최전방에 서 있다는 환상 속에 살기도 한다.

오늘의 사람과 내일의 사람 중 어느 쪽이 더 고통스러울지 잘 모르겠다. 앞으로 살펴보겠지만, 오늘의 사람은 종종 어제의 사람과 결별해야 하는 아픔을 겪는다. 오늘의 사람은 이제까지 함께 사역했던 어제의 사람과 결별해야 하는 부담뿐만 아니라, 아무도 모르는 그리고 아무도 인정하지 않는 사람을 신뢰해야 하는 위험도 감수해야 한다. 이것이 사무엘이 해야 했던 일이다.

만약 당신이 내일의 사람이라면, 당신은 당신의 때가 올 때까지 기다리는 인내심을 가지고 있어야 한다. 기름부음이 현재 당신 위에 있을지라도, 당신에게는 사역도 사람도 권위도 그리고 기회도 아직 주어지지 않았을 수 있다. 당신이 할 수 있는 것은 기다림뿐이다. 당신이 언젠가 쓰임 받을 것이라는 비전만 가지고 있을 뿐, 그저 기다려야 한다. 당신 속에는 말씀의 불이 타오르고 있겠지만, 아직 때가 오지 않았다. 빅토르 위고는 "때를 만난 사람의 아이디어는 강한 군대를 파괴할 만큼 강력하다"고 말했다. 이를 기름부음에 적용하면, 이렇게 말할 수 있다. "자신의 때를 만난 자의 기름부음은 강한 군대를 파괴할 만큼 강력하다."

모든 사람이 성공을 원하지만, 사실 그것은 매우 위험한 일이다.
특히 이것이 너무 일찍 찾아왔을 때는 어제의 사람이 되는 지름길이 되기도 한다.

내일의 사람은 기름부음은 받았으나 아직 사역이 주어지지 않은 사람이다. 그는 인지도에 있어서 아무런 영향력을 가지고 있지 못하다. 어쩌면 하나님의 손 아래에서 더 기나긴 훈련과 준비의 시간을 거쳐야 할지도 모른다. 스펄전은 말하기를 "내게 남은 삶이 25년이라고 한다면, 그중 20년은 그것을 준비하는 데 사용할 것이다"라고 했다. 그러나 요즘 대다수의 사람들은 기나긴 준비기간을 거부한다. 그들은 대부분 자신이 충분히 준비되었다고 믿는다.

처참한 실패

1956년 초, 나는 하나님께서 내게 새로운 메시지를 주셨다고 느꼈다. 나는 그 누구의 설교에서도 들어보지 못한 것들을 성경에서 발견했다. 당시 나는 바울 사도 외에는 그 누구에게도 열리지 않았던 가르침과 교리와 계시가 열린 것이라고 생각했다. 더 이상 신학교에서 배울 것이 없다고 생각했던 나는 어리석게도 학교를 떠나고 말았다. 나는 주님의 재림이 임박한 그 시점에 더 이상 준비나 하면서 시간을 허비하고 있을 수 없다고 확신했다.

그해 여름, 나는 친구였던 빌리 볼과 함께 큰 천막을 치고 집회를 열었다. 두 명의 사업가가 2천 달러를 헌금해줘서 천막을 구입했다. 그것은 천 명을 수용할 수 있는 대형 천막이었다. 우리는 오하이오 고속도로에 '3개 주(州) 복음전도집회'라고 쓴 간판도 내다 걸었다. 우리는 이 집회를 알리기 위해 라디오 방송에도 나갔다. 천 개의 접이식 의자도 구입했다. 천막 옆에는 주차공간도 충분히 확보되어 있었다.

그러나 첫날 저녁 집회에 참석한 인원은 총 15명이었다! 우리는 당시 우리가 담당하고 있던 목회지에서의 업무를 조정해가며 매일 밤, 1시간이 넘게 설교를 강행했다. 이러기를 3주 내지 4주를 했다. 그러나 전 기간을 통틀어 평균 참석인원이 25명을 넘지 못했다. 호기심에 와서는 자기 차 안에서 듣는 사람들이 실제로 천막으로 들어오는 사람들보다 더 많았다. 참으로 부끄러운 일이었다.

나의 아버지는 그분이 가장 존경하는 설교가 R. T. 윌리엄스 목사의 이름을 따서 지은 외아들이 처한 이 상황에 매우 심란해하셨다. 1년 전 할머니께서는 내가 켄달 가문의 첫 목사가 된 것을 기념하여 최신형 쉐보레 자동차를 사주셨었다. 그러나 집회 후 차를 다시 가져가셨다. 아버지는 내가 전혀 들어보지 못한 이상한(적어도 아버지에게는) 내용을 설교하고, 당시 나의 삶 속에 하나님께서 잘되게 해주시는 것이 하나도 없다는 생각에 내가 하나님의 뜻 가운데 있는 것이 맞기나 한 것인지 증거를 대보라고 요구하셨다.

나는 아버지께 하나님께서 나를 강력하게 그리고 국제적으로 사용하실 것이라고 거듭 확신시켜 드렸다. 당시 나는 주님으로부터 내가 거대한 부흥을 목격하리라는 비전을 확실히 받은 상태였다. 그에 대한 아버지의 질문은 단 한 가지, 그때가 언제냐는 것이었다. 나는 절대적인 확신을 가지고 '1년 이내'라고 대답해드렸다. 아버지께서는 내게 그것을 종이에 적어달라고 하시며 1년 후에 그것을 내게 보여줄 것이라고 하셨다. 그래서 나는 적어드렸다.

그로부터 1년이 지난 후에 나는 신생아를 둔 부모들을 대상으로 유모차를 팔고 있었다. 내겐 설교할 기회조차 없었다. 돈벌이에 어느 정도 성공하면서 나는 점차 물질적인 것에 더 관심이 많아졌다. 심지어 비행기 조종을 배우기도 했다. 나는 세스나 비행기와 신형 포드 엑셀 자동차를 샀으며, 새 스테레오와 비싼 옷들도 샀다. 그러자 순식간에 몇 천 달러의 빚이 생겼다.

2년 전에 그렇게 앞길 유망한 목사로 시작했다가 이제는 먹고 살기 위해 세상적인 일에 매달려 있다니, 그야말로 순식간에 내일의 사람이 어제의 사람으로 전락해버린 격이었다. 그때로부터도 한참이나 지난 후에야 나는 다시 목회에 발을 들여놓을 수 있었다.

20년 후 대학 졸업장을 받고 웨스트민스터채플에 왔을 때, 나는 '이제는 정말 준비가 끝났다'고 생각했다. 지금 생각하면, 당시 하늘에 계신 아버지께서 나를 내려다보시며 "정말 그럴까?"라고 반문하셨을 것 같다. 목회를 막 시작하는 시점에 서 있던 나로서는 2천석이나 되는 예배당 좌석 중 고작 300-400석밖에 차지 않는 안타까운 세월을 보내게 될 것이라는 사실을 알 턱이 없었다. 하지만 내가 캠벨 모건 목사의 설교단에 섰다는 사실에 적어도 우리 아버지는 매우 자랑스러워하셨다. 지난 21년간의 세월 동안에도 하나님께서는 분명 나를 들어 사용하셨겠지만, 좀더 솔직하게 고백하자면 이 시간들은 준비단계에 불과했다고 생각한다.

내일의 사람은 기름부음은 받았으나 아직 사역이 주어지지 않은 사람이다.
그는 인지도에 있어서 아무런 영향력을 가지고 있지 못하다.
어쩌면 하나님의 손 아래에서 더 기나긴 훈련과 준비의 시간을 거쳐야 할지도 모른다.

준비되지 못한 자의 성공

로이드 존스는 이렇게 말했다. "인간에게 일어날 수 있는 가장 불행한 일은, 그가 준비도 되기 전에 성공하는 것이다." 이것은 주일에 할 설교를 의논하기 위해 목요일마다 정기적으로 가졌던 모임에서 했던 말이었다. 그로부터 이런 사랑의 조언을 들을 수 있는 특권을 가졌던 나는 정말 축복받은 사람이다. 이 말은 그가 한 말들 중에서 가장 큰 도전이 되었다. 나는 정말 그 말에 동의한다. 그리고 자비로우신 하나님께서 내가 그토록 염원하던 성공을 허락하지 않으셨다는 것을 인정할 수밖에 없다. 나는 하나님께 내가 준비되기 전까지는 성공을 허락하지 말아 주시기를 진심으로 기도했다.

자신을 스스로 높이는 자는 어제의 사람이 될 후보 일순위이다. 1956년에 나는 하나님께서 나를 사용하실 것이라는 내용의 환상들을 보았는데, 이것 때문에 교만해졌다. 난 이 환상이 조만간 현실이 될 것이라고 착각했다. 그러나 아니었다. 나는 이 환상들이 성령께로부터 온 것이 분명하다고 믿었고, 그렇기 때문에 내가 특별한 사람이라고 여겼다. 그래서 교만해졌다. 화려한 채색옷을 입고 자신의 예언적 꿈을 형제들에게 과시했던 요셉과 다를 바 없었다.

물론 그 꿈들은 하나님께로부터 온 것이 맞았다. 요셉의 은사에는 하나도 잘못된 것이 없었지만, 요셉에게는 잘못된 것이 많았다. 하나님께서는 요셉에게 놀라운 사역의 길을 예비해두셨지만, 그 전에 길고 긴 준비와 연단의 과정도 예비해두셨다. 요셉이 준비되지 않았기 때문이었다. 그리고 내가 준비되지 않았기 때문이었다.

지금 이 시간 만약 거짓말탐지기 앞에서 내게 묻는다면, 사실 나는 지금도 내가 원하는 기름부음을 받을 준비가 되었는지 잘 모르겠다고 말할 수밖에 없다. 나는 지금도 다듬어지고 있다. 양파 껍질을 벗기면 또 다른 껍질이 나오듯, 아직도 내게 바로 서지 못한 부분이 많음을 본다.

하나님께서 지금도 나의 교만과 오만의 껍질을 벗겨가고 계심에 감사드린다. 많은 기름부음을 받고 그것을 오용하느니, 차라리 많이 쓰임 받지 않는 편에 서고 싶다. 하나님께서는 내가 나 자신을 위해 구하던 성공을 주지 않으심으로써, 미처 내가 준비되기도 전에 성공하는 것으로부터 나를 지키셨다. 겉으로 보기엔 순조로운 사역을 열어가더라도 정작 하나님의 인정과 그분으로부터의 신선한 기름부음을 받지 못한다면, 그것보다 더 나쁜 것이 무엇이겠는가?

인간에게 일어날 수 있는 가장 불행한 일은 그가 준비도 되기 전에 성공하는 것이다.

앞에서도 말했듯이, 오늘날 교회에서 성령께서 완전히 사라지신다 해도 90퍼센트의 교회의 일은 아무런 지장을 받지 않고 진행될 것이다. 이 일은 교단, 교회 혹은 개인에게 똑같이 적용된다. 이것이 바로 사울 왕에게 일어난 일이었다.

시작이 좋다고 해서 끝이 좋은 것은 아니다. 사울 왕도 시작은 좋았으나 끝이 좋지 못했다. 곰돌이 요기가 말하듯 끝나기 전까지는 끝난 것이 아니다. 만화 캐릭터인 곰돌이 요기는 야구팀 뉴욕 양키즈의 유명한 포수 요기 베라를 모델로 만들어진 캐릭터이다. 그가 한참 앞서나가다가도 마지막 순간에 저버리고 마는 경기들을 보면서 "끝나기 전까지는 끝난 것이 아니다"라고 하여 유명해진 말이다.

롭 파슨스는 전반전 점수가 아니라 "후반전이 중요하다"고 말한다. 윔블던 테니스 경기를 보아도 종종 월등히 앞서며 세 번이나 어드밴티지 기회를 가져도 결국 경기에 지는 경우를 보게 된다. 교회의 리더들 중에서도 오늘의 사람으로 최고의 활약을 보이다가도, 한순간에 어제의 사람으로 전락하고 마는 경우들도 있다.

이것은 나이와는 상관이 없다. 젊은데도 어제의 사람일 수 있다(사울이 하나님의 신뢰를 잃은 것은 그가 마흔일 때였다). 모세는 팔순까지 준비가 되지 않았다. 그 사람이 하나님께 얼마만큼 순종하는가와 하나님의 타이밍, 이 두 가지가 복합적으로 작용하는 것이지, 사람의 나이가 중요한 것은 아니다. 그러므로 우리는 언제라도 오늘 혹은 내일의 사람이 될 수 있다.

하나님께 버림받고 난 후 사울의 삶은 매우 비참했다. "여호와의 영이 사울에게서 떠나고 여호와께서 부리시는 악령이 그를 번뇌하게 한지라"(삼상 16:14). 다윗이 기름부음을 받은 후에 맡은 첫 일은 사울 왕을 위해 수금을 연주하는 것이었다. 다윗의 연주가 사울 왕의 상태를 호전시키기는 했으나(삼상 16:23), 그것은 일시적인 것에 불과했다. 다윗은 지금 왕관을 쓰고 있는 이가 나중에 그의 적이 될 것이라는 사실과 또한 그 적이 바로 언젠가 다가올 자신의 왕권을 준비케 하는 도구로 사용되리라는 것을 알지 못했다.

다윗이 골리앗을 상대로 극적인 승리를 거둔 후 이스라엘의 각 지방으로부터 사람들이 모여들어 노래를 불렀다. "여인들이 뛰놀며 노래하여 이르되 사울이 죽인자는 천천이요 다윗은 만만이로다 한지라"(삼상 18:7).

이 사실이 다윗을 기쁘게 했는지의 여부는 알 수 없으나, 사람들의 그러한 행동으로 말미암아 적어도 하나님께서는 다윗이 준비되기 전에는 그에게 성공을 허락하지 않기로 결심하셨다. "그날 후로 사울이 다윗을 주목하였더라"(삼상 18:9).

사울 왕은 준비되기 전에 성공한 인물이었다. 많은 젊은 가수들도 너무 일찍 얻은 명성과 부귀를 다룰 줄 아는 지혜가 없어서 쉽게 망하곤 한다. 영화배우들 중에도 하루아침에 얻은 성공으로 인해 가족과 친구를 잃는 경우가 허다하다. 성공가도를 달리던 사업가들도 순식간에 부인과 가정과 건강을 잃곤 한다. 젊은 목회자들이 대형교회를 맡으면서 교만해지고, 하나님의 임재를 잃어버리는 일들도 많이 보았다. 이처럼 성공은 참으로 위험하다.

하나님께서는 왜 우리가 준비되기 전에 성공을 허락하실까? 내가 말할 수 있는 것은, 인내하기 괴롭겠지만 그래도 감당할 수 있기 전까지는 성공하지 않는 것이 축복이라는 것이다. 우리는 일약 스타가 되었다가 순식간에 사라지고 마는 영화배우나 연예인 심지어 정치인까지도 봐왔다. 혹은 인기나 명성은 여전할지라도, 돈이나 섹스 혹은 마약의 유혹으로부터 자유롭지 못한 사람들을 봐왔다. 로큰롤의 황제로 불린 엘비스 프레슬리도 준비되기 전에 성공한 사람 중 하나다.

사울을 왕으로 세운 것은 하나님의 아이디어가 아니었다. 이것은 반역을 일삼는 인간들의 요구에 대한 하나님의 마지못한 허락이었다. 훗날 선지자 호세아가 이것을 잘 정리하고 있다. "내가 분노하므로 네게 왕을 주고 진노하므로 폐하였노라"(호 13:11). 슬프게도 사울 왕은 하나님께서 원치 않으셨던 것을 원했던, 영적이지 못한 이들 중 한 사람이었다. 이것은 사울 개인뿐만 아니라 이스라엘 사람 전체에 대한 하나님의 심판이었다. 그럼에도 하나님께서는 사울에게 순종할 수 있는 두 번째 기회를 허락하셨다. 하나님께서는 나아질 희망조차 보이지 않는다면, 애초에 말씀하시지도 않는다.

> 겉으로 보기엔 순조로운 사역을 열어가더라도 정작 하나님의 인정과 그분으로부터의 신선한 기름부음을 받지 못한다면, 그것보다 더 나쁜 것이 무엇이겠는가?

두 번째 주어진 기회

사무엘을 기다리지 않고 자신의 기름부음의 영역 밖으로 나간 사울왕의 어리석은 행동에도 불구하고, 그에게 두 번째 기회가 주어진다. 성경이 어떻게 기록하고 있는지 살펴보자. "사무엘이 사울에게 이르되 여호와께서 나를 보내어 왕에게 기름을 부어 그의 백성 이스라엘 위에 왕으로 삼으셨은즉 이제 왕은 여호와의 말씀을 들으소서"(삼상 15:1). 만약 사울이 자신의 행동을 진심으로 뉘우치고 회개했다면, 아마도 사무엘의 권고를 겸허하게 받아들였을 것이다. 사울은 하나님께서 여전히 자신에게 말씀하고 계신다는 사실을 볼 수 있어야만 했다.

만약 하나님께서 우리에게 꾸짖는 말씀을 하신다면, 우리는 그것을 기쁘게 받아들여야 한다. 성경을 읽는 중에 예상치 못한 구절에서 그 꾸짖음이 들려올 수 있다. 또는 설교를 듣는 중일 수도 있고, 신뢰하는 친구를 통해서일 수도 있다. "친구의 아픈 책망은 충직으로 말미암는 것이나"(잠 27:6). 또는 예언의 은사를 지닌 사람을 통해 말씀하실 수도 있다. 하나님께서는 가깝게 교류하는 사역자들을 통해 여러 차례 권면을 주셨는데, 나는 그것들 하나하나를 진지하게 받아들였다.

과거에 하나님의 권면을 거부하거나 무시했던 적이 있는데 혹시라도 다시 하나님께서 말씀하신다면, 이번에는 전 존재를 다해 그 말씀을 가슴에 새겨야 한다. 사울에게 다시 오셔서 인격적으로 말씀하시는 하나님은 얼마나 자상하신 분인가? 첫 번째 실수 후에 두 번째 기회가 온 것이다. 주님께로부터 오는 모든 말씀은 하나의 테스트이다. 혹시라도 예전에 순종하지 못했던 경험이 있거든, 하나님께서 말씀하실 때 다시는 기회가 오지 않을지도 모른다는 자세로 들어야 한다.

하나님께서는 참으로 자비로우시다. 이것은 하나님께서 아합 왕에게 분노하셨다가 돌이켜 은혜를 베푸신 사건에서 아주 잘 나타난다. "내가 재앙을 네게 내려 너를 쓸어 버리되 네게 속한 남자는 이스라엘 가운데에 매인 자나 놓인 자를 다 멸할 것이요 또 네 집이 느밧의 아들 여로보암의 집처럼 되게 하고 아히야의 아들 바아사의 집처럼 되게 하리니 이는 네가 나를 노하게 하고 이스라엘이 범죄하게 한 까닭이니라"(왕상 21:21-22).

여기에서 하나님의 어투는 결론적이며, 너무나 단호하여 아합에게는 희망이라곤 없어 보인다. 이 말씀이 아합에게 준 영향은 매우 컸다. "아합이 이 모든 말씀을 들을 때에 그의 옷을 찢고 굵은 베로 몸을 동이고 금식하고 굵은 베에 누우며 또 풀이 죽어 다니더라"(왕상 21:27). 사울 왕도 그랬어야 했다. 왜냐하면, 하나님은 자비로운 분이시기 때문이다.

아마 엘리야도 하나님께서 아합의 회개에 대해 어떻게 반응하실지 전혀 몰랐을 것이다. "여호와의 말씀이 디셉 사람 엘리야에게 임하여 이르시되 아합이 내 앞에서 겸비함을 네가 보느냐 그가 내 앞에서 겸비하므로 내가 재앙을 저의 시대에는 내리지 아니하고 그 아들의 시대에야 그의 집에 재앙을 내리리라 하셨더라"(왕상 21:28-29).

히브리서의 저자는 히브리인들에게 '듣는 것에 둔하여졌다'(히 5:11)고 경고한다. 다른 말로 표현하자면, 듣기는 하되 간신히 들었다는 것이다. 저자는 히브리인들이 귀가 완전히 멀어 회개의 자리로 나올 수 없게 되는 것을 원치 않았다.

> 한 번 빛을 받고 하늘의 은사를 맛보고 성령에 참여한 바 되고 하나님의 선한 말씀과 내세의 능력을 맛보고도 타락한 자들은 다시 새롭게 하여 회개하게 할 수 없나니 이는 그들이 하나님의 아들을 다시 십자가에 못 박아 드러내 놓고 욕되게 함이라 (히 6:4-6)

몇 년 전 플로리다에서 휴가를 즐기던 중 아내의 고막이 터지는 일이 있었다. 당시 아내는 무척 속상해했다. 우리는 하나님께서 왜 이런 사고를 허락하셨는지 궁금했다. 여행에서 돌아온 주일에 예배를 드리는데, 아내는 우리 교회에 처음 나온 청각장애가 있는 여성 옆에 앉게 되었다. 잠시 후 아내는 수화를 배워야겠다는 강렬한 의지가 자신 안에서 계시처럼 올라오는 것을 느꼈다. 그 일을 계기로 지금 우리 교회에서는 청각장애자들을 위한 수화사역 프로그램이 진행되고 있으며, 아내도 그 일에 열심히 헌신하고 있다.

이 일을 계기로 알게 된 사실이지만, 청각장애에도 정도의 차이가 있다. 주로 처음에는 보청기를 필요로 하는 정도로 시작하고, 나중에는 중

증으로 발전한다. 그러므로 당연히 아무것도 들을 수 없는 최악의 상황으로 발전하도록 두어서는 안 된다.

영적으로도 이러한 일이 가능하다. 초기는 '듣는 것에 둔한' 상태이고, 최악은 영적인 귀머거리이다. 하나님의 음성을 더 이상 들을 수 없다면, 듣고 회개의 자리로 나오는 일이 불가능해진다. 회개의 기회가 주어진다는 것, 바울이 말하는 영광에서 영광으로 변화한다는 것(고후 3:18)은 우리가 하나님의 음성을 듣는다는 증거이다. 하나님께서 우리를 다루시고 우리의 죄가 드러나게 하시면, 우리는 회개하고 빛 가운데 행함으로 그분과의 달콤한 사귐을 나누게 된다(요일 1:7).

사울은 결국 완전히 귀가 멀고 말았다. 그는 성경에 나오는 구절 중 가장 슬픈 구절이라 할 수 있는 말을 한다. "하나님은 나를 떠나서 다시는 선지자로도, 꿈으로도 내게 대답하지 아니하시기로"(삼상 28:15). '다시는'이라고 말한 것은 과거에는 그에게 말씀하시곤 했다는 뜻이다. 그런데 이제는 아니라는 것이다. 사울은 어제의 사람으로 전락한 전형적인 예이다. 이러한 일이 당신이나 내게 일어나서는 안 된다.

하나님께서 두 번째로 사울에게 사무엘을 보내셔서 말씀하신다. "지금 가서 아말렉을 쳐서 그들의 모든 소유를 남기지 말고 진멸하되 남녀와 소아와 젖 먹는 아이와 우양과 낙타와 나귀를 죽이라"(삼상 15:3). 이것은 분명 받아들이기 힘든 말씀이다. 이 말씀은 구약 전체를 통틀어 우리가 가장 받아들이기 힘든 말씀 중 하나일지도 모른다. 사울에게 있어서도 결코 이해하거나 이행하기에 쉬운 일이 아니었을 수는 있으나, 적어도 하나님께서 그에게 다시금 기회를 주고 계신다는 사실에 완전히 기뻐했어야 했다. 그리고 정신을 바짝 차려서 말씀대로 실행해야 했다. 하지만 그는 그러지 않았다. 사울은 자신의 판단력을 더 신뢰했고, 이 두 번째 실수의 결과로 사무엘이 처음에 경고했던 그 일이 일어나도록 스스로 승인하고 말았다.

이 사건을 통해 내가 확실히 알게 된 것은, 항상 히브리서 6장 4-6절에 나오는 상황에 빠지기 전에 그것을 모면할 수 있는 충분한 기회가 주어진다는 것이다. 하나님께서 사울에게 찾아오셔서 다시 기회를 주시는 것을 보면, 회개의 기회조차 박탈당한 사람들에게도 그전에 충분히 그 상황을 되돌릴 수 있도록 기회와 경고를 주신다는 것을 알 수 있다. 이것은 단순히 하나의 범죄가 드러난 것(갈 6:1)이나 나쁜 습관이나 나쁜 친구들에게 빠지는 것이나 하나님이 원하시는 사람으로 살아가지 못하는 것과는 차원이 다른 문제다. 하나님께서는 내가 물질적인 것들에 현혹되어 심각한 부채상태에 빠졌던 일들도 다 용서해주셨다.

감옥에서 5년을 지낸 TV 설교가 짐 베이커도 하나님께 용서를 받았다. 짐은 오히려 자신을 감옥에 넣으신 분이 하나님이라고 믿고 있었다. 짐의 실수도 히브리서 6장 4-6절에서 말하는 다시 회개하여 새롭게 될 수 없는 자들의 것과는 차원이 다르다. 하나님은 자비로우시다. 하나님께서는 우리가 그분의 경고 사인을 의도적으로 그리고 의식적으로 거부하지 않는 한, 어쩌다 실수로 넘어진 것으로 우리를 히브리서 6장 4-6절의 카테고리에 넣지는 않으신다.

히브리서 6장 4-6절에 나오는 이들처럼 내가 완전히 귀가 멀지 않았다는 것을 어떻게 알 수 있는가? 하나님께서 당신에게 하시는 말씀을 들으라. 과거에는 받아들이기 어렵거나 순종할 수 없었던 말씀을 가지고 하나님께서 당신을 다시 찾아오시거든, 이제는 두 손 들고 받아들여라.

하나님께서는 요나로부터 거절당했던 것과 똑같은 요구를 가지고 다시 그를 찾아가셨다. "너는 일어나 저 큰 성읍 니느웨로 가서 그것을 향하여 외치라"(욘 1:2). 결국 요나는 순종했다.

하나님께서 말씀하시는 것을 들을 수 있는 한, 우리는 적어도 어제의 사람은 아닌 것이다. 아직도 하나님께서 당신에게 말씀하고 계시는 것이다. 아무리 엄중한 경고의 말씀을 하고 계실지라도 당신이 그것을 들을 수 있다는 것이 중요하다! 하나님께서는 듣는 귀가 둔한(적어도 아직까지는 완전히 귀가 먹지 않은) 히브리인들에게 신약성경에서 볼 수 있는 가장 두려운 경고를 하고 계신다. "내 목소리를 듣고 마음을 강퍅하게 하지 말라"(히 3:15).

만일 어제의 사람이 되는 것이 두렵다면, 지금 즉시 할 수 있는 일이 있다. 무릎을 꿇고 은혜로우신 하나님께로 나아가 스스로 알고 있는 모든 불순종을 회개하고, 숨죽여 두 번째 기회를 기다리는 것이다. 그리고 무언가 하나님의 음성이 들린다면, 주님께서 여전히 내게 말씀하신다는 점에서 아직 희망이 있고, 아직 완전한 귀머거리는 아니라는 것이 분명해진다.

다양한 징조들

어제의 사람이 되는 또 다른 징조들이 있다. 첫째는 우리가 어떤 특정한 사람에 대해 질투의 감정에 휩싸이는 것이다. 사울로 하여금 평정심을 잃게 했던 불길한 징조가 바로 이것이었다. 그는 사람들이 다윗을 칭송하는 것을 참을 수가 없었다. 사람들이 이르기를 "사울이 죽인 자는 천천이요 다윗은 만만이로다"(삼상 18:7)라고 했다.

사울은 자신의 경쟁자를 가만히 둘 수가 없었다. "사울이 그 말에 불쾌하여 심히 노하여 이르되 다윗에게는 만만을 돌리고 내게는 천천만 돌리니 그가 더 얻을 것이 나라 말고 무엇이냐 하고 그 날 후로 사울이 다윗을 주목하였더라"(삼상 18:8-9).

만약 어떤 사람이 성공을 해서, 혹은 그 사람이 내 경쟁자가 될 것 같아서, 혹은 그가 가진 은사가 부러워서 누군가를 질투하고 있다면, 당신은 지금 위태로운 상태에 처해 있는 것이다. 누구도 이야기하지 않는 죄, 이 질투라는 것 때문에 수많은 하나님의 사람들이 몰락한다. 질투는 사람의 눈을 멀게 하고, 영을 갉아먹으며, 우리의 생각들을 허비시킨다. 당장은 아무렇지 않은 일처럼 보일 수도 있다. 하지만 질투는 결국 사울을 파멸시키고 말았다.

두 번째, 어제의 사람이 되는 징조는 다른 사람의 신뢰도를 공격하기 시작하는 것이다. 사울의 유일한 목표는 다윗을 파멸시키는 것이었다 (삼상 18:10-11, 19:11-23, 23:7-29). 사울은 때로 이스라엘의 대적이었던 블레셋 사람들보다 다윗을 더 두려워하였다. 그는 하나님의 백성의 안전을 지키는 것보다 자신의 경쟁자를 제거하는 데 더 많은 노력을 기울였다.

직접 대면해서건 아니면 문서상으로건 우리가 어떤 사람을 공격하기 시작할 때, 우리는 어제의 사람으로서의 자격조건에 꼭 들어맞게 된다. 그러면서도 가슴으로는 아무것도 느껴지지 않을 수 있다. 우리가 성령을 근심시킬 때, 대부분 우리는 고통을 느끼지 못한다. 그러고도 우리는 하나님의 뜻을 행하고 있다고 말하고 다닌다! 우리가 다른 사람의 명성에

흠집을 내 그의 신뢰도를 떨어뜨리고자 하는 생각에 사로잡히는 순간, 하나님께서는 소리 없이 그리고 비밀스럽게 우리에게 부어주셨던 신선한 기름부음을 거두어 가신다.

세 번째, 다른 사람의 기름부음을 두려워하는 것이다. "여호와께서 사울을 떠나 다윗과 함께 계시므로 사울이 그를 두려워한지라"(삼상 18:12). 사랑 안에 두려움이 없고 온전한 사랑이 두려움을 내쫓는다고 했다(요일 4:18). 그런데 무엇 때문에 다른 사람의 기름부음을 두려워할까? 그것을 주신 이는 하나님이시다. 그러므로 우리는 다른 사람에게 있는 기름부음을 지지해야 한다. 만약 그것이 두렵다면, 우리 속에 경쟁의식이 싹트고 있다는 증거다. 혹은 그로 인해서 그가 더 변화되고, 나보다 더 주목받을 것을 두려워하는 것이다. 하나님께서 그 사람을 통하여 부흥을 일으키실까 두려울 수도 있다. 우리는 부흥이 오길 원한다고 말하곤 하지만, 그것은 어디까지나 가까운 사람들 혹은 우리와 한 편인 사람들을 통해서 올 것 같지 않을 때에만 그렇게 말한다.

다른 사람의 은사에 대한 두려움이 있다는 것은 우리 자신이 올바르게 서 있지 않다는 뜻이다. 어제의 사람으로 전락한 이후 사울의 상태가 바로 그랬다. 나는 진정으로 그리고 거짓 없이 우리의 죄를 하나님께 고백하며 나갈 수 있도록 하나님께서 우리에게 자신을 객관적으로 바라보는 능력을 주셨으면 한다. 다시 말하지만 하나님께서 무언가 혹은 누군가에게 임하고 계신데 나 혼자 그것을 보지 못하는 것보다 더 슬픈 일은 없다. 두려움에 빠지면 명확한 것도 볼 수 없게 되고 만다.

네 번째, 우리를 위협하는 자를 잡기 위해 덫을 놓는 행동을 한다면, 우리는 어제의 사람이 될 확률이 높다. 사울은 블레셋 사람과 싸우도록 다윗을 부추기는 방법을 썼다. "사울이 이르되 너희는 다윗에게 이같이 말하기를 왕이 아무 것도 원하지 아니하고 다만 왕의 원수의 보복으로 블레셋 사람들의 포피 백 개를 원하신다 하라 하였으니 이는 사울의 생각에 다윗을 블레셋 사람들의 손에 죽게 하리라 함이라"(삼상 18:25). 나를 위협하는 사람을 허물기 위한 덫을 내 손으로 놓는다면, 그것은 내 손 안으로 복수를 가져오는 것이다. 이것을 행함과 동시에 나는 어제의 사람이 되고 만다. 사울이 이러한 행동을 한 그 즉시 기름부음이 그에게서 떠나고 말았다.

나는 다른 사람의 기름부음을 두려워하는 사람들을 본 적이 있다. 물론 이 사람들은 절대로 자신들이 두려워했던 것이 그 사람의 기름부음이었다고 동의하지 않겠지만 말이다. 그들은 그 기름부음을 가진 자가 언젠가 실족하고 실패할 것이라고 확신하고 있었다. 마치 다윗이 블레셋 군과의 전쟁에서 절대로 살아 돌아오지 못할 것이라고 믿었던 사울이 그랬던 것처럼 "머지않아 자멸하고 말 걸?"이라고 조소하며, 그 기름부음 받은 자의 실체가 별것 아닌 것으로 판명되기를 바라고 있었다. 그런데 다윗은 블레셋 사람 200명을 죽이고 돌아왔다.

기름부음 받은 자를 위해 기도해주기는커녕(마 5:44) 그가 넘어지고 쓰러지기를 바라고 있다면, 당신은 지금 어제의 사람으로 가는 경계선을 넘고 있는 중일 것이다. 어쩌면 당신의 적이라고 생각했던 그가 바로 하나님의 기름부음 받은 자일지도 모른다.

다섯 번째, 맹세는 말할 것도 없고 우리가 내뱉은 약속조차 제대로 지키지 못한다면, 우리는 진실함을 잃어버린 것이다. 약속을 지키는 것, 정직함은 당연한 일이다. 거짓말을 해서는 안 되고 진실해야 하며, 약속을 지켜야 한다는 것은 말할 필요도 없다.

요나단은 아버지 사울에게 다윗의 생명을 살려달라고 애원했다. "사울이 요나단의 말을 듣고 맹세하되 여호와께서 살아 계심을 두고 맹세하거니와 그가 죽임을 당하지 아니하리라"(삼상 19:6). 고대에 맹세는 절대적이고도 궁극적인 신용의 표현이었다. 사람의 말은 의심할 수 있어도, 그 사람이 서약으로 맹세했다면 그것은 믿어도 되는 것이었다. 사울은 요나단에게 맹세했다. 그런데도 순식간에 그것을 어겼다. "사울이 손에 단창을 가지고 그의 집에 앉았을 때에 여호와께서 부리시는 악령이 사울에게 접하였으므로 다윗이 손으로 수금을 탈 때에 사울이 단창으로 다윗을 벽에 박으려 하였으나 그는 사울의 앞을 피하고 사울의 창은 벽에 박힌지라 다윗이 그 밤에 도피하매"(삼상 19:9-10).

사울은 결국 이 지경으로까지 전락하였다. 사울에겐 어떠한 진실성도 남아 있지 않았다. 어제의 사람으로 전락하여 성령께서 하시는 말씀을 듣지 못하게 된 자는 필연적으로 올바른 생각을 할 수 없다. 급기야 사울이 엔돌의 신접한 여인을 찾기에 이른(삼상 28:7) 것처럼, 이러한 사람은 결국 거짓을 믿게 된다(살후 2:11).

우리는 그 누구도 하나님의 말씀을 넘어 존재할 수 없다는 불변의 진리를 받아들여야 한다. 누구나 자신이 하나님의 특별한 사랑을 받는 자라고 생각하고 싶어 한다. 그러나 하나님의 마음에 합한 자, 다윗조차도 진리를 향한 하나님의 무한한 질투에 있어서 예외가 될 수는 없었다.

나는 어제의 사람이 되고 싶지 않다. 하나님께서는 내게 너무나 오래 참아주셨다. 나는 그분의 인내심에 크게 빚진 자이다.

우리가 성공을 했으나 관리에 미숙하여 넘어졌을 때, 하나님께서는 우리에게 두 번째 기회도 주시는 분이다. 같은 말씀을 가지고 두 번째 요나를 찾아가셨던 것처럼 말이다(욘 3:1, 1:1-2). 그것은 요나가 들은 가장 행복한 말씀이었다. 우리가 하나님의 음성을 들을 수 있는 한 너무 일찍 성공한 것이 아니며, 우리에게는 또 다른 성공이 기다리고 있다는 희망이 있다.

> 우리가 하나님의 음성을 들을 수 있는 한 너무 일찍 성공한 것이 아니며,
> 우리에게는 또 다른 성공이 기다리고 있다는 희망이 있다.

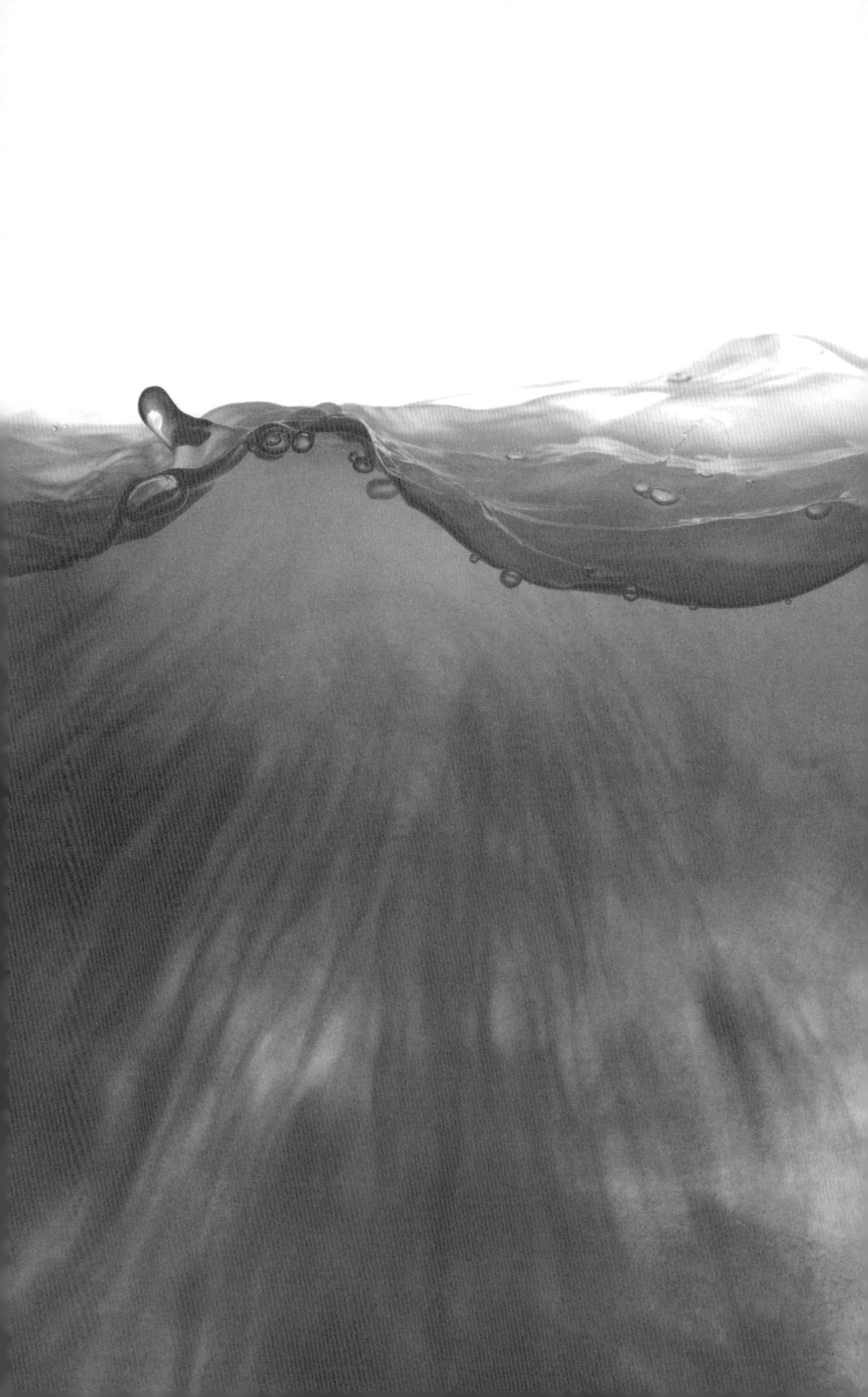

PART Ⅲ
오늘의 기름부음

The Anointing

Chapter 7
기름부음의 스티그마

　대부분 우리는 남들로부터 동떨어지길 원치 않으며, 현재 일어나고 있는 일들에 연관되어 있기를 원한다. 시대에 적절한 내용을 말하고 싶어 하고, 현대사회가 요구하는 것들을 스스로 갖추고 있다고 생각하길 좋아한다. 과거에는 잘 나갔는데 지금은 구식이 되어버려 아무런 관련이 없는 사람이 되어버린 것처럼 비참한 것도 없다.
　모든 세대는 주권자이신 주님께서 그 시대에 어떤 방향으로 움직이고 계신지를 발견해내고, 그 흐름에 합류해야 한다. 하나님께서는 어디선가 일하고 계신데 내가 그것을 보지 못한다거나, 또는 누군가의 사역 위에 하나님께서 함께하고 계시는데 내가 그것을 인식하지 못하고 있다면 그것은 정말 안타까운 일이다. 그런데 "묵은 포도주를 마시고 새 것을 원하는 자가 없나니 이는 묵은 것이 좋다 함이니라"(눅 5:39)는 말씀과 같이, 우리 모두 옛것을 더 신뢰하는 경향을 가졌다는 것이 문제다. 예를 들면 우리는 많이 불러봐서 익숙해진 찬송가나 찬양을 더 좋아하고, 자라면서 많이 들어본 스타일의 설교를 좋아한다. 한마디로 우리는 스티그마가 없는 것을 좋아한다.

'스티그마'라는 말은 순수한 헬라어로, 갈라디아서 6장 17절의 "내가 내 몸에 예수의 흔적을 지니고 있노라"에 사용된 단어이다. 이 말의 어원은 '스티조'stizo라는 단어로 '날카로운 도구로 찌르다', '문신', '흔적' 등의 뜻을 지니고 있으며, 고대 사회에서는 달군 인두로 몸에 찍어 흔적을 남길 때 사용되었다. 당시 몸에 스티그마를 지닌 사람은 어디에서고 부정한 사람으로 인식되었다. 일반적으로 노예가 도망가다가 잡혔다든지 남의 물건을 훔쳤을 때 혹은 어떠한 범죄를 저질렀을 때 지니게 되곤 했다. 하지만 바울은 이 흔적을 부끄러워하지 않았다. 그에게 있어서 이 흔적은 주님의 종 됨을 보여주는 표식이었다. 이 흔적은 실제로 그의 몸에 생긴 상처와 흉터를 가리킬 수도 있다(고후 11:23-25).

동시에 "우리는 십자가에 못 박힌 그리스도를 전하니 유대인에게는 거리끼는 것이요"(고전 1:23)에서와 같이, '거슬리게 하는 것 또는 거리끼게 하는 것'offence이라는 뜻의 헬라어 '스캔달론'skandalon과 동의어로 사용된 것으로 볼 수도 있다. "내가 지금까지 할례를 전한다면 어찌하여 지금까지 박해를 받으리요 그리하였으면 십자가의 걸림돌이 제거되었으리니"(갈 5:11).

위험한 안전지대

내가 목사로 처음 부임한 교회는 테네시 주 팔머에 있었다. 당시 나는 신학교에 다니는 19살의 학생이었다. 그때에는 내가 자란 켄터키의 시골교회에서처럼 감정적이고 시끄러운 형태의 설교가 일반적이었고 또 이것이 유행하던 스타일이었지만, 나는 그런 식으로 설교하지 않았다. 대부분의 나의 동료들도 나이 많은 교인들이 좋아하던 그런 스타일로 설교했는데, 왜 나는 유독 그러지 않았었는지 가끔 신기하기도 하다.

하여간 그들은 모두 숨 넘어갈 듯이 소리를 지르며 설교했다. 설교에 핵심내용이 있는지 없는지와는 상관없이, 단지 청중들이 좋아하는 설교 스타일을 가지고 있는가 아닌가가 목사에게 훨씬 더 중요했다. 그들은 그것을 '홀리 톤' holy tone(거룩한 어조)이라고 불렀는데, 아마도 이것은 웨일즈 사람들이 말하는 '훨' hwyl(강렬한 열정)이란 단어와 비슷한 개념이 아닐까 생각된다.

내가 팔머에 목사로 부임했을 때, 그들이 익숙해하고 원했던 것도 그런 스타일의 설교였다. 나중에 그 교회를 설립했던 분이 하는 설교를 들을 기회가 있었는데, 그는 정말로 심장이 터져라 소리를 지르고, 모든 문장을 마칠 때마다 숨을 몰아쉬곤 했다. 그런 설교를 원했다면, 왜 굳이 나를 목사로 불렀나 싶은 생각이 들 정도였다. 그들은 정말 설교 스타일과 기름부음을 동일하게 취급했다. 다시 말하지만, 내용은 아무 상관없이 무조건 거칠고 즉흥적이기만 하면 되었다. 그런 면에서 보면, 준비가 안 된 설교일수록 훌륭한 설교였다.

아마도 그런 스타일의 설교는 영국에서는 절대로 먹히지 않았을 것이다. 그들은 자신들의 '오래된 포도주'에 익숙해져 있었다. 내가 들은 바로는, 이전 시대에 진정한 기름부음을 가졌던 한 인물이 그런 스타일로 설교를 했었다고 한다. 하지만 내가 목회를 시작한 그 당시에는 그 기름부음의 능력은 사라진 채 거룩함의 형식만 남아 있었으며, 거기에는 아무런 스티그마도 없었다.

요즘 사람들은 출생과 성장배경에 상관없이 무조건 받아들이기 쉽고 익숙한 내용과 문화적 취향이 가미된 설교를 좋아하는 추세다. 사람들이 좋아하는 것은 우리의 향수를 자극하는 그 무언가이다. 사실 이것은 영성이나 경건함 혹은 기름부음과는 전혀 상관이 없다. 오르간 소리가 좋아서, 혹은 기타 소리나 교회의 건축양식이 혹은 예배의식이 좋아서 온다는 사람들도 있다. 물론 거기에 스티그마가 없는 한 그렇다.

나 역시 향수를 매우 즐기는 사람이다. 나는 기억 속으로 여행하길 좋아한다. 몇 년 전 오하이오 신시내티에서 공항으로 가는 길에 우연히 옛 기차역을 발견하게 되었다. 그 역은 어렸을 때 할아버지가 사시던 일리노이로 가기 위해 기차를 갈아탔던 곳이다. 나는 몇 시간씩 그 역에서 기차를 기다리곤 했다. 한때 미국에서 가장 아름다운 역으로 꼽혔던 그곳은 유니언 스테이션이라고 불렸다.

나는 차에서 내려 역 안으로 걸어들어갔다. 그런데 기차역은 간 데 없고 쇼핑센터가 들어서 있었다. 하지만 건물은 예전 그 모습 그대로였다. 내부를 걸어다니면서 천정과 벽들을 구경하고, 어릴 때 앉아서 음식을 먹던 곳도 찾아보았다. 그러자 나의 심장은 뛰기 시작했고, 시간이 갈수록 내 입에서는 감탄사가 새어나오기 시작했다. 마치 영적인 체험을 하는 것 같았다. 생각지 못한 감동에 그곳에서 발길을 돌려 나올 수가 없었다. 심지어 눈물까지 나려고 했다. '주책이군!' 나는 스스로에게 이렇게 말하며 차로 돌아갔다.

그것은 세상에서 무엇과도 바꿀 수 없는 귀한 시간이었다. 다시 가보니 너무 좋았다. 하지만 그것은 단순한 향수에 불과했다. 물론 그 경험에 영적인 것이라고는 전혀 없었다. 귀한 기억이 다시 되살아난 것뿐이었다. 그것은 마치 어릴 적 먹던 고향 음식을 다시 먹는 것과 같았다.

이 일을 계기로 배운 것이 있다. 그것은 우리는 어제로 돌아갈 수 없을 뿐만 아니라, 우리가 오늘날 시대적인 것이라고 수용하는 것들의 대부분이 '우리가 받아들이기로 작정한 것들'이란 사실이다. 물론 이것이 나쁜 것은 아니다. 하지만 우리가 '받아들이기로 작정한 것들'은 대부분 우리의 과거와 연관이 있는 것들이라는 점이 문제다. 어떤 이들은 이것을 '안전지대' comfort zone라고 부른다. 보통 과거에 접해본 것이라면, 우리는 더 쉽게 수용하는 편이다. 우리가 신뢰하는 누군가가 무언가 새로운 것을 권하면 우리는 매번 수용할 것이고, 만약 우리가 싫어하는 사람이 권유한다면 그것이 무엇이든지 간에 의심할 것이다.

언젠가 나의 친구가 옆에서 소리 내어 어떤 이슈에 대한 글을 읽어주었다. "음, 마음에 드는데, 다시 한 번 읽어보게나." 내가 말했다. 그러자 그가 다시 읽었다. 내용이 마음에 들었던 나는 친구에게 그것이 누가 쓴 글인지 물었다. 친구가 바로 저자를 말해주었을 때, 나는 갑자기 속이 불편했다. 그와 동시에 그 글에 어떤 오류가 없는지 찾아내려고 애썼다. 사실 이제껏 내용과 상관없이 말한 사람이 누구인가를 기준으로 의견에 반대했던 경우가 참으로 많았다. 그것을 깨닫자 곧 내가 얼마나 유치한 행동을 하고 있는지 보였다. 순간 매우 부끄러웠다. 사람과는 상관없이 견해의 진리 여부만을 놓고 판단할 것인가, 아니면 나에게 동조하는 사람의 견해만 받아들일 것인가? 나는 누가 말했건 오로지 진리만을 구하는 자가 되겠다고 결심했다.

바울이 말했다. "헬라인이나 야만인이나 지혜 있는 자나 어리석은 자에게 다 내가 빚진 자라"(롬 1:14). 만약 바울이 어리석은 자에게 빚진 자라고 말한다면, 나는 당연히 나의 적이 말한 진리도 받아들일 수 있어야 하지 않겠는가?

조셉 티손 목사가 내게 이렇게 물은 적이 있다. "당신은 예수님을 위해 어디까지 따라가겠습니까?" 진리를 따르기 위해서 우리는 그 진리가 이끄는 대로 끝까지 따라야 한다. 이것이 오늘의 기름부음을 발견하고 경험할 수 있는 유일한 길이다.

기름부음의 양면성

교회사가 보여주는 대표적인 역설 중 하나는, 기름부음이 지속성과 비지속성 두 가지 특성을 다 가지고 있다는 것이다. 지속성은 변하지 않고 계속되는 것을 의미한다. 예를 들면 복음이 그렇다. 그것은 변하지 않는다. 시대가 바뀌어도 영원하다. 창세기부터 요한계시록까지 자주색 실이 관통하여 꿰어져 있어 어느 시대, 어느 페이지를 펴보아도 예수님의 피가 보이는 것이 지속성이다.

복음은 구원의 첫 약속으로부터 시작되었다. "내가 너로 여자와 원수가 되게 하고 네 후손도 여자의 후손과 원수가 되게 하리니 여자의 후손은 네 머리를 상하게 할 것이요 너는 그의 발꿈치를 상하게 할 것이니라 하시고"(창 3:15). 인간의 타락 이후 에덴동산에서 처음으로 그 일이 시작되었다. "여호와 하나님이 아담과 그의 아내를 위하여 가죽옷을 지어 입히시니라"(창 3:21). "아벨도 자기 양의 첫 새끼와 그 기름으로 드렸더니"(창 4:4). 여호와께서 그 제물을 받으셨다는 부분에서는 자주색 실이 조금 더 선명하게 드러난다.

이 실은 고대의 희생제사의식에서도 실체를 드러낸다. 그리고 그 지속성은 주님께서 죄인들을 위해 피 흘려 죽으셨다는 메시지를 타고 오늘날까지 연결된다. "다른 이로써는 구원을 받을 수 없나니 천하 사람 중에 구원을 받을 만한 다른 이름을 우리에게 주신 일이 없음이라 하였더라"(행 4:12).

> 예수 그리스도는 어제나 오늘이나 영원토록 동일하시니라 (히 13:8)

이 위대한 명제는 다음의 권면의 말씀 속에도 들어있다. "하나님의 말씀을 너희에게 일러 주고 너희를 인도하던 자들을 생각하며 그들의 행실의 결말을 주의하여 보고 그들의 믿음을 본받으라"(히 13:7). 왜냐하면 이 구절 안에는 절대적인 지속성이 들어 있기 때문이다. 그래서 유다도 자신의 편지를 이렇게 시작한다. "사랑하는 자들아 우리가 일반으로 받은 구원에 관하여 내가 너희에게 편지하려는 생각이 간절하던 차에 성도에게 단번에 주신 믿음의 도를 위하여 힘써 싸우라는 편지로 너희를 권하여야 할 필요를 느꼈노니"(유 1:3).

진리를 따르기 위해서 우리는 그 진리가 이끄는 대로 끝까지 따라야 한다.

이것이 오늘의 기름부음을 발견하고 경험할 수 있는 유일한 길이다.

복음은 절대로 바뀔 수 없다. 아타나시우스와 어거스틴이 전한 것도 그것이었으며, 종교개혁자들과 웨슬리나 휫필드가 말한 것도 바로 그것이다. 오늘의 기름부음은 그 자주색 실에 의해 연결되어 과거로부터의 끊이지 않는 지속성을 지니고 있다.

비지속성은 전례 없이 나타날 수 있는 하나님의 현현하심을 의미한다. 그것은 나타날 수 있으며, 사라질 수도 있다. 그러므로 전에 그런 일이 일어난 적이 없다고 해서 일어난 일의 사실성을 무효화할 수 없다. 길게 지속되지 않는다고 해서 옳지 않은 것이라고 말할 수도 없다.

이것에 관한 좋은 예가 초대교회 시절에 일어났던 기이한 현상들이다. "믿는 사람이 다 함께 있어 모든 물건을 서로 통용하고 또 재산과 소유를 팔아 각 사람의 필요를 따라 나눠 주며"(행 2:44-45). 이 일이 길게 지속되지 않은 것을 많은 사람들이 이상하게 생각한다. 하지만 아나니아와 삽비라가 거짓말을 하는 대목에서 이 일이 하나님께서 하신 일이라는 것이 분명해진다. 하나님께서는 그들이 거짓말을 하는 즉시 그들을 쳐서 죽이신다(행 5:1-10).

한때 초대교회 사람들이 했던 일을 모든 그리스도인이 다 이행해야 한다고 명시하는 성경적 원리는 없다. 하지만 이런 일이 한동안 실제로 일어났었다는 것에 대해서는 누구도 의심하지 않는다. 초대교회 당시의 사람들에게는 이런 행동을 하는 것이 매우 자연스러웠을 것이다. 하지만 우리는 지금 그렇게 하지 않고 있다. 이것이 바로 비지속성이다.

교회사가 보여주는 대표적인 역설 중 하나는, 기름부음이 지속성과 비지속성 두 가지 특성을 다 가지고 있다는 것이다.

열린 마음과 자세

얼마 전, 우리 교회에서 4가지의 기도제목을 가지고 연속적으로 기도하는 특별기도회를 주도한 적이 있다. 그 중 세 번째 기도제목이 이것이었다. "하나님의 영광의 임재가 우리 가운데 임하고, 하나님께서 영광을 어떤 방식으로 드러내시더라도 우리가 그것에 열려 있을 수 있도록 도와주소서." 왜 그런가? 우리가 유일하게 원하는 것은 하나님의 영광의 임재이기 때문이다. 다른 것은 원치 않는다.

나는 하나님께서 어제 나타나신 모습 그대로 오늘 또 나타나시지 않을 수도 있다는 것을 알게 되었다. 물론 항상 동일하시다면 나도 좋겠다. 그렇다면 나는 청년 때 봤던 하나님의 그 '영광'의 모습만 가지고도 만족할 수 있을 것이다. 혹은 1904년부터 1년간 지속되었던 웨일즈 부흥의 역사적 사실들만 가지고도 충분히 살 수 있다. 하지만 하나님께서는 우리가 안전지대에 눌러앉도록 두지 않으신다. 그러므로 하나님의 임재하심 자체를 구하는 만큼, 그분께서 어떤 방식으로 자신의 영광을 드러내실 것인지에 대한 그분의 주권적 선택에 대해서도 열려 있기를 간구해야 하는 것이다.

특별기도회를 시작하기 직전에 친구인 린던 보우링과 찰리 콜체스터를 런던의 웨스트엔드에서 만났다. 우리는 영화 '쉰들러의 리스트'Schindler's List를 보러가기 전에 먼저 한 중국식당에 들렀다. 음식을 기다리는 동안 찰리가 말했다. "토론토 소식 들어봤나?" 린던과 나는 그가 무슨 이야기를 하는지 도무지 몰랐다. 찰리는 자신이 다니는 홀리트리니티브롬턴Holy Trinity Brompton 교회에서 예배가 끝난 후 사람들이 기도를 받고는 웃음이 터져 바닥을 뒹굴곤 한다는 이야기를 해주었다. 우리는 둘 다 눈이 동그래져서 찰리의 이야기를 들었다.

찰리는 현재 교회에서 일어나고 있는 일들에 몹시 흥분되어 있었다. "자네들은 이것이 하나님께서 하시는 일이라고 생각하나?" 그의 질문에 나는 "솔직히 말해서 하나님께서 하시는 일이라고 보기는 어렵네"라고 대답했다. 식사를 마치고 영화를 보았지만, 나에게는 그 불후의 영화보다 이날 나눈 대화가 더욱 기억에 남았다.

그래서 그 다음 주일 나는 우리의 세 번째 기도제목을 제안하게 되었다. 나는 하나님의 영광의 임재를 구함과 동시에 그분께서 역사하시는 방법에 대해 열려 있기를 구하자는 요지의 설교를 하면서, 토론토 부흥(랜디 클락이 토론토에서 인도한 집회에서 시작된 갱신운동 - 역주)을 예로 들어 설명했다.

나는 개인적으로 토론토에서의 일이 하나님께서 하신 것이라고 믿지는 않지만, 과거 교회사를 통해 하나님께서 생각지 못한 평범하지 않은 일들을 주도하심으로 우리를 놀라게 하실 수도 있다는 것을 배운 이상, 우리는 이러한 일들에 대해서도 열린 자세를 가지고 있어야 한다고 전했다. 어쨌거나 나는 그날 토론토의 부흥이 하나님께서 하신 일이 아니라고 공식석상에서 말해버린 셈이 되었다.

며칠 후 지역의 목회자 모임이 우리 교회에서 열렸는데, 이 자리에서 린던 보우링이 최근에 토론토를 다녀온 봅 치스만 목사를 소개해줬다. 그런데 봅의 얼굴에서는 그야말로 빛이 났다. 그는 토론토를 다녀온 후 자신의 삶이 극적으로 변화되었다고 말했다. 나는 그에게 기도를 받고 싶다는 생각이 들어 나의 사무실로 와달라고 청했다. 여전히 믿어지진 않았지만, 열려 있어야 한다는 생각이 들었기 때문이다.

사무실에서 봅이 오기를 기다리고 있는데, 친한 친구가 차를 마시자며 들렀다. 그래서 그 친구에게 지금 내가 토론토에서 돌아온 어떤 분에게 기도를 받으려고 기다리고 있는 중이라고 말했다. "토론토에서 일어나고 있는 일에 대해선 들어보았겠지?"라고 그 친구에게 물었다. 그는 들어보지 못했다고 했다. 나는 대충 내가 아는 대로 설명해주었다. 그 친구는 내가 설명해준 그런 이야기에 대해 평소 털끝만큼도 관심 없어 하는 목사였다.

바로 그때 노크소리가 들리더니 봅이 들어왔다. 그런데 알고 보니 봅과 이 친구는 이미 구면이었고, 서로를 존경하고 있던 사이였다. 나는 친구 목사에게 내가 봅에게 기도 받는 동안 기다려달라고 말했다. 그랬더니 친구 목사는 예의바른 목소리로 "그럼 저도 기도해주시지요"라고 말했다. 기도를 시작하려고 하는데, 다시 노크소리가 들렸다. 제럴드 고테스가 안부를 물을 겸해서 들렀다. 봅이 지금 내게 기도하려던 참이었다고 제럴드에게 말했다. 그랬더니 제럴드가 "나도 끼워주시오"라고 했다.

그렇게 모두 4명이 둘러서서 기도를 시작했다. 내 기억이 정확하다면 채 10초가 지나지 않아 내 친구 목사는 그대로 앞으로 고꾸라져 사무실

바닥에 얼굴을 대고 쓰러졌다. 난 초조함에 침을 삼키며 '뭔가 있긴 한데 …'라고 생각했다. 10분쯤 후에는 나머지 세 사람이 모두 나를 위해 기도하기 시작했다. 그러나 아무 일도 일어나지 않았다. 하지만 이 일은 그때까지 가지고 있던 나의 생각들을 재고하는 계기가 되었다.

그로부터 얼마 지나지 않아 홀리트리니티브롬턴교회에서 교구위원으로 섬기고 있던 켄 코스타에게서 전화가 왔다. "우리 교회에서 이상한 일이 일어나서 그런데, 혹시 목사님께서 요한일서 4장 1-4절을 본문으로 하신 설교가 있나 해서 연락드렸습니다." 그 본문은 영과 거짓 선지자를 분별하는 것에 대한 말씀이었다. 그는 곧바로 사람을 보내 내가 그 본문을 주제로 한 설교 테이프를 가지고 갔다. 며칠 후 그가 교회에서 있었던 일을 의논하기 위해 나를 찾아와 점심을 함께 하게 되었다.

이날 점심식사를 끝낼 무렵, 나는 그동안 내가 하나님께서 하시는 일의 반대편에 서 있었음을 깨닫게 되었다. 내가 에드워즈, 휫필드, 웨슬리 그리고 웨일즈 부흥을 부인했던 사람들과 같은 계보에 서 있었음을 알게 되었다. 나는 점심을 먹고 와서 아내 루이스에게 말했다. "나의 실수를 인정해야 할 것 같소." 그래서 그 주 금요일에 나는 교회 장로들에게 같은 고백을 했다.

다음 주일 아침기도 시작 전에 나는 토론토 부흥에 대한 나의 실수를 공식적으로 인정했다. "지난 수년간 제가 '만약 다른 지역에서 부흥이 일어난다면 어쩌겠습니까? 우리 교회 웨스트민스터채플이 아니라 다른 교회에서 그 일이 일어난다 할지라도 기꺼이 인정하겠습니까?'라고 물었던 것을 기억하실 겁니다"(솔직히 말하지만, 나는 과거에 이렇게 말은 했지만 실제로 그런 날이 오리라곤 꿈에도 생각하지 못했었다). 그날 아침, 나는 홀리트리니티브롬턴교회에서 그 일이 일어나고 있음을 시인했다. 그리고 성도들과 함께 그 교회의 목사이자 나의 친구인 샌디 밀라를 위해 함께 기도하였다.

그날 이후 내게는 두 가지의 두려움이 생겼다. 하나는 이 성령의 움직임이 웨스트민스터채플에 오시지 않으면 어쩌나 하는 것이었고, 또 다른 하나는 혹시 오시면 어쩌나 하는 것이었다. 하지만 나는 그 일이 일어나도록 그 어떠한 노력도 하지 않기로 결정했다. 아주 오랫동안 나는 그런 일이 우리에게 일어나지 않을 것이라고 생각했다. 그리고 우리 교회의 대부분의 성도들은 홀리트리니티브롬턴교회나 윔블던의 퀸스로드교회에서 일어나는 일들을 맞이할 준비가 되어 있지 않았다. 우리는 늘 해오던 것, 향수를 자극하는 것 또는 안전지대에 가만히 머무는 것에 대해서만 준비되어 있었다. 스티그마가 우리에겐 너무나 컸다.

기름부음의 비지속성

오늘날 하나님께서 예전에 하셨던 그대로만 행하신다면 얼마나 좋을까? 만약 그렇다면, 우린 이미 준비가 되어 있다. 게다가 거기에는 스티그마도 별로 없다. 아니, 전혀 없다. 우리는 우리의 안전지대를 벗어난 일을 원치 않는다. 오늘의 기름부음은 우리가 '사람들이 어떻게 생각할까? 뭐라고들 할까?'하며 다른 이들의 시선을 의식할 때 모두 사라지고 만다.

1905년 초, 인도에 살던 한 영국인 부부가 웨일즈 부흥을 목격하고자 하는 단 하나의 목적으로 고국에 돌아와 사우스햄턴에 도착했다. 이 부부는 우연히 런던에서 그들이 평소에 신뢰하던 오랜 친구들을 만나게 되었다. "무슨 일로 영국에 돌아오셨나요?" 친구들이 물었다. "웨일즈에서 부흥이 일어나고 있다는 소식을 들었어요. 그런 일을 놓칠 순 없지요." 그러자 친구들은 "웨일즈 사람들이 좀 감정이 풍부하잖아요. 그것뿐입니다"라고 말했다. 이 말을 믿은 부부는 그대로 다시 인도행 배를 타고 말았고, 결국 성령께서 웨일즈에서 하시던 일들을 영원히 볼 수 없었다. 설교보다는 찬양이 주를 이루었던 웨일즈 부흥은 그들이 알고 있던 과거의 부흥과는 거리가 멀었다.

> 오늘의 기름부음은 우리가 다른 이들의 시선을 의식할 때 모두 사라지고 만다.

기름부음의 비지속성, 이것이 우리를 위협한다. 우리는 대부분 전에 그런 일을 본 전례가 없다. 그러나 전례가 없는 일이 일어나는 전례는 매우 성경적이다. 성경의 '믿음장'이라고 불리는 히브리서 11장에 이 주제가 역력히 흐르고 있다. 거기 나오는 인물 중 그 누구도 과거의 기름부음을 반복하는 호사를 누린 자는 없다. 에녹은 하나님과 동행하였다(창 5:24). 노아도 하나님과 동행하였다(창 6:9). 그 점에서 이 두 사람은 동일했다.

내가 알기로 노아는 아마도 하나님과 동행하다가 데려가시므로 세상에 있지 아니한(창 5:24) 전설적인 인물 에녹에 대해 많이 들으며 자랐을 것이다. "믿음으로 에녹은 죽음을 보지 않고 옮겨졌으니 하나님이 그를 옮기심으로 다시 보이지 아니하였느니라 그는 옮겨지기 전에 하나님을 기쁘시게 하는 자라 하는 증거를 받았느니라"(히 11:5). 에녹이 그랬던 것처럼 하나님과 동행했던 노아에게는 어쩌면 에녹에게 일어났던 일이 자신에게도 일어나지 않을까 하는, 지속적인 것을 바라는 바람이 있었을지도

Chapter 7 기름부음의 스티그마

모른다. 하지만 하나님께서는 어느 날 노아에게 이렇게 말씀하신다.

> 너는 고페르 나무로 너를 위하여 방주를 만들되 그 안에 칸들을 막고 역청을 그 안팎에 칠하라 네가 만들 방주는 이러하니 그 길이는 삼백 규빗, 너비는 오십 규빗, 높이는 삼십 규빗이라 거기에 창을 내되 위에서부터 한 규빗에 내고 그 문은 옆으로 내고 상 중 하 삼층으로 할지니라 내가 홍수를 땅에 일으켜 무릇 생명의 기운이 있는 모든 육체를 천하에서 멸절하리니 땅에 있는 것들이 다 죽으리라 그러나 너와는 내가 내 언약을 세우리니 너는 네 아들들과 네 아내와 네 며느리들과 함께 그 방주로 들어가고 (창 6:14-18)

당시 노아를 비난했던 사람들은 아마 이렇게 말했을 것이다. "도대체 방주를 지은 사람이 어디 있단 말입니까? 당신은 바보요. 그리고 당신에게 말씀하신 자도 분명 하나님이 아닐 거요." 사람들의 조롱을 받으며 방주를 짓는 것은 노아에게 쉬운 일이 아니었다. 하지만 그는 고통스럽지만 영광스러운 하나님의 비지속성의 전례를 이룩하는 업적을 쌓았다.

> 믿음으로 노아는 아직 보이지 않는 일에 경고하심을 받아 경외함으로 방주를 준비하여 그 집을 구원하였으니 이로 말미암아 세상을 정죄하고 믿음을 따르는 의의 상속자가 되었느니라 (히 11:7)

이런 일은 그 전에도 없었고, 그 후에도 없었다.
아브라함도 이렇게 말했을 수 있다. "아마 하나님께서 내게도 방주를 지으라고 하실 거야." 하지만 하나님께서는 아브라함에게 그걸 원하지 않으셨다. 방주를 짓는 것보다 좀더 힘든 일이 그를 기다리고 있었다. "믿음으로 아브라함은 부르심을 받았을 때에 순종하여 장래의 유업으로 받을 땅에 나아갈새 갈 바를 알지 못하고 나아갔으며"(히 11:8). 하나님을 따라간다는 것은 알지만, 어디로 가는 줄도 모르고 따라간다는 것은 정말 힘든 일이다. 하나님께서는 주로 나 한 사람을 움직일 만큼의 계시는 주시지만, 주변사람을 이해시킬 만큼의 계시는 주시지 않는다.

분명 하나님께서 말씀하시는 것은 들었는데, 그와 같은 일을 하도록 부름을 받은 자가 나 이전에 아무도 없었다는 사실이 스티그마다. 예수님께서 베드로에게 그가 어떻게 죽게 될 것인지를 말씀해 주셨다. "내가 진실로 진실로 네게 이르노니 네가 젊어서는 스스로 띠 띠고 원하는 곳으로 다녔거니와 늙어서는 네 팔을 벌리리니 남이 네게 띠 띠우고 원하지 아니하는 곳으로 데려가리라"(요 21:18). 슬프게도 이 말을 들은 베드로는 요한의 상황을 궁금해했다. "주님 이 사람은 어떻게 되겠사옵나이까"(요 21:21).

보통 스티그마의 고독함이 고통을 배가시킨다. 우리는 '누구 하나만 나와 함께할 수 있다면, 최소한 내가 받은 비전을 누군가와 나눌 수만 있어도 좋겠다!'라고 생각한다.

로이드 존스는 말했다. "성경은 하나님으로부터의 직접적인 계시를 대체하기 위해 주어진 것이 아니다. 오히려 계시의 남용을 막기 위해 주어졌다." 신약성경 어디를 찾아봐도 성경이 완성된 후 그것이 하나님께서 우리를 초자연적인 방법으로 다루시는 것을 대체할 것이라는 내용은 나와 있지 않다.

적지 않은 사람들이 정경이 완성된 시점으로부터 기적(이적과 표적, 예언, 직통계시)이 중단되었다고 하는 기적종식론을 믿고 있다. 어떤 사람들은 바로 이것이 교회사에서 점점 더 이적이 줄어가고 있는 이유라고 설명한다. 이것은 예언이나 지식의 말씀 혹은 병의 치유와 같은 초자연적인 계시가 일어나지 않아도 전혀 걱정할 필요를 느끼지 못하도록 하는 아주 편리한 시각이다. 그들은 마치 이제 우리에게 성경이 주어졌으니 더 이상은 하나님의 직접적인 개입이 필요 없다는 것이 그분의 결정인 양 받아들인다.

이 말은 하나님께서 빌립에게 말씀하셨던 것처럼 오늘날 우리에게는 말씀하실 수 없게 되었다는 것을 의미한다. 주님의 천사는 빌립에게 "일어나서 남쪽으로 향하여 예루살렘에서 가사로 내려가는 길까지 가라"(행 8:26)고 말씀하였고, 나중에는 성령께서 "이 수레로 가까이 나아가라"(행 8:29)고 말씀하셨다. 그리고 아시아에서 말씀을 전하지 못하게 하심으로 진로를 막기도 하셨고(행 16:6), 혹은 "마게도냐로 건너와서 우리를 도우라"(행 16:9)는 환상을 통해 할 일을 말씀해주셨다. 또한 천사를 보내어 "바울아 두려워하지 말라"(행 27:24)고 말씀하실 정도로 성령께서는 바울과 친밀한 관계를 가지셨다.

그런데 이 모든 것을 부인하는 것은 우리가 이제 더 이상 하나님과 그렇게 친밀해질 수 없게 되었다는 것을 의미한다. 이것은 마치 성경에 대한 우리의 지식이 너무나 완전하고 충분해서 더 이상의 지혜와 계시는 필요치 않다고 여기는 것과 같다.

정말 그런가? 사실 우리에게는 성령의 도우심이 그 어느 때보다도 필요하다. 하나님께서 우리에게 직접적으로, 분명하게 말씀하실 수 있는 분이라는 사실은 정말 다행스러운 일이다(혹은 두려운 일이기도 하다). 또한 바로 그런 일들이 성경에 기록되어 있어서 다행이다. 그런데 우리에게는 초대교인들에게는 허락되지 않았던 신약성경이 있다. 신약성경은 우리를 좁고 곧은 길로 인도한다. 만약 어떤 지식의 말씀이나 예언적 계시가 성경말씀에 대치된다면, 우리는 그것이 누가 말한 것이든 성경 편에 서서 거절한다. 성경말씀이 기적과 이적을 대체하진 않지만, 만약 그것들이 성경적 원리에 비추어 하나님께로부터 온 것이 아닐 때는 남용되는 것을 바로잡는다.

 기름부음은 종종 우리를 불편하게 한다. 그래야만 우리가 유연해지기 때문이다. 거기에는 하나님의 지속성과 비지속성이, 그리고 과거의 하나님과 '바로 지금'의 하나님이 함께 들어 있다. 그러나 안전지대 안에선 그와 같은 위대함과 불가사의함은 찾아볼 수 없다.

> 기름부음은 종종 우리를 불편하게 한다.
> 그래야만 우리가 유연해지기 때문이다.
> 거기에는 하나님의 지속성과 비지속성이,
> 그리고 과거의 하나님과 '바로 지금'의 하나님이 함께 들어 있다.

안전지대를 떠나

사무엘은 자신의 안전지대로부터 떠날 것을 요구받았다.

여호와께서 사무엘에게 이르시되 내가 이미 사울을 버려 이스라엘 왕이 되지 못하게 하였거늘 네가 그를 위하여 언제까지 슬퍼하겠느냐 너는 뿔에 기름을 채워 가지고 가라 내가 너를 베들레헴 사람 이새에게로 보내리니 이는 내가 그의 아들 중에서 한 왕을 보았느니라 하시는지라 (삼상 16:1)

하나님께서 "언제까지 슬퍼하겠느냐?"고 물으셨다는 것은 사무엘이 슬퍼하는 상태에 오랫동안 머물러 있었다는 것을 의미한다. 아마도 매우 오랫동안 머물러 있었다는 뜻일 것이다. 슬퍼하는 감정이 그다지 좋은 것이 아님에도 불구하고, 우리는 어느 정도 시간이 지나면 그것에 익숙해져서 머물러 있게 된다. 심지어 그것을 좋아하게 된다. 처음에는 싫었던 것도 시간이 지나면 편안해지기도 한다. 이처럼 우리는 쉽게 익숙해진다. 그래서 감옥에서 출소한 후 다시 감옥으로 돌아가고 싶어 하는 사람들도 있는 것이다.

한번은 치아 필링이 빠진 적이 있었다. 처음에는 치아에 큰 구멍이 생기니 큰일이다 싶었다. 그래서 바로 치과에 가려고 했는데, 통증이 없다 보니 차일피일 미루게 되었고, 점점 그 구멍에 익숙해지게 되었다. 그렇게 몇 달이 지난 후 다른 이유로 치과에 갈 일이 생겼다. 치과의사는 그 구멍을 보고 그것도 함께 치료하겠다고 했다. 나는 순간 "아니요, 괜찮아요"라고 말해버렸다. 그리곤 바로 그렇게 말했다는 것이 창피해서, 그것을 메우도록 가만 내버려두었다. 사실 나는 그 구멍에 익숙해진 상태였다. 거기에 혀를 집어넣는 것이 참 재미있었다. 그것이 어느새 나의 안전지대가 된 것이다.

이것은 이탈리아에 있는 피사의 사탑과도 같다. 몇 년 전 그 탑의 기울기가 매우 심각한 수준에 다다랐음이 발견되었다. 이에 도시의 원로들이 모여 어떻게 할 것인지 긴급회의를 가졌다. 할 수 있는 일은 단 한 가지, 건축가와 토목기사들을 동원하여 탑이 무너지는 것을 막는 방책을 강구하는 것이었다. 하지만 그들은 전문가들에게 탑이 무너지지 않도록 손을 보되, 탑을 똑바로 세우지는 말라고 지시하였다. 즉 지금 상태 그대로 유지하라는 것이었다.

기름부음은 스티그마를 동반한다

사실 우리 모두에게 이러한 면이 있다. 우리는 현재의 모습 그대로 머물러 있고 싶어 한다. 다년간의 목회경험을 통해 내가 배운 것이 있다면, 사람들은 자신들의 문제점이 해결되기보다는 그저 주변으로부터 이해받길 원한다는 것이다.

예전에 한 여성의 문제점을 해결해주려고 시도한 적이 있었다. 그녀는 자신이 겪고 있던 그 한 가지 문제 때문에 정말 한 주도 빠짐없이 나의 사무실에 들렀다. 그래서 내가 물었다. "문제를 해결하길 원하세요? 아니면 그냥 단지 이해받고 싶으신 겁니까?" 그러자 그녀는 "당연히 해결해야죠. 도와주세요"라고 답했다. 그래서 나는 도와주기 위해 최선을 다했다. 문제해결을 위해 나는 그녀의 문제점이 무엇인지, 그것을 위해 무엇을 해야 하는지 말해주었다. 그런데 그녀는 그 다음주에 주님께서 자신을 다른 교회로 인도하신다는 쪽지를 내게 보내왔다. 그리고 다시는 그녀를 보지 못했다.

간혹 애통해하길 즐겨하는 그리스도인들이 있다. 그들은 앓는 소리를 내는 정도가 아니라 그야말로 탄식하고 애통해하며 그것을 즐기기까지 한다. 그들은 자신들의 상태를 처절하게 채찍질하여 스스로를 자격없는 사람이라고 느끼도록 만드는 그런 설교를 사랑한다. 정말 뼛속까지 후벼파는 그런 설교를 좋아하는 것이다. 심지어 "정말 난 그리스도인도 아니야"라고 말하길 좋아한다. 이 말은 실제로 그들이 그리스도인이 아니라는 뜻이 아니라 그만큼 '내려치는' 설교를 들음으로써 체벌 받는 듯한 느낌을 좋아한다는 뜻이다. 그럼에도 불구하고 그들은 절대로 변화되기를 원치 않는다. 가슴 아픈 느낌, 그것이 그들의 안전지대인 것이다.

예전에 한 유명한 목사가 '너희는 나를 불러 주여 주여 하면서도 어찌하여 내가 말하는 것을 행하지 아니하느냐'(눅 6:46)라는 주제로 설교하는 것을 들으러 간 적이 있다. 이제껏 나는 그런 설교를 들어본 적이 없다. 그는 그 본문을 가지고 결혼과 가족이라는 설정을 사용하여 구원론부터 교회론까지 두루두루 적용하였다.

예를 들면, 이런 식이었다. "주님께서 교회를 사랑하듯 자기 아내를 사랑하라고 말씀하셨는데, 만약 당신의 아내가 당신을 보면서도 예수님을 떠올리지 못한다면, 어떻게 당신이 그리스도인이라고 할 수 있겠습니까? 이것이 바로 예수님을 '주여 주여' 부르면서 그분의 말씀을 행하지 않는 것입니다." 이 설교를 듣고 나니, 어느덧 나 자신이 한심하게 여겨졌다.

함께 설교를 듣고 나온 친구가 내게 "정말 대단한 설교 아닌가?"라고 물었다. 나는 이렇게 대답했다. "한 가지만 자네에게 묻지. 만약 저 목사님이 말한 것이 전부 옳다면, 자네가 그리스도인이라고 어떻게 확신할 수 있지?" 나의 친구는 이 질문에 큰 의미를 두지 않았다. 그의 설교는 청중이 스스로를 형편없는 그리스도인으로 느끼도록 만드는 것이었다. 그런데 의외로 그것을 즐기는 사람들이 많다. 비참한 느낌, 그 안에서 안정감을 느끼는 사람들 말이다.

어느 날 오랜 친구 중 하나가 찾아와서, 아서 블레싯이란 목사가 미국 남침례교단이 전도사역을 제대로 감당하지 않는다고 비난했다는 이야기를 구구절절 전해주었다. 그것은 로스앤젤레스에서 열린 남침례교협의회에서 있었던 일이었다. 교단 측은 아서가 맡고 있던 '그의 자리'His Place 사역(뒤에서 설명할 것이다)을 잠시 내려두고 3만 명이 모이는 협의회 모임에서 설교를 해달라고 요청하였고, 아서 블레싯 목사는 그 요청을 수락하여 집회 장소까지 왔다고 한다. 그리고는 그 자리에서 "남침례교인 3만 명이 여기 와서 이렇게 앉아 있는 것이 로스앤젤레스에 무슨 도움이 됩니까?"라고 꾸짖었다고 한다. 내 친구는 "정말 대단하지 않나? 그런 도전은 내 생전 처음 받았다네"라며 존경스러워했다.

그런데 내가 실제로 아서 블레싯 목사를 런던의 웨스트민스터채플로 초청하여 그가 남침례교인들에게 전했던 말씀을 런던에서도 전하기로 했을 때, 그 친구로부터 갑자기 소식이 끊겼다. 로스앤젤레스에서 받은 전도에 대한 도전은 좋았지만, 내가 사는 곳에 대한 도전에는 관심이 없었던 것이다. 그는 단지 제대로 전도하지 않는다는 책망을 받았을 때의 비참한 느낌을 즐겼을 뿐, 그 비참함으로부터 벗어날 생각은 전혀 없었던 듯하다.

하나님께서는 사무엘에게 지나간 일에 대해 그만 슬퍼하고 내일의 사람을 찾으라고 말씀하셨다. 사실 이렇게 하는 데는 용기가 필요하다. 사무엘은 혼자서 이 일을 감당했다.

기름부음은 스티그마를 동반한다. 그것은 사람들을 거슬리게 한다. 조지 휫필드가 기존의 교회 건물이 아니라 야외에 나가 설교를 하는 것 때문에 존 웨슬리는 마음이 불편했다. 그런데 결국에는 존 웨슬리도 야외로 나갔다. 웨슬리는 또한 휫필드의 설교 중에 드러나는 특이한 현상들(바닥에 쓰러지고, 웃고, 떨고, 심지어 개 짖는 소리까지 내는 현상들)에 대해서도 거슬려 했다. 웨슬리는 이런 현상들이 드러나도록 방관하는 휫필드를 비난하며 굳이 사탄에게서 온 것이 아니라 할지라도 명백히 육적인 행동임이 분명한 현상들을 규제할 것을 촉구하였다. 이에 대해 휫필드는 거짓을

없애려고 불길 자체를 꺼버리다가는 참된 것까지 싸잡아 소멸시켜버리게 된다고 응수하며, 가만히 내버려두는 것이 상책이라고 했다. 결국 웨슬리도 여기에 동의하여 자신의 사역지 안에서도 동일한 현상들을 목격하게 되었다.

기름부음은 스티그마를 동반한다. 그것은 사람들을 거슬리게 한다.

안전지대를 떠나다

지금 일어나는 일과 같은 일이 과거에도 일어났던 전례가 있는 경우, 우리의 안정감은 그다지 침해받지 않는다. 우리는 또한 하나님께서 일하시는 곳에는 가짜가 존재할 수 없다고 믿기를 좋아한다. 설교가 끝난 후에 하는 사람들의 믿음의 고백도 모두 다 진실이라고 믿고 싶어 한다. 빌리 그래함이 웨스트민스터채플에서 설교를 마친 후 부드러운 목소리로 회심을 결단한 사람들은 앞으로 나오라고 했을 때, 80명이 넘는 사람들이 앞으로 나왔다. 그 중 한 사람은 꽤나 유명한 사람으로, 가끔 신문에도 이름이 오르내리는 사람이었다. 그런데 우리는 그 사람을 비롯하여 그날 앞으로 나갔던 대부분의 사람들을 그 이후 교회에서 만나볼 수 없었다. 물론 전부는 아니다. 일부는 진심으로 돌이킨 자들이었다.

우리가 매주 토요일 오전, 교회 앞에서 벌이고 있는 '파일럿 라이트 Pilot Light(표시등)라는 이름의 전도행사에서 영접기도를 한 사람들도 대부분 다시 만나지 못한다. 물론 모두 그렇다는 것은 아니다. 일부는 진심으로 영접한다. 몇몇 거짓 고백들 때문에 그 전도사역이 하나님께서 하시는 일이 아니라고 말할 수 있겠는가? 그렇지 않다. 다만 노파심 많은 우리 동료 그리스도인들에게 하나님께서 하신 일이라고 증명해보일 수 있는 확실한 증거가 없다는 것이 우리의 스티그마일 뿐이다. 우리는 하나님께서 인도하시는 대로 따라갈 뿐, 스티그마는 스티그마로 남겨두어야 한다.

내가 길거리에서 전도를 한다는 것은 생각도 할 수 없는 일이었다. 물론 다른 사람들이 그 일을 하는 것에 대해서는 항상 고무적으로 생각했다. 나는 매주일 말씀 전하는 일에 충실함으로써 내 임무를 다하고 있다고 생각했다. 동시에 예전부터 공공장소에 나가서 일대일로 전도하는 사람들을 존경해왔다. 지하철에서 소책자를 나눠주거나 레스토랑의 웨이터나 기차에서 처음 만난 사람에게 복음을 전하는 사람들을 정말 대단하다고 생각했다. 하지만 그것은 나의 기름부음이 아니라고 생각했다!

그런데 이 모든 변명들을 날려버린 일이 있었다. 1982년 여름, 앞서 이야기한 아서 블레싯을 웨스트민스터채플에 초청하였을 때였다. 나에게는 그를 초청하였다는 것 자체만으로 치러야 할 대가가 있었다. 나를 가장 든든하게 후원하던 성도 중 몇몇이 우리 교회 강대상에 아서 블레싯 목사를 세울 수는 없다며 들고 일어선 것이다. 개중에는 '강대상이 아니라 객원강사가 서는 자리라면 몰라도 …'라고 생각하는 성도들도 있었다.

명색이 영국 복음주의 교회의 요새로 불리는 우리 교회에(사실 여부를 떠나) 세례요한이나 엘리야가 다시 살아온다고 해도 그들을 강대상에 세울 수 없다는 것이 말이 된단 말인가? '도대체 우리가 어쩌다 이 지경이 되었나?' 참으로 한심스러웠다. 나의 의지는 결연했다. 제 아무리 높은 사람이 와서 나를 막는다 해도, 아서 블레싯 목사를 강대상에 세우려는 나의 의지를 꺾을 수는 없었다.

> 우리는 하나님께서 인도하시는 대로 따라갈 뿐, 스티그마는 스티그마로 남겨두어야 한다.

아서 블레싯 목사에 대해 말하자면, 1960년대에 할리우드의 번화가에 '그의 자리'라는 이름으로 커피하우스를 운영했던 자로, 그 실내 벽에는 3.6미터나 되는 나무 십자가가 매달려 있었다. 그러던 어느 날 하나님께서 그에게 말씀하시기를 "그 십자가를 떼어 등에 지고 세상을 돌아다니라"고 하셨다. 사람들은 그를 보고 미쳤다고 했지만, 그는 그 일을 시작했다.

아서 블레싯 목사는 미국과 캐나다, 유럽, 영국, 아프리카와 중동지역을 다녔고, 아마도 지금쯤은 세계의 거의 모든 곳을 다녔을 것이다. 이스라엘의 수상 베긴의 집에 머물며 야세르 아라파트 등과 같은 지도자들을 만나 자신의 간증을 전하기도 한 그는 시나이평화상을 수상했으며, 지금은 국제적으로 명망이 높은 인사가 되었다. 그런데 웨스트민스터 채플의 일부 성도들로부터는 환영받지 못했다. 이유는 그의 옷차림 때문이었다. 그는 주로 청바지를 입고 다녔다.

우여곡절 끝에 성사된 그의 방문은 우리 교회에 큰 변화를 가져왔다. 우리 교회에서 집회를 인도한 지 2주가 지날 무렵, 그는 다 같이 노방전도를 나갈 것을 제안했다. 그 순간 나는 속으로 '안 돼!'라고 외쳤다. 나는 그에게 대신 금요일 저녁예배에서 우리 교회 청년들을 대상으로 설교해달라고 요청했다. 나의 아이디어는 그 설교를 마친 다음 청년들과 함께 주택가들이 들어서 있는 교회 근처의 골목으로 가서 집집마다 문을 두드려서 소개책자를 나눠주자는 것이었다. 골목 이름이 페이지^{Page}였는데 교회 근처에서는 유일하게 가정집들이 들어서 있어서 방문전도를 하기에 적합한 곳이었다.

마침내 블레싯 목사의 열정적인 설교가 끝나고 페이지 가로 가기 위해 교회를 나서던 참이었다. 그런데 선두에 선 블레싯 목사가 교회 앞 건널목에서 세 명의 젊은이와 마주치게 되었다. 나는 얼른 내가 생각했던 목적지로 가기 위해 그의 팔을 잡아 끌었지만, 그는 아랑곳하지 않고 젊은이들과 대화하기 시작했다. 대화는 계속 이어졌고, 나는 계속 팔목시계만 들여다보았다. 그런데 이럴 수가! 젊은이 세 명 중 두 명이 그 자리에서 영접하기를 원했고, 블레싯 목사는 그들을 영접시켰다.

이제는 갈 수 있으려나 하며 여전히 시계를 들여다보며 서두르는데, 블레싯 목사는 다시 소책자를 꺼내들었다. 그러더니, 첫째 '지금 당신에게 무슨 일이 있어났는가'와 둘째 '이제 해야 할 일'(기도, 매일 성경 읽기 등) 영접 이후의 삶에 대해 설명하기 시작했다. 도무지 끝날 것 같지 않았다. 마침내 대화가 모두 끝났고, 나는 "목사님, 더 늦기 전에 페이지 가로 가야 합니다"라고 말했다. 그런데 그는 내 말은 무시한 채, 마침 우리 교회 앞에 서 있던 다른 젊은이를 향해 걸어갔다. 그리고 20분 후, 그 청년 역시 무릎을 꿇고 눈물을 흘렸다.

블레싯 목사가 내게 돌아서더니 이렇게 말했다. "켄달 목사님, 자꾸 가자고 하시는 그 골목이 어딘지 저는 잘 모릅니다만, 제가 보기에는 교회 앞을 떠날 이유가 없는 것 같습니다. 바로 여기가 세상의 모든 사람들이 지나가는 곳인 것 같습니다." 그것은 나의 사고에 큰 전환이 온 순간이었다. 바로 그때, 전기밥솥 앞에 켜져 있는 것 같은 작은 불빛(표시등)이

밤이고 낮이고 켜 있는 환상을 보았다. 내가 그에게 말했다. "교회 입구에서 커피를 끓여 지나가는 사람들에게 대접하고 대화도 나누며 전도하는 게 어떨까요?" 이렇게 해서 우리 교회가 지금까지 계속해오고 있는 '파일럿 라이트' 사역이 시작되었다.

사실 대가도 만만치 않게 치러야 했다. 그 일로 인해 내가 지속적으로 그리고 신실하게 설교해온 내용들이 갑자기 공격의 대상이 되었다. 나는 당시 거의 하루에 한 건 꼴로 설교를 해달라는 초청을 받곤 했는데, 갑자기 모든 것이 정지되었다. 동료 사역자들도 나에게서 거리를 두기 시작했고, 성도들이 교회를 떠나기 시작했다. '더 이상 웨스트민스터답지 않다'는 것이 이유였다. 참으로 힘든 시기였다. 하지만 아서 블레싯을 초청한 것이나 당시 하나님께서 인도하시는 대로 따라갔던 것을 후회하진 않았다. 그때가 내게는 가장 귀한 연단의 시간이었다.

만일 그때 내가 성령의 인도를 따르지 않았더라면, 아마도 그 시간들을 견뎌내지 못했을 것이다. 하나님께서는 내게서 손을 떼시고, 그분의 인도하심을 기쁘게 따르는 사람을 선택하여 사용하셨을 것이다. 물론 결코 쉽지 않았고, 자존심도 상했다. 나를 지지하던 사람들이 내가 성령께 순종하는 것이 창피한 일이라며 떠나간다는 것은 참으로 슬픈 일이었다. 그들에게는 그것이 스티그마였다.

끝나지 않은 여정

새로운 난관은 한참 후에 또 찾아왔다. 1982년 이전까지 누렸던 것과 같은 교회의 화합을 다시 누리는 데는 수년이 걸렸다. 마침내 교회가 평온을 되찾았을 때, 나는 다시는 논쟁을 일으킬 만한 어떠한 일도 벌이지 않으리라고 결심했다. 내가 하나님의 음성을 듣고 간다는 사실은 이미 충분히 보여줬다고 생각했다. 나는 웨스트민스터에서의 임기를 평화롭게 마치고 싶었고, 부흥을 오게 하더라도 교회에서 잘릴 염려 없이 하고 싶었다! 충분히 '겪을 만큼 겪었다'고 생각했다. 더 이상은 위험을 감수하지 않아도 되기를 바랐다.

그러나 그것이 전부가 아니었다. 1994년 12월에 콜린 다이 목사가 내게 로드니 하워드 브라운을 만나보겠냐고 물었다. 나는 그러겠다고 했다. 나는 토론토 현상(쓰러지고 웃는 것)이 그로부터 시작된 것임을 알고 있었지만, 그를 만나보고 싶었다. 그를 만나자마자 나는 그가 순전한 하나님의 사람이라는 것을 감지할 수 있었다. 나의 머릿속에 '어린아이 이삭'이란 단어가 자꾸만 맴돌았다.

1992년 10월에 웸블리에서 처음으로 '말씀과 성령' 집회를 열었을 때, 세계적인 예배인도자인 그래함 켄드릭이 우리를 위해 '주여 우리를 회복시키소서'Jesus, restore to us again라는 제목의 찬양을 만들어 주었다. 그것은 우리에게 말씀과 성령의 조화가 필요하다는 요지의 곡이었다. 나는 당시 다음과 같은 말씀을 전했다.

"아브라함이 이삭을 낳기 전 이스마엘을 약속의 자녀로 굳게 믿었던 것처럼, 그동안 교회가 기다려오던 부흥이 바로 은사주의적인 부흥이라고 다들 믿고 있었습니다. 하지만 아닙니다. 지금 이삭이 다가오고 있습니다. 우리가 앞으로 보게 될 하나님의 일은, 지금까지 교회사 가운데서 보아온 것보다 100배나 더 큰 것입니다. 이스마엘에게 주어졌던 약속과 이삭에게 주어졌던 약속을 따져보아도 비교가 되지 않을 정도로 이삭의 의미는 큽니다."

이 말씀을 들은 은사주의자들은 내가 자신들을 이스마엘이라고 불렀다고 기분 나빠했다. 복음주의자들도 기분 나빠했는데, 내가 (하나님의 크신 계획 안에는 이스마엘의 자리도 있었던 것처럼) 은사주의적 부흥 역시 하나님께서 하시는 일이라고 인정했다는 것 때문이었다.

나는 사실 로드니 하워드 브라운에 대해서는 잘 알지 못했다. 단지 테이블 건너편에 앉아 있는 그를 바라보고 있노라니 '어린아이 이삭'이란 단어가 자꾸만 머릿속에 맴돌았다. 그리고 한 사역자가 했던 말이 생각났다. "이삭은 못난이였어요. 이스마엘이랑 비슷하게 생겼고, 이스마엘처럼 트림도 하고 기저귀도 갈아줘야 했겠지요. 그러나 가끔 못난이가 자라 아름다운 사람으로 탈바꿈하듯, 이삭도 당대 가장 멋진 사람이 되었습니다."

어린아이 이삭. 이삭은 '웃음'을 뜻한다. 로드니가 자신의 사역을 '우물파기'(이것은 이삭이 했던 유일한 일이기도 하다, 창 26:18-32) 사역으로 여기고 있었다는 것을 그때는 알지 못했다. 로드니가 가장 애용하는 성경구절은 요한복음 7장 38절 "나를 믿는 자는 성경에 이름과 같이 그 배에서 생수의 강이 흘러나오리라 하시니"였다. 그래서 그는 설교할 때마다 거의 매번 이 구절을 인용했다. 물론 그때는 이것도 몰랐다. 하지만 지금은 사람들에게 손을 얹음으로 기쁨과 희락을 풀어놓는 그의 사역의 요지 역시 이 성경구절에 기초하고 있음을 안다. 기쁨과 희락의 근원은 사람에게 있다. 로드니의 사역은 우물을 파서 희락이 흐르도록 하는 것이었다.

나는 로드니의 설교를 들어본 적이 없었지만, 그 다음 주 토요일 아침에 잠시 우리 교회에 들러줄 수 있겠냐고 청했다. 왜냐하면 우리 교회 강대상 위에서 그에게 기도받길 원했기 때문이었다. 그리고 나의 아내 루이스를 위해서도 기도해주기를 원했다. 다음 토요일 그는 우리 교회의 텅 빈 예배당 안에서 큰 소리로 기도해주었다. 그런 다음 아내에게 기도해주기 위해 나의 사무실로 갔다.

당시 루이스는 심각한 우울증으로 5년 넘게 고생해오고 있었다. 한때는 증상이 너무 심해져서 목회를 모두 내려놓고 미국으로 돌아갈까 생각한 적도 있었다. 우울증과 더불어 기침도 심했다. 그즈음 인근 병원에서 더 큰 병원으로 옮긴 터라 최악의 상황이 닥칠까봐 걱정하고 있었다. 기침이 너무 심해져서 밤마다 깨어 몇 시간씩 잠을 설칠 지경이 되었다. 시력에도 문제가 생겨서 빛이 번쩍거리는 것이 보이는 증상이 계속되었고, 이것 또한 더 큰 병원에서 치료를 받아야 한다는 소견이 있었다. 의사는 잦은 기침 때문에 망막이 박리될 수도 있다고 경고했다.

그날 로드니와 그의 아내 아도니카가 루이스를 위해 약 5분간 기도했다. 그러자 루이스의 모든 증상이 감쪽같이 사라져버렸다. 이것이 1994년 12월에 있었던 일이다. 1995년 1월 루이스는 플로리다 레이크랜드에서 열린 로드니의 집회에 1주일간 참여했다. 그녀는 나에게 전화를 걸어 "죽지 않고도 맛볼 수 있는 천국이에요"라고 말했다. 그리고는 전혀 딴 사람이 되어 런던으로 돌아왔다. 나의 아들 틸맨도 이 집회에 참석했다가 그의 삶 역시 완전히 뒤바뀌는 역사가 있었다.

나의 아들 틸맨은 루이스가 레이크랜드 집회에 갔을 당시 플로리다 키스에 살고 있었다. 원래는 집회가 끝난 후 아내를 태우고 자신의 집으로 가는 것이 아들의 계획이었는데, 루이스가 설득한 끝에 하루 일찍 집회장소에 가게 되었다. 아들은 원래 로드니가 강조하는 것에는 일체 관심이 없었지만, 아내의 설득에 못 이겨 마지못해 한두 시간만 집회에 참석하기로 했다.

그날 밤 아들은 난생 처음 보는 형태의 사역현장을 직접 경험하면서 크나큰 도전을 받고 말았다. 한 달 후 아들은 뉴올리언스로 가서 로드니의 또 다른 집회에 참석하였고, 거기에서 아주 강력한 성령의 만지심을 경험하게 되었다. 그로부터 두 달 후 그는 우리 교회 장로 중 한 사람인 벤자민 찬의 회사에 컴퓨터 프로그래머로 취직이 되어 영국으로 건너오게 되었다.

아들은 로드니의 집회 동영상을 자주 보았는데, 그러다 보니 자연스럽게 교회의 또래 청년들도 거기에 관심을 가지게 되었다. 그해 10월, 아들은 교회의 청년들과 함께 로드니의 집회에 참석하였다. 그들이 돌아온 주일, 나는 저녁예배를 마친 후에 그들에게 간증을 부탁했다.

모든 청년들이 동일한 은혜를 받고 온 것은 아니었지만, 그들의 간증이 끝난 후 나는 회중들을 향해 물었다. "만약 이 청년들이 해주겠다고 한다면, 이 자리에 계시는 장로님들을 포함한 여러분 가운데 몇 분이나 이들로부터 기도를 받으실 의향이 있으십니까?" 여기저기에서 손이 올라갔다. 전체 회중의 반이 넘는 사람들이 기도를 받기 위해 앞으로 나왔다. 바로 그날이 '토론토'가 웨스트민스터채플로 들어온 날이었다. 나는 매우 기뻤지만, 동시에 굉장히 두렵기도 했다.

1995년 12월에 나는 로드니에게 웨스트민스터채플에서 설교를 해달라고 초청했다. 그날은 정말 잊을 수 없는 밤이었다. 평소에 절대로 은혜받을 것 같지 않았던 사람들이 로드니의 기도를 받고 마룻바닥에 쓰러져 터져라 웃어댔다. 성도들의 삶이 변화되었다. 그러나 일부는 여전히 완고하여 한 달여 만에 20명이 교회를 떠났다. 1996년 초에 교회의 재정을 담당하는 장로가 나를 찾아와서 이대로 가다가는 교회의 헌금이 15퍼센트 감소하게 될 것이라고 말했다. 사실 그것은 꽤나 큰 액수의 돈이었다. 하지만 1996년 말이 되니 헌금은 오히려 전년도에 비해 4퍼센트 증가된 것으로 집계되었다.

내가 감수했던 여러 가지 위험에도 불구하고, 부흥은 우리 교회에 오지 않았다. 하지만 그 어느 때보다 우리는 하나가 되었으며, 재정도 교회 역사상 가장 많이 증가되었다. 하나님께서는 우리가 모든 위기를 극복할 수 있도록 도와주셨다. 스티그마를 이겨낼 의지만 가지고 있다면, 하나님께서는 모든 위기로부터 우리를 지켜주신다.

'어린아이 이삭'의 때가 언젠가는 올 것이다. 나는 세상의 교회들이 현재 성령께서 하시는 위대한 일의 태아기적 단계에 이르러 있다고 믿는다. 이삭은 못난이 아기였다. 사실 넘어지고 웃고 하는 현상들은 항상 보기 좋은 광경만은 아니다. 로드니 하워드 브라운이 랜디 클락을 위해 기도해주었을 때, 랜디 클락의 손이 '마비'되었다. 로드니는 랜디에게 "움직이는 것 아무것에나 손을 얹으세요"라고 말했다. 그로부터 얼마 후 랜디 클락이 토론토의 빈야드교회에서 집회를 인도했을 때, 강력한 기름부음이(물론 스티그마도) 존 아노트 목사의 교회에 임했다. 그 일을 계기로 전 세계로부터 기도받기를 원하는 사람들이 이 교회로 모여들었다. 《데일리 텔리그라프》는 이 현상을 '토론토 블레싱'Toronto Blessing이라고 명명했으며, 이 소식은 영국을 포함한 유럽, 남아프리카, 호주, 스칸디나비아를 비롯하여 제3세계국가들까지 퍼져갔다.

하나님께 쓰임 받는 많은 이들이 사람들을 불편하게 하는 이유는 무엇일까? 아서 블레싯은 자유로운 복장으로, 로드니 하워드 브라운은 사람들에게 손을 얹음으로써 거슬리게 했다. 그리고 보면 각 세대마다 믿는 자들의 믿음을 테스트하는 스티그마가 존재했던 것 같다. 그렇다면 도대체 왜 최고의 지성과 성품을 지닌 하나님의 종들조차도 그런 것들을 거슬려 할까? 그들에게는 하나님의 사람을 보는 눈이 없단 말인가? 내가 지금까지 보아온 바로는 가장 신실한 그리스도인마저도 다른 사람의 기름부음에 대해 스티그마를 가질 수 있다는 결론을 맺을 수밖에 없었다. 기름부음이 우리의 안전지대에 부합하는 세련되고 정상적인 모습으로 온다면 얼마나 좋을까? 그러나 그런 일은 거의 없다고 보면 된다.

> 기름부음이 우리의 안전지대에 부합하는 세련되고 정상적인 모습으로 온다면 얼마나 좋을까? 그러나 그런 일은 거의 없다고 보면 된다.

Chapter 9
오늘의 사람

사무엘은 내일의 일꾼을 찾는 오늘의 사람이다.

여호와께서 사무엘에게 이르시되 내가 이미 사울을 버려 이스라엘 왕이 되지 못하게 하였거늘 네가 그를 위하여 언제까지 슬퍼하겠느냐 너는 뿔에 기름을 채워 가지고 가라 내가 너를 베들레헴 사람 이새에게로 보내리니 이는 내가 그의 아들 중에서 한 왕을 보았느니라 하시는지라 (삼상 16:1)

이제 사무엘의 차례다. 그는 자신이 발견하여 왕좌에 앉힌 사울, 즉 어제의 사람과의 관계를 정리하고, 이제 내일의 사람, 다윗을 찾아 기름

부어야 했다. 그러기 위해서 사무엘은 위험을 감수해야 했다. 하나님의 명령에 사무엘이 이렇게 답했다. "내가 어찌 갈 수 있으리이까 사울이 들으면 나를 죽이리이다"(삼상 16:2).

나는 가끔 어제와 오늘과 내일의 사람 중 누가 더 고통스러울지 생각해보곤 한다. 어제의 사람은 한때 하나님께 쓰임 받는 기쁨을 누렸지만, 이제는 더 이상 그렇지 못하는 고통을 겪어야 한다. 그는 아직도 자신이 예전의 그 기름부음 아래 있다고 여긴다 할지라도, 마음속으로는 하나님께서 오늘날 하고 계신 일 가운데 자신이 속해 있다는 사실을 인정받기 위해 엄청난 노력을 쏟아야 하는 고통을 겪는다.

내일의 사람이 겪어야 하는 고통은 기다림이다. 그것은 생각했던 것보다 훨씬 더 오랜 기다림이 될 수도 있다. 때를 기다리며 빚어지고 연단됨으로써, 하나님께서 쓰시기에 합당한 인물로 준비된다는 것은 쉽지 않다. 다윗이 그랬듯이 "여호와여 어느 때까지니이까"(시 13:1) 하며 울부짖고 싶을 수도 있다. 하나님께서 우리를 부르신 소명을 위해 거치게 하시는 고된 훈련과정에 대해 처음부터 충분히 준비되어 있는 사람은 아무도 없다.

오늘의 사람이 감당해야 하는 고통은 대부분 맡겨진 일을 행하는 데 있어서 필요한 용기와 연관되어 있다. 우리는 항상 그것을 감당해낼 자신이 없다. "누가 이 일을 감당하리요"(고후 2:16).

우리는 기드온처럼 새롭게 주어진 사명에 대해 두려움을 느끼기 쉽다. 하지만 하나님은 그를 '큰 용사'(삿 6:12)라고 부르신다. 그러자 기드온은 이렇게 대꾸한다. "내가 무엇으로 이스라엘을 구원하리이까 보소서 나의 집은 므낫세 중에 극히 약하고 나는 내 아버지 집에서 가장 작은 자니이다"(삿 6:15). 기드온은 맡겨진 일을 시작하기 전에 '양털 한 뭉치'는 젖고 주변 땅은 마른 표적을 보아야 했다(삿 6:36-40). 기드온은 절대로 스스로를 큰 용사로 보지 않았다. 모세도 자신이 준비되었다고 느끼지 않았다. "오 주여 나는 본래 말을 잘 하지 못하는 자이니이다 주께서 주의 종에게 명령하신 후에도 역시 그러하니 나는 입이 뻣뻣하고 혀가 둔한 자니이다"(출 4:10).

하나님께서 우리를 부르신 소명을 위해 거치게 하시는 고된 훈련과정에 대해
처음부터 충분히 준비되어 있는 사람은 아무도 없다.

곤경에 처한 오늘의 사람

사무엘이 여전히 왕좌에 앉아 있는 사울을 어제의 사람으로 선포하는 데는 용기가 필요했다. 그래서 살아 있는 왕을 제쳐두고 새로운 왕을 찾아 기름 붓기 위해 이새의 집으로 간다는 것 또한 매우 긴장되는 일이었다.

하나님께서는 오늘의 종을 곤경에 빠뜨리는 일을 참 좋아하시는 듯하다. 마리아와 약혼한 요셉은 자신의 아내 될 사람이 성령에 의해 잉태하였다는 사실을 알았을 때, 남들이 자신을 두고 평생 동안 어떻게 생각할지가 뻔한 상황에서 그녀와 결혼을 할 것인지 말 것인지를 결정해야 했다(요 6:42). 요셉이 마리아와 결혼하기 위해서는 비전이 필요했다.

아브라함에게 바닷가의 모래알처럼 많은 자손을 얻게 될 것이라고 약속하신 하나님께서는 그 약속을 이어갈 유일한 아들인 이삭을 희생제

물로 바치라고 말씀하셨다. 또한 엘리야는 하나님으로부터 그릿 시냇가에서 물을 마시게 될 것이라고 약속을 받았으나 얼마 후 땅에 비가 내리지 아니하여 그 시내가 말랐다(왕상 17:7).

자신이 기름 부어 세운 왕권 아래에서 중책을 맡고 있었던 사무엘은 그동안의 오랜 훈련을 통해 하나님의 친밀한 음성을 듣는 지식에 익숙해져 있었다. 그의 첫 훈련은 매우 일찍 시작되었다. 사무엘은 오늘의 사람으로 간주되었으나 급속도로 어제의 사람으로 전락해버렸던 엘리 제사장으로부터 떨어져나올 필요가 있었다.

당시 사무엘은 아주 어렸다. 그는 엘리 제사장을 존경했으며, 그를 무비판적으로 우러러보았다. 그가 보기에 엘리 제사장이 틀릴 수는 없었다. 왜냐하면 그는 당시 유일하게 하나님으로부터 직접 듣는 사람이었기 때문이다. 그래서 하나님께서 "사무엘아" 하고 부르셨을 때, 사무엘은 당장 엘리 제사장 앞으로 달려가 "당신이 나를 부르셨기로 내가 여기 있나이다"(삼상 3:5)라고 말했다. 그것도 세 번씩이나 말이다.

마침내 엘리는 하나님께서 어린 사무엘에게 직접 말씀하고 계신다는 사실을 감지하였다. 우리는 보통 엘리에 대해 부정적으로 생각하지만, 하나님께서 누구에게 일하고 계신지를 분별하는 눈이 있었다는 사실에 대해서만큼은 엘리를 인정해주어야 한다. "엘리가 사무엘에게 이르되 가서 누웠다가 그가 너를 부르시거든 네가 말하기를 여호와여 말씀하옵소서 주의 종이 듣겠나이다 하라 하니 이에 사무엘이 가서 자기 처소에 누우니라"(삼상 3:9).

사무엘은 모든 하나님의 사람들이 거쳐야만 하는 훈련, 즉 우리가 존경하던 이들도 완벽하지는 않다는 사실을 배우고 있었다. 엘리는 당시 이스라엘에서 가장 존경받던 인물이었고, 사무엘은 그를 경외하고 있었다. 그런 사무엘이 그토록 존경받던 엘리 제사장을 통하지 않고 하나님께서 자신에게 직접 말씀하려고 하신다는 사실을 받아들이기는 쉽지 않았다.

당시 엘리에게는 아들들이 하나님의 성막에서 서슴없이 죄를 짓는 것을 방치하였다는 약점이 있었다. 하지만 엘리도 하나님을 알고 있었고, 그분을 향한 열정이 있었다. 하나님의 징계로 아들들이 죽었을 때, 분명 그는 슬퍼했다. 하지만 그를 더욱 슬프게 했던 것은 하나님의 궤를 빼앗겼다는 말을 들었을 때였다. 그는 그 말에 놀란 나머지 뒤로 넘어져 죽고 말았다(삼상 4:18).

하나님의 사람 중 완벽한 이는 없다. 솔로몬은 "주께 범죄하지 아니하는 사람이 없사오니"(대하 6:36)라고 했다. 엘리에게 사각지대가 있었듯이, 우리 모두에게도 있다. 칼빈 역시 모든 성도saint에게 과오가 있다고 말했다. 그런데도 우리는 늘 우리가 존경하는 사람은 완벽할 것이라고 생각한다.

나의 아버지는 목사들에 대한 대단한 존경심을 가지고 계셨다. 아버지는 우리 교회를 방문하는 부흥강사나 목회자들을 자주 집으로 초대하여 식사를 대접하시곤 했는데, 나는 그럴 때마다 어른들이 나누는 대화에 귀를 기울였다. 아버지가 그분들을 존경했다면, 나는 훨씬 더 많이 그분들을 존경했다. 그들은 나의 영웅이었다.

하지만 나이가 들어가면서 점차 그분들의 불완전성과 약점들이 눈에 보이기 시작했다. 처음에는 그것들을 마음속 보이지 않는 구석에 묻어두려 하였지만, 결국 인간은 아무리 훌륭해봐야 인간에 불과하다는 것을 깨닫게 되었다.

그런데 그것도 나의 새로운 영웅이 나타나기 전까지였다. 30년 전, 나는 당시 나의 영웅에게 이렇게 말했다. "지금까지 내가 존경해마지 않았던 사람들은 모두 다 나를 실망시켰어요. 하지만 당신은 절대 그러지 않을 거라는 것을 알아요." 정말 그렇게 말했었다. 참으로 순진했던 이 고백을 한 지 불과 몇 달 되지 않아 내가 그토록 존경했던 그 사람이 나에게 가장 큰 실망과 시련을 안겨다준 장본인이 되고 말았다.

사건은 나의 설교가 그를 불편하게 만들면서 시작되었다. 그의 친구들은 원래 나의 가르침을 받아들였었으나, 그가 나의 설교를 마땅치 않게 생각하는 것을 알게 되면서부터 그들 역시 나에게서 환멸을 느끼게 되었다. 그와 그의 친구들은 내가 가장 힘들어하던 그 시기에 나를 버렸다. 내가 이 일로 인한 충격으로부터 회복되는 데는 수년이나 걸렸다.

우리는 사람들로부터 존경을 받거나 그들을 내 편으로 묶어두기 위해서 호의를 베풀어서는 안 된다. 그렇게 되면, 반드시 그들을 실망시키게 된다. 그것은 시간상의 문제임이 뻔하다. 솔직히 말해서 나는 누군가가, 특히 초신자가 나를 자신의 영웅으로 우러러보고 있다는 것을 느낄 때면, 정말 죽을 만큼 겁이 난다. 실제로 내가 얼마나 약하며 아무것도 아닌 사람에 불과한지 알게 될 때, 그들이 받을 상처가 얼마나 클지 너무 잘 알기 때문이다.

그러므로, 하나님의 직접적인 개입으로 엘리로부터 분리된 사무엘은 지금 나중에 맞이하게 될 더 큰 테스트, 즉 자신이 발굴하여 세운 사울을 서슴없이 폐해야 하는 일을 대비하여 훈련을 받고 있는 것이었다.

하나님께서는 오늘의 사람을 만드는 중이셨다. "여호와께서 사무엘에게 이르시되 보라 내가 이스라엘 중에 한 일을 행하리니 그것을 듣는 자마다 두 귀가 울리리라"(삼상 3:11). 이 순간부터 하나님과 사무엘은 완전한 친밀감 가운데 있었다.

> 사무엘이 자라매 여호와께서 그와 함께 계셔서 그의 말이 하나도 땅에 떨어지지 않게 하시니 단에서부터 브엘세바까지의 온 이스라엘이 사무엘은 여호와의 선지자로 세우심을 입은 줄을 알았더라 여호와께서 실로에서 다시 나타나시되 여호와께서 실로에서 여호와의 말씀으로 사무엘에게 자기를 나타내시니 사무엘의 말이 온 이스라엘에 전파되니라 (삼상 3:19-21)

하나님의 음성을 분별하는 법

사무엘이 자신을 하나님께서 선택하신 오늘의 사람이라고 인정하기는 쉽지 않았을 것이다. 아마 그는 엘리가 그런 사람이라고 생각했을 것이다. 하나님께서 지금 혹은 곧 사용하실 사람들은 필연적으로 스스로 하나님을 만나야만 한다. 다른 사람을 통한 계시나 음성은 더 이상 충분치 않다. 그들은 잘못 듣고 있지 않다는 확신이 들 정도로 명확하고 선명하게 하나님의 음성을 듣는 법을 배워야만 한다. 하나님의 음성을 들을 수 있다는 것은 참으로 놀랍고도 감사한 일이다.

우리는 어떻게 하나님의 음성을 인식할 수 있는가? 어린 사무엘이 그랬던 것처럼 처음에는 당황스러울 수 있다. 그러므로 엘리와 같은 베테랑

이 옆에서 도와주면 큰 도움이 된다. 하지만 도와줄 수 있는 이전 세대가 항상 가까이 있는 것은 아니다. 언젠가는 (우리에게 그럴 자격이 있나 싶을지라도) 그 일을 우리가 우리의 후세대에게 해주어야 할 때가 올 것이다.

몇 년 전에 여러 단어의 첫 글자를 따서 'PEACE'라는 가이드라인을 만들었는데, 내게 큰 도움이 되었고 매우 유용하게 사용되었다. 이것은 하나님의 뜻을 분별하고, 우리가 들은 것이 진정으로 하나님께로부터 온 것인지를 확인하는 일반적인 방법이다.

- Is it Providential?(하나님의 섭리인가?)

하나님께서 무언가 말씀하시면, 그것은 그분의 섭리와 일관성이 있는 것이어야 한다. 하나님께서 문을 여시는가, 아니면 우리가 문을 두들겨 부셔야 하는가? 만약 그 문을 억지로 밀어 열어야 한다면, 그것은 하나님의 섭리가 아닐 확률이 아주 높다. 섭리란 하나님께서 일하시는 방식, 즉 그분의 다스리심, 우리보다 먼저 행하심, 우리가 '우연'이라고 부르는 일련의 사건들을 조합하는 그분의 방법 등을 말한다. 만약 어떤 것이 하나님의 섭리 가운데 있다면, 그것은 내가 열려고 노력하지 않아도 열리는 문과 같다. 그럴 때는 한 발짝 더 나아가 그 다음 단계의 테스트를 찾아야 한다.

사무엘은 이새의 집으로 가라는 명령을 받았다. 하지만 아직은 이새가 사무엘의 방문을 받아들일 것인지 확실치 않았다. 다행히 이새는 사무엘을 환대했다. 이새에게는 여러 아들도 있었다. 여기까진 다 좋았다. 사무엘이 이새의 집을 방문하는 일은 아직까진 모두 순조로웠다. 만약 이새가 사무엘의 방문을 거부했다면, 제아무리 훌륭한 예언자라 하더라도 '내가 잘못 들은 모양이군' 하고 돌아설 수밖에 없었다. 만약 이새에게 아들은 없고 딸만 있었더라도, 사무엘은 하나님께서 자신을 보내신 것이 아니었나 보다고 생각하며 되돌아와야 했을 것이다.

의욕이 넘치는 한 예언자가 하나님께로부터 들은 말씀을 전하기 위해 찰스 스펄전 목사를 찾아가 말했다. "하나님께서 제게 말씀하시기로, 제가 오늘밤 목사님의 교회에서 설교를 전해야 한다고 하십니다." 하지만 스펄전 목사는 이렇게 대답했다. "미안하지만, 하나님께서 저한테는 그런 말씀이 없으셨는데요?"

신학교에 다니던 시절, 나는 하나님께서 내가 금발머리의 아름다운 아가씨와 결혼하게 될 것이라고 말씀하셨다고 생각했다. 그것은 너무나 분명했다. 그런데 금발머리 아가씨 중에선 그 누구도 나하고 데이트 한 번 하려는 사람이 없었다. 결국에는 하나님께서 나를 위해 예비해두셨던 아름다운 갈색머리의 아가씨와 결혼하게 되었다.

만일 내가 금발머리 아가씨들을 일일이 찾아다니며 "하나님께서 내가 아가씨와 결혼하게 될 거라고 하셨어요"라고 말하고 다녔다면 어땠을까? 지금 생각해도 아찔한 것은, 만약 내가 금발에 대한 집착을 고수했더라면, 지금의 아내 루이스를 못 만났을 수도 있었다는 것이다. 아마도 신실한 그리스도인 중 하나님께로부터 음성을 들었다며 주변의 권고를 들으려 하지 않는 이들이 적지 않을 것이다.

하나님께서 일하실 때는 상황이 열린다. 그러므로 섭리적으로 무언가가 열리고 있다면, 하나님께서 하시는 일일 가능성이 높다고 보면 된다. 물론 이것이 절대적이라고는 할 수 없지만, 하나님께로부터 들은 음성인가를 검증할 수 있는 필수적인 요건 중에 하나라고는 말할 수 있다.

● The Enemy(사단은 당신이 어떻게 하길 원할까?)

당신의 적은 사단이다. 마귀는 우는 사자와 같이 오며(벧전 5:8), 자기를 광명의 천사로 가장한다(고후 11:14). 우는 사자는 겁을 주려고 온다. '난 이제 끝장이야'라고 생각하면서 자포자기하게 하고, 우리를 자멸시키기 위해서 '우는' 것이다. 광명의 천사는 자신의 말이 하나님의 음성인 것처럼 믿게 하고, 거짓 선지자를 하나님의 사람인 것처럼 믿게 만든다.

신학생 시절, 여름이면 나는 워싱턴 DC의 정부기관에서 아르바이트를 했다. 당시 내가 신뢰하던 한 사람이 자신의 지인을 소개해주었는데, 만나보니 참으로 독특한 사람이었다. 나는 그에게 관심을 갖게 되었고, 어느덧 그가 시키는 대로 다 하는 사람이 되어버렸다. 그는 모든 것을 성경에서 찾았다. 그는 일곱 나팔부터 하나님의 진노의 일곱 대접까지 모든 것을 설명하는 요한계시록과 다니엘서의 구절들을 꿰고 있었다. 그는 자기가 계시록 11장에 나오는 두 증인 중 한 사람이라는 계시를 받았다고 하며 자신이 엘리야라고 했다. 다른 한 증인은 '유럽 어딘가에 사는' 모세라고 했다.

그는 내가 특별한 사람이라고 했다. 그 말은 참 듣기 좋았다. 또한 그는 예수님의 재림이 1957년 10월 11일에 있을 것이라고 했다. 예수님께서 "그 날과 때를 알지 못한다"고 하셨지만, 몇 명은 그 비밀을 알도록 하셨다고 했다. 나중에 알고 보니 그는 완벽한 사기꾼이었는데, 그나마 다행인 것은 내가 이 사실을 1957년 10월이 되기 전에 깨달았다는 것이다. 하나님께서 나를 건지셨고, 이를 통해 중요한 것을 배우게 하셨다. 내가 이 사람으로부터 멀어지지 않았더라면, 아마도 나는 파멸의 길을 걸었을 것이다.

우리가 하나님께로부터 온 것 같은 영감이나 감동 혹은 느낌을 받았다면, 먼저 '사단은 내가 어떻게 하길 원할까?'라고 생각해보아야 한다. 이 말은, 우리 대부분은 사단이 무엇을 원하는지 이미 잘 알고 있다는 뜻이다. 대부분의 경우, 무조건 사단이 원할 것 같은 일의 반대로 행하면 된다. 이 질문은 성적 유혹이나 지적 유혹, 경제적 시험이나 사회적 성공 혹은 야망과 관련된 시험이 찾아왔을 때도 유효하다. 사단이 지금의 상황에서 내가 하길 바라는 일이 무얼까 조용히 생각했을 때, 마음 가운데 떠오르는 그것과 반대로 행하면 후회할 일이 없게 될 것이다. 하지만 이것이 다가 아니다.

● **Authority**(말씀)

하나님의 말씀에는 어떻게 기록되어 있는가? 성령께서는 절대로 우리가 이미 드러난 하나님의 뜻, 즉 성경과 위배되는 일을 하도록 인도하지 않으신다. "청년이 무엇으로 그의 행실을 깨끗하게 하리이까 주의 말씀만 지킬 따름이니이다"(시 119:9). "주의 종을 후대하여 살게 하소서 그리하시면 주의 말씀을 지키리이다"(시 119:17).

성경은 예비하신 인물들을 통해 성령께서 쓰신 책이다(딤후 3:16, 벧후 1:21). 그러므로 그분은 우리를 성경말씀과 일치되지 않는 길로 인도하지 않으신다. 감동이나 계시 혹은 환상이 얼마나 선명하고 명확한지와 상관없이, 그것이 하나님의 말씀에 합하지 않는 것이라면 듣지도 따르지도 말아야 한다.

나는 유부녀와 사랑에 빠진(당사자 표현에 의하면) 한 유부남을 안다. 이

유부남은 자신의 아내로부터 이해받지도, 사랑받지도 못하는 결혼생활을 했다. 이 유부녀도 자신의 남편으로부터 이해받지도, 사랑받지도 못하고 있었다. 그러던 중 두 사람이 만나게 되었고, 서로를 이해했으며 사랑하게 되었다. 바로 이런 경우가 첫 번째 체크사항이었던 '하나님의 섭리인가'만 가지고 하나님의 음성이라고 확신해선 안 되는 상황이다. 그러나 이 두 사람은 자신들이 하나님의 섭리에 의해 만났다고 느꼈으며, 그래서 불륜을 저지르기로 한 자신들의 결정이 예외적으로 하나님의 인가를 받은 것이라고 생각했다. 그러나 성경은 어떻게 말하는가?

> 하나님의 뜻은 이것이니 너희의 거룩함이라 곧 음란을 버리고 각각 거룩함과 존귀함으로 자기의 아내 대할 줄을 알고 하나님을 모르는 이방인과 같이 색욕을 따르지 말고 이 일에 분수를 넘어서 형제를 해하지 말라 이는 우리가 너희에게 미리 말하고 증언한 것과 같이 이 모든 일에 주께서 신원하여 주심이라 하나님이 우리를 부르심은 부정하게 하심이 아니요 거룩하게 하심이니 (살전 4:3-7)

죄와 유혹은 항상 '섭리적'이다. 요나는 니느웨로 가라는 하나님의 명령을 거부하고 다시스로 가기로 결정했다. 자, 그런데 보라. 요나가 항구로 갔을 때, 마침 다시스로 가는 배가 출항을 준비하고 있었다(욘 1:3). 아마도 당시 요나는 자신의 결정에 확신을 갖게 되었을 것이다. 그러므로 섭리만 가지고는 부족하다.

성령께서는 항상 성경말씀을 지지하신다. 그분은 우리를 항상 성경에서 말하고 있는 원리로 인도하신다. 만약 당신이 들은 음성이 말씀의 가르침과 대치된다면, 그것은 분명 하나님으로부터 온 것이 아니다.

- **Confidence**(담대함)

하나님께로부터 받은 감동이 당신의 담대함을 증가시키는가, 감소시키는가? 이 부분에서 우리는 솔직해야 한다. 당신이 들은 하나님의 음성에 순종한다고 생각해보았을 때, 자신감이 생기는가? 그렇다면 좋은 징조다. 그러나 반대로 자신감이 사라진다면 나쁜 징조다.

나의 경우, 내가 하나님을 기쁘시게 하고 있다는 생각이 들 때는 담대함도 고조된다. 물론 담대함이 떨어졌다고 해서 하나님과의 거리가 멀어졌다는 것을 의미하는 것은 아니다. 우리 마음이 혹 우리를 책망할 일이 있어도, 하나님은 우리 마음보다 크시고 모든 것을 아시기 때문이다(요일 3:20). 그분은 우리에게 더 큰 은혜를 주신다(약 4:6). 그리고 담대함을 전혀 느낄 수 없음에도 불구하고 하나님께서 나를 후원하고 계시는 경우도 있다(물론 나라면 이런 상황에서 중대한 결정을 내리지는 않을 것이지만 말이다). 당연히 우리 마음에 책망할 일이 없고, 그리고 하나님 앞에서 담대함을 가질 수 있는 것이 훨씬 좋다.

내가 어떤 음성을 듣거나 무슨 일인가를 해야겠다는 마음 혹은 감동을 받을 때면, 나는 감정이 어떤지 스스로에게 묻곤 한다. 그랬을 때 마음에 담대함이 없다면, 진행하지 말라는 경고로 받아들인다.

하지만 이 문제는 그렇게 단순하지 않을 수도 있다. 때로는 인간적인 두려움이 들어와서 너무나 놀라운 축복의 기회를 놓치게 만들 수도 있다. 그럴 때는 내가 왜 두려워하는지 물어본다. "또 너희가 열심으로 선을 행하면 누가 너희를 해하리요"(벧전 3:13). 내게 담대함이 없는 이유가 다른 사람이 나를 어떻게 생각할까 하는 두려움에서 기인한다는 생각이 들면, 나는 하나님께서는 어떻게 생각하시는지 여쭤본다. 그랬을 때 내 안에서 담대함이 솟아나는 것을 느끼면, 그것은 내가 하나님으로부터 들은 음성이 맞다는 것을 증명하는 확실하고 기분 좋은 사인으로 간주한다.

베드로가 오순절 날 설교할 수 있었던 것도 담대함, 자신감, 확신, 내적 자유가 있었기 때문이다(행 2:14-36). 헬라어 '파레시아'parresia는 '담대히'(confidently, 행 2:29), '용기'(courage, 행 4:13), '대담한'(bold, 고후 3:12), '자신감'(confidence, 히 4:16) 등으로 번역되어 사용되었다. 만약 앞에서 말한 가이드라인들과 함께 담대함까지 있다면, 속임 당하고 있지 않다는 거의 확실한 증거다. 모든 항목에 파란불이 켜졌다면, 이제 마지막 관문이 남았다.

- Ease(마음 깊은 곳에서 느끼는 평안함)

이제는 자기 자신에게 진실해져야 한다. 양심이 뭐라고 하는가? 솔직하게 자기 내면을 들여다보았을 때, 무엇을 느끼는가? 하나님께서는 우리가 스스로에게 거짓을 말하도록 인도하지 않으신다. 그분은 절대로 우리의 양심을 거스르는 길로 인도하지 않으실 것이다.

물론 평안함만 적용해선 충분치 않다. 앞에서 말한 가이드라인들을 모두 적용해야 한다. 5가지 전부 통과하지 못했다면, 당신은 하나님께로부터 들은 것이 아니다. 5가지 모두 통과했다면, 당신이 사단으로부터 속임을 당하고 있지 않다는 좋은 사인이다. 그렇다고 해서 절대적으로 옳은 사인이라는 말은 아니다.

> 그러므로 우리가 화평의 일과 서로 덕을 세우는 일을 힘쓰나니 (롬 14:19)

화평의 일을 행할 때, 우리는 평안을 느끼고 화해의 길을 만들 것이다. 결국 크건 작건 무언가를 결정할 때 내가 가장 중요하게 생각하는 것은 평안함^{peace}이다. 성령의 열매 중 하나도 '화평'^{peace}이다(갈 5:22). 이것은 깊은 곳에서 우러나오는 아주 강력한 감정이다. "주께서 심지가 견고한 자를 평강하고 평강하도록 지키시리니 이는 그가 주를 신뢰함이니이다"(사 26:3). 내가 평안함 가운데 내린 결정 중 나중에 후회했던 적은 한 번도 없었다. 하지만 결정을 내림에 있어서 평안함을 느끼지 못했던 일들 중에는 나중에 후회하게 된 일들이 종종 있었다. 그러므로 마음 가운데 평안함이 없다면, '정지'하라는 빨간 신호등이 켜진 것이다.

초대에 응할까 말까, 누군가를 만날까 말까, 어떤 설교를 할까, 혹은 어떤 글을 쓸까와 같이 작은 결정을 내릴 때도 마찬가지다. 평안함이 있을 때는 순종하고, 평안함이 없을 때는 거절을 선택하는 테스트이다. 어느 날 한 친구가 어떤 목사에게 내 전화번호를 알려주어도 되냐고 물어왔다. 그런데 이상하게도 마음에 평안함이 없었다. 그래서 싫다고 했더니 내 친구가 말했다. "뭐라고? 모든 사람들이 이 목사님을 만나려고 난리들인데?" 하지만 몇 달 후 왜 그때 나에게 평안함이 없었는지 알게 되었다. 하나님께서는 그 목사를 만나지 않게 하심으로써 곤란한 상황에서 미리 나를 건져주셨다.

하나님과의 친밀함

오늘의 사람이라면 하나님의 음성을 분별할 수 있는 주파수 혹은 암호 혹은 경로(당신이 뭐라고 표현해도 좋다)를 나름대로 터득하고 있어야 한다. 앞에서 말한 가이드라인은 시작에 불과하다. 누구나 하나님의 음성을 더욱 명확하게 들을 수 있도록 돕는 세밀한 지침을 가지고 있어야 한다. 하지만 설령 그렇다고 해도, 아마도 당신은 여전히 하나님께로부터 들었다는 것을 남들에게 말할 수 없거나 말한다고 해도 그들이 믿지 않을 것이다.

하나님께서는 오직 당신과 특별한 관계를 갖기 원하시고, 이 관계 가운데 있을 때 당신은 분명히 하나님의 음성을 분별할 수 있게 된다. 하나님께서 그분을 경외하는 자들에게 친밀함을 허락하신다(시 25:14).

사무엘은 그것을 가지고 있었다. 수년 전 금발의 아가씨와 결혼하게 될 것이라고 믿었던 나의 경험과는 반대로 하나님께서는 사무엘에게 '그의 말이 하나도 땅에 떨어지지 않게'(삼상 3:19) 하셨다. 나는 많은 것들을 값을 치르고 배워야 했다. 우리가 하나님과의 친밀함 가운데 들어가 그분의 음성에 익숙해지는 데는 시간이 걸릴 수 있다. 하지만 이것은 분명 기다릴 가치가 충분히 있는 일이고, 또한 오늘의 사람으로 기름부음 받기 위해서는 필수적인 일이다.

또 사무엘이 이새에게 이르되 네 아들들이 다 여기 있느냐 이새가 이르되 아직 막내가 남았는데 그는 양을 지키나이다 사무엘이 이새에게 이르되 사람을 보내어 그를 데려오라 그가 여기 오기까지는 우리가 식사 자리에 앉지 아니하겠노라 이에 사람을 보내어 그를 데려오매 그의 빛이 붉고 눈이 빼어나고 얼굴이 아름답더라 여호와께서 이르시되 이가 그니 일어나 기름을 부으라 하시는지라 (삼상 16:11-12)

사무엘은 어린 다윗을 만날 때까지 마음에 평안함이 없었다. 하지만 다윗을 만났을 때, 단 한 번도 자신을 실망시킨 적이 없는 그분의 음성을 들었다. "여호와께서 이르시되 이가 그니 일어나 기름을 부으라 하시는지라"(삼상 16:12).

오늘의 사람은 히브리 그리스도인들이 잃어버렸던 그것, 바로 하나님의 음성을 듣는 귀를 가지고 있다. 성령을 인식하는 것은 매우 중요하다. 모든 사람이 결국에는 진리를 볼 것이다. 오늘의 사람은 그것을 볼 줄 알아야 한다.

하나님께서는 오직 당신과 특별한 관계를 갖기 원하시고,
이 관계 가운데 있을 때 당신은 분명히 하나님의 음성을 분별할 수 있게 된다.
하나님께서는 그분을 경외하는 자들에게 친밀함을 허락하신다.

Chapter 10

기름부음과 고립감

"너는 뿔에 기름을 채워 가지고 가라 내가 너를 베들레헴 사람 이새에게로 보내리니"(삼상 16:1). 사무엘은 이렇게 말할 법도 했다. "왜 저입니까?" 하지만 내가 알기로 그는 그렇게 말하지 않았다. 그러나 모세는 달랐다. 바로에게 가라는 명령이 주어졌을 때, 그는 이렇게 말했다. "오 주여 보낼 만한 자를 보내소서 여호와께서 모세를 향하여 노하여"(출 4:13-14).

사무엘은 초창기에 그와는 정반대의 문제를 가지고 있었다. 그는 거절을 감정적으로 받아들이지 않는 법을 배워야 했다. 모든 지도자는 이것을 배워야 한다. 사무엘의 경우, 이스라엘 사람들이 왕을 요구했을 때, 이것을 배웠다. 사무엘은 이것이 옳지 않은 요구라는 것을 알고는 백성들에게 무릎 꿇고 경고했다. 그는 매우 괴로웠다. "여호와께서 사무엘에게 이르시되 백성이 네게 한 말을 다 들으라 이는 그들이 너를 버림이 아니요 나를 버려 자기들의 왕이 되지 못하게 함이니라"(삼상 8:7).

거절을 감정적으로 받아들일 때, 우리는 하나님의 불 같은 연단을 자초하게 된다. 물론 거절을 감정적으로 받아들이지 않기는 어렵다. 특히 당신과 가깝게 지냈던 사람들로부터 받은 거절이라면 더욱 그렇다. 하나님께서는 그래서 사무엘에게 "너를 버림이 아니요 나를 버려"라고 친절하게 말씀해주신다. 우리가 하나님의 명령을 수행한다는 것을 알 때, 어떠한 비난이라도 감수할 수 있는 권위를 갖는다. 하나님께서 우리를 이제 본무대에서 뛰게 하신다는 것을 겸손하게 받아들일 때, 우리는 하나님의 음성을 들으며 외롭게 믿음의 길을 갔던 선배들의 여정에 합류하게 된다.

몇 년 전, 나는 한동안 요한계시록 1장 9절 말씀에 사로잡힌 적이 있었다. "나 요한은 너희 형제요 예수의 환난과 나라와 참음에 동참하는 자라"(계 1:9). 당시 나는 큰 어려움을 겪고 있었다. 그런데 이 말씀은 하나님과의 관계에 있어서 더욱 높은 단계로 올라오라는 초청으로 여겨졌다. 마치 요한이 나에게 친히 말하고 있는 것처럼 느껴졌다.

당시 말씀 속에서 요한의 외로움이 느껴졌다. 나도 무척이나 외로웠다. 하나님께서 내게 "고난에 동참하기로 작정한 이들만 들어가는 본무대에 온 것을 환영한다"고 말씀하시는 것 같았다. 그리고 이 말씀도 떠올랐다. "우리가 하나님의 나라에 들어가려면 많은 환난을 겪어야 할 것이라"(행 14:22).

오늘의 사람의 스티그마

외로움은 오늘의 사람으로 살아감에 있어서 피할 수 없는 것이다. 우리는 집단적인 지도력이 대세인 시대를 살고 있다. 이러한 시대에 합의가 많이 이루어질수록 스티그마는 가벼워진다. 그래야만 다른 사람에게 책임을 전가시킬 수 있기 때문이다.

이것은 다른 사람의 말을 들어서는 안 된다는 뜻이 아니다. 우리는 들을 줄 알아야 한다. 우리에게는 우리를 가만 놔두는 사람이 아니라 날카롭게 경고하고 힐책하는 사람들도 필요하다. "철이 철을 날카롭게 하는 것 같이 사람이 그의 친구의 얼굴을 빛나게 하느니라"(잠 27:17). 특정 분야에서 성공했다는 이유로 다른 사람의 말을 듣거나 배우려고 하지 않는 사람들은 결국 신뢰를 잃고 만다. "친구의 아픈 책망은 충직으로 말미암는 것이나"(잠 27:6). 보통 실패한 지도자들의 요인을 살펴보면, 다른 사람의 조언을 들으려 하지 않는 자세가 한몫 했음을 알 수 있다.

그럼에도 불구하고 오늘의 사람은 종종 혼자 걷는다. 다름 아닌 사무엘이 그랬다. 아브라함도, 엘리야도, 바울도 그랬다.

사무엘은 자신이 건립한 왕조로부터 떨어져나와야 했다. 하나님께서 어제 하신 일로부터 새 일을 향해 떠나야 했다. 물론 처음에는 왕을 세운다는 아이디어에 반대했지만, 하나님께서 하라고 하셨기에 그는 순종했다. "그들로 왕을 가지게 하라"는 하나님의 새로운 말씀이 떨어졌을 때, 그는 그 일에 전심을 다했다. 쉽게 말해서 사울이 왕관을 쓴 것은 순전히 사무엘 덕이었다. 그가 모든 것을 진두지휘했다. 그런데 이제 모든 것을 버리라는 명령을 받았다. 이스라엘에게 사울을 왕으로 주신 바로 그 하나님께서 이제 사울이 끝났다고 말씀하신 것이다.

이것은 쉬운 일이 아니었다. 사무엘은 왕을 세웠고, 나중에는 그를 떠났다. 이 두 가지 모두 하나님의 신선한 계시에 순종한 결과였다. 어떻게 보면 사무엘이 동요하는 것으로 보일 수도 있었다. 하지만 사무엘은 하나님으로부터 명령을 받고 있었다.

오늘의 사람이 겪을 수 있는 가장 큰 스티그마는 아마도 오해를 받는다는 어려움일 것이다. 이보다 더 고통스러운 일은 없다. 다른 사람들이 모든 상황을 정확히 이해하고도 여전히 나와 동의하지 않아서 나를 비난한다면 그것은 참을 수 있다. 하지만 제한적인 정보를 토대로 하여 오해와 판단을 하고 비난해온다면, 그것은 참으로 고통스럽다.

나는 종종 예수님께서 십자가 위에서 감당하셔야 했던 큰 고통 중 하나가 아마도 사람들로부터 받는 오해가 아니었을까 생각한다. 아무것도 말이 되지 않았다. 불과 며칠 전 죽은 나사로를 살렸던 예수님이 십자가에 매달려 죽는다는 것이 사람들에겐 이해되지 않았다.

'예수는 왜 자신을 십자가에 매달려고 하는 무리들의 계획을 중단시키지 않는단 말인가? 갈릴리 바다에서 바람과 물결을 잠잠케 할 수 있었던 사람이라면, 분명 헤롯과 빌라도 앞에서도 뭔가를 할 수 있지 않았을까? 한 무리의 병사들이 물러가서 땅에 엎드러졌을 때(요 18:6), 그는 도망칠 수 있었다. 십자가형에 처해지는 것을 막을 수 있는 방법은 무수히 많았다. 그런데 왜 그는 십자가에 매달리는가?'

제자들 역시 이해할 수 없었고, 그래서 그들은 다 주님을 버리고 도망쳤다(마 26:56). 그분은 스스로 아무것도 설명하지 않았다. 자신의 어머니 마리아가 십자가 앞에서 가슴이 찢어져라 우는 모습을 보시고도 "괜찮아요, 어머니. 모든 것이 계획된 것입니다. 저의 피로 세상의 죄를 씻으려 하는 것입니다"라고 설명할 수 없다는 것은 아마도 예수님에겐 참을 수 없는 고통이었을 것이다. 하지만 전혀 이러한 흔적이 없었다. 그분은 자신의 가장 가까운 사람들로부터도 오해를 받는 이 스티그마를 견뎌내셔야만 했다.

오직 사무엘만 사울이 어제의 사람이란 것을 알았다. 그는 결정을 내려야 했다. 맞건 틀리건 간에 사울의 편에 서서 그를 계속 옹호할 것인가, 아니면 이제까지 한 번도 틀리신 적이 없었던 그분의 음성을 따를 것인가? 그는 하나님을 청종하기로 결정했다.

이 부분은 우리의 모든 관계가 어떻게 더 크신 하나님의 영광 앞에 순복해야 하는지를 보여준다. 사람들과의 관계가 얼마나 가깝든지 간에, 우리는 하나님과 더 가까워야 한다. 그런데 아이러니하게도 우리가 하나님께 더 가까이 나갈수록 사람들과도 더 사랑하는 관계를 갖게 된다. 사람들과의 관계보다 하나님의 음성에 우선순위를 둘수록 사람들과도 더욱 존경하는 관계를 갖게 된다.

나와 친구들과의 관계도 마찬가지다. 우리를 하나 되게 묶는 힘은, 우리가 서로를 사랑하는 것보다 하나님을 더 사랑한다는 데 있다. 내가 만약 하나님을 청종하는 길에서 떠나 그분으로부터 멀어진다면 친구들은 나를 향해 경고하고, 그래도 내가 알아듣지 못한다면 내게 사랑의 질책을 할 것이다. 이것은 입장을 바꿔서도 마찬가지다. 가장 친한 친구가 우리의 관계를 형성하게 되었던 원칙을 깨뜨린다면, 그가 얼마나 친형제처럼 가까웠는지에 상관없이 나는 그에게 사랑으로 경고하고 질책할 것이다.

어떠한 관계라도 하나님의 영광이 우선이 되지 않는다면, 거기에는 아무런 의미가 없다. 물론 어떠한 이유로든 친구와 멀어져야 한다는 것은 가슴 아픈 일이다. 하지만 하나님의 영광을 더욱 사랑하기 때문에 그렇게 해야 한다면, 나는 그렇게 할 것이다.

이것이 사무엘이 감수해야 했던 일이었다. 오늘의 사람은 이런 일을 감수해야 하는 난처한 상황에 처하게 되곤 한다. 감정적 문제는 따로 제쳐두어야 한다. 향수도 있어서는 안 된다. 하나님의 음성을 듣는 일에 다 같이 헌신해 있지 않다면, 제 아무리 귀한 추억을 공유하고 있다 하더라도 그 관계는 유지되지 않는다.

당신에게도 이런 경험이 있는가? 좋은 관계를 지속해온 사람이나 교회, 단체 혹은 친구들의 모임으로부터 분리되어 나와야 했던 적이 있는가? 당신이 궤도를 이탈해서가 아니라 그들이 그랬기 때문에 말이다. 당신은 끝까지 충성스러웠지만, 그들이 변절했기 때문에 말이다. 당신은 어쩌면 배신당한 것처럼 느꼈을지도 모른다. "내가 신뢰하여 내 떡을 나눠 먹던 나의 가까운 친구도 나를 대적하여 그의 발꿈치를 들었나이다"(시 41:9).

우리는 어떠한 사람이나 교회, 그룹 혹은 단체와의 약속도 상대방에 대한 단순한 인간적 충성심 때문에 맺으면 안 된다. 그 관계가 형성된 계기는 처음부터 하나님에 대한 사랑 때문이어야 한다.

이것은 하나님을 항상 최우선순위에 두고 그분의 음성에 순종하지 않는다면, 참으로 지키기 어려운 요구이다. 오늘의 사람은 오직 하나님께로부터 인정받아야 한다.

> 너희가 서로 영광을 취하고 유일하신 하나님께로부터 오는 영광은 구하지
> 아니하니 어찌 나를 믿을 수 있느냐 (요 5:44)

오늘의 사람이 져야 할 십자가 중 하나가 이것이다. 우리가 이 십자가를 지고 더욱 하나님의 음성에 순종하고, 더욱 하나님의 영광을 앙망할 때, 친구들로부터 더욱 존경받고, 인정받고, 사랑받을 것이다. 이것이 바로 진정한 우정이다.

오늘의 사람이 되길 원한다면, 나의 정당성이 입증되었을 때 즐거워하지 말아야 한다. 만일 사무엘이 속이 좁은 사람이었다면, 사울이 급기야 하나님의 시험에 두 번째로 실패하는 것을 보았을 때 기뻐했을 것이다. 사울에게 경고를 한 유일한 사람이 사무엘이었다. 그러니 어쩌면 "거봐, 내 말이 맞잖아"라고 큰소리쳤을 수도 있다. 하지만 그는 그러지 않았다. 이것은 하나님께서 사무엘에게 "내가 이미 사울을 버려 이스라엘 왕이 되지 못하게 하였거늘 네가 그를 위하여 언제까지 슬퍼하겠느냐"(삼상 16:1)라고 말씀하신 것을 보면 알 수 있다. 그는 즐거워하기는커녕 슬퍼했다. "네 원수가 넘어질 때에 즐거워하지 말며 그가 엎드러질 때에 마음에 기뻐하지 말라"(잠 24:17).

우리의 형제나 자매 중 누군가가 실패했을 때 그와 함께 슬퍼해줄 수 있다면, 그것은 오늘의 기름부음을 받을 자격을 갖췄다는 좋은 증거다. 가인은 자신이 죽인 아벨을 하나님께서 찾으셨을 때, "내가 내 아우를 지키는 자니이까"(창 4:9)라고 말했다. 대답은 "그렇다"이다.

두렵게도 우리가 그토록 받기 원하는 기름부음이 우리의 경쟁의식 때문에 연기되는 경우가 너무나 많다. 우리는 다른 사람들을 훔쳐보며

의식적으로건 무의식적으로건 그들과 경쟁한다. 사실상 하나님께로만 오는 그 영광을 구하고자 하는 마음은 전혀 없다. 우리는 우리들끼리의 칭찬을 더욱 원한다.

D. L. 무디가 부흥의 주역으로 쓰임 받기 전, 한 설교자로부터 다음과 같은 말을 들었다. "우리는 오직 하나님께 헌신된 단 한 사람을 통해서 하나님께서 무슨 일을 하실 수 있는지 보게 될 것입니다." 이 강사가 말하는 '한 사람'은 사람의 영광이 아니라 오직 하나님의 영광만을 구하는 한 사람, 성령의 인도를 따라가는 한 그 누구에게도 원한이 없으며 다른 사람이 어떻게 생각하는지도 전혀 상관치 않는 한 사람을 의미했다. 그때 무디는 속으로 이렇게 다짐했다. '제가 그 한 사람이 되겠습니다!' 이 한마디가 그의 인생을 바꾸었고, 그 후로 무디는 세상을 바꾸기 시작했다. 물론 치러야 할 대가가 없지는 않았다.

내일의 사람을 찾아

오늘의 사람은 내일의 사람을 찾는 이다. "여호와께서 사무엘에게 이르시되 내가 이미 사울을 버려 이스라엘 왕이 되지 못하게 하였거늘 네가 그를 위하여 언제까지 슬퍼하겠느냐 너는 뿔에 기름을 채워 가지고 가라 내가 너를 베들레헴 사람 이새에게로 보내리니 이는 내가 그의 아들 중에서 한 왕을 보았느니라 하시는지라"(삼상 16:1). 만일 당신이 다음 세대에 대한 마음으로 가득하다면, 영적으로 건강하다는 뜻이다.

히스기야의 인생 중 가장 슬픈 장면은 아마도 이사야로부터 예루살렘 궁에 있는 물건들을 바벨론 사람들에게 보여주지 말았어야 했다는 책망을 들을 때였을 것이다. 이사야는 이렇게 예언한다. "여호와의 말씀을 들으소서 여호와의 말씀이 날이 이르리니 왕궁의 모든 것과 왕의 조상들이 오늘까지 쌓아 두었던 것이 바벨론으로 옮긴 바 되고 하나도 남지 아니할 것이요 또 왕의 몸에서 날 아들 중에서 사로잡혀 바벨론 왕궁의 환관이 되리라 하셨나이다"(왕하 20:16-18).

이 말에 히스기야는 정신을 바짝 차렸어야 했다. 그런데 그는 이렇게 말한다. "당신이 전한 바 여호와의 말씀이 선하니이다." 왜냐하면 '만일 내가 사는 날에 태평과 진실이 있을진대 어찌 선하지 아니하리요'(왕하 20:19)라고 생각했기 때문이다. 그는 자신의 일평생만 생각했을 뿐, 다음 세대에 대해서는 전혀 생각하지 않았다.

조나단 에드워즈가 말하기를, 사단이 유일하게 꾸며내지 못하는 것이 있다면 그것은 하나님의 영광에 대한 사랑이라고 했다. 우리가 진심으로 교회의 현재와 미래의 위상을 위하고 하나님을 사랑하고 있다면, 그것은 우리가 마귀에게 속임 당하고 있지 않다는 증거다. 하지만 내가 가장 걱정하고 있는 것이 나 자신의 위상이라면, 그것은 내가 오늘의 사람이 아니라는 증거다.

사무엘은 사람들이 어떻게 보는지와 상관없이 평생 오직 하나님만을 따랐다. 그는 오늘의 사람으로 살았던 매우 좋은 본보기이다. 그는 내일의 사람을 찾는 사람이었다.

사무엘은 이새의 첫째 아들이 하나님께서 정하신 이스라엘의 두 번째

왕일 것이라고 생각했다. 사무엘은 엘리압을 보며 이렇게 생각했다. "여호와의 기름 부으실 자가 과연 주님 앞에 있도다"(삼상 16:6). 아무리 훌륭한 사람이라도 선입관은 가지고 있다. 사무엘은 모든 집안의 장자에게 두 배의 유산이 주어진다는 것을 알고 있었다. 하지만 하나님께서 그 패턴을 깨신 일은 그 전에도 있었다. 이스마엘이 아니라 이삭이 하나님의 기름부음 받은 자였다. 에서가 아니라 야곱이 그러했다. 그리고 그 일이 또 일어나고 있었다.

하나님께서 사무엘에게 말씀하셨다. "그의 용모와 키를 보지 말라 내가 이미 그를 버렸노라 내가 보는 것은 사람과 같지 아니하니 사람은 외모를 보거니와 나 여호와는 중심을 보느니라"(삼상 16:7).

사무엘은 곧 자신이 하나님의 의도를 놓쳤다는 것을 깨달았다. 이새는 처음에 엘리압을, 다음엔 아비나답을, 그 다음엔 삼마를 데리고 왔다. 사무엘은 "이도 여호와께서 택하지 아니하셨느니라"(삼상 16:9)라고 대답했다. 이새는 아들 일곱을 모두 사무엘 앞으로 지나가게 했지만, 사무엘은 모두 다 아니라는 것을 알았다. "여호와께서 이들을 택하지 아니하셨느니라"(삼상 16:10).

오늘의 사람은 자신의 개인적인 선입관과 편견을 넘어 성령의 목소리를 듣고자 하는 의지를 가져야 한다. 사무엘은 이새에게 물었다. "네 아들들이 다 여기 있느냐"(삼상 16:11).

만일 사무엘이 자신의 육감을 따랐다면, '겉모습'을 보고 왕을 선택했을 것이다. 그랬기 때문에 엘리압을 보았을 때 "여호와의 기름 부으실 자가 과연 주님 앞에 있도다"라고 마음속으로 말했다. 하지만 바로 이때 자신의 육감을 초월하는 하나님의 음성이 들려왔다.

오랜 세월 쌓아온 지식과 경험으로부터 오는 육감과 성령의 음성을 분별하는 일은 쉽지만은 않다. 이러한 이유로 우리는 종종 실수를 저지르곤 한다. 우리는 너무 쉽게 겉모습, 즉 우리의 안전지대에 의거하여 결정을 내린다.

하나님의 함정

나는 종종 하나님이 어떤 면에서 스타일 자체가 '정이 안가는 사람들'을 뽑아서 사용하신다는 생각을 할 때가 있다. 십자가를 지고 다니고 청바지를 즐겨 입는 아서 블레싯 목사 같은 사람이 그 예이다. 눈이 사시였던 조지 휫필드도 그렇다. 그의 반대자들은 그를 '사팔눈 박사'라고 불렀다. 사도 바울에 대해서도 당시 사람들은 "그가 몸으로 대할 때는 약하고 그 말도 시원하지 않다"(고후 10:10)고 했다. 세례 요한에 대해서는 "낙타털 옷을 입고 허리에 가죽 띠를 띠고 음식은 메뚜기와 석청이었더라"(마 3:4)고 했다. 그것은 당시의 관점으로 봐서도 좀 이상한 모양새였던 것이다.

초기 나사렛교회의 복음전도자였던 버디 로빈슨은 9살 때부터 학교를 안 다녔을 뿐만 아니라 말까지 어눌해서 모든 신학교로부터 입학거부를 당했다. 하지만 그는 그의 생전에 25만 명의 영혼을 주님께로 인도하는 일을 해냈다. 로드니 하워드 브라운은 지식층에게 거부감을 주는 인물로 알려졌으나, 그에게는 자연적 이치로는 설명하기 어려운 놀라운 기름부음이 있었다.

    나는 한때 하나님께서 일부러 부담스러운 스티그마를 연출하셔서 사람들로 하여금 불쾌하게 느낄 수 있는 것에 대해서도 익숙해지도록 만드신 것이 아닌가 생각해본 적도 있다. 예를 들어, 어떤 사람의 태도나 그가 전달하는 메시지가 매우 거북하게 느껴진다고 치자. 마음속에서 격렬한 거부반응이 일어날 때, 우리는 본능적으로 그런 분노의 감정을 느끼는 것이 타당한 것처럼 인식하게 된다. 분노의 감정이 일어나는 것이 지극히 당연한 일인 것처럼 느껴짐과 동시에, 우리는 그 감정에 안정감을 느끼게 된다.

    하지만 나는 내가 심히 부정적인 반응을 보였던 일들을 통해 결국 나에게 문제가 있었음을 깨달았음은 물론이고, 그것이 내가 왜 그토록 분노의 감정을 느끼는지 다시 한 번 그 사안을 점검해보라는 하나님의 초청이었다는 것을 깨달은 경험이 적지 않다. 내가 하나님의 기름부음(나중에서야 받았음을 감사했던 바로 그 기름부음)을 내 발로 걷어찰 뻔했던 적이 한두 번이 아니었다.

    당신은 하나님의 함정을 찾아낼 수 있는가? 우리는 요한복음 6장에서 이것을 볼 수 있다. 예수님께서 자신이 '하늘에서 내려온 떡'이라는 말씀으로 사람들의 심기를 불편하게 하시자, 군중들은 그들이 알고 있던 정보들과 다른 주님의 가르침에 대해 수군거리기 시작한다. "이는 요셉의 아들 예수가 아니냐 그 부모를 우리가 아는데 자기가 지금 어찌하여 하늘에서 내려왔다 하느냐"(요 6:42).

    하나님께 기름부음 받은 자가 종종 사람들의 심기를 불편하게 하는 것은 하나님께서 짜 넣으신 함정이다. 사람들은 합리적으로 판단하여 기름부음 받은 자를 묵살하고, 사람들로 하여금 자신들의 판단을 합당한 것으로 여기게 한다. 예수님께서 "인자의 살을 먹지 아니하고 인자의 피를 마시지 아니하면 너희 속에 생명이 없느니라"(요 6:53)라고 말씀하셨을 때, 급기야 그들이 수용할 수 있는 한계를 넘어섰다. "이 말씀은 어렵도다 누가 들을 수 있느냐"(요 6:60). "그 때부터 그의 제자 중에서 많은 사람이 떠나가고 다시 그와 함께 다니지 아니하더라"(요 6:66). 마침내 역겨움이 극에 달해 사람들은 한 치의 의심 없이 떠나가고 말았다. 하지만 이것은 하나님의 함정이었다.

이새의 장자 엘리압도 함정이었다. 사무엘은 그를 보자마자 '바로 이 사람이다'라고 생각했다. 하지만 다행히도 사무엘은 계속해서 하나님의 음성을 들었다.

> 또 사무엘이 이새에게 이르되 네 아들들이 다 여기 있느냐 이새가 이르되 아직 막내가 남았는데 그는 양을 지키나이다 사무엘이 이새에게 이르되 사람을 보내어 그를 데려오라 그가 여기 오기까지는 우리가 식사 자리에 앉지 아니하겠노라 이에 사람을 보내어 그를 데려오매 그의 빛이 붉고 눈이 빼어나고 얼굴이 아름답더라 여호와께서 이르시되 이가 그니 일어나 기름을 부으라 하시는지라 (삼상 16:11-12)

이새의 말은 이런 의미였다. "아들이 하나 더 있기는 한데, 절대로 그 아이는 아닐 겁니다." 앞에서 소개한 웨일즈 부흥을 보지 못하고 돌아간 부부처럼, 우리는 종종 좋은 의도를 가지고 조언해주는 주변 사람들의 말에 의해 생각을 바꾼다. 하지만 사무엘은 "사람을 보내어 그를 데려오라 그가 여기 오기까지는 우리가 식사 자리에 앉지 아니하겠노라"고 말한다.

켄터키에 있는 가장 유명한 관광지 중 세상에서 가장 큰 지하동굴인 맘모스동굴Mammoth Cave이 있다. 우리는 이 동굴이 세계7대 불가사의에 추가해도 될 만큼 볼 만한 가치가 있는 곳이라고 생각했다. 많은 관광객도 그곳을 찾아왔다. 그런데 정작 그 근처에 가면 다른 동굴들의 이정표들이 마구 나붙어 있고, 그 이정표에는 '세상에서 가장 아름다운 동굴'과 같은 식으로 관광객들의 발길을 잡기 위한 온갖 선전문구들이 적혀 있었다. 그래서 많은 관광객들이 다른 이정표들에 현혹되어 정작 맘모스동굴은 보지 못하고 돌아가는 경우가 허다했다.

우리의 귀가 진정으로 성령의 음성에 초점을 맞추고 있지 않다면, 온갖 선입관들이 개입해서 진짜 음성을 놓치게 만든다. 뿐만 아니라 하나님께서는 우리가 기름부음 받은 하나님의 종은 이러이러한 모습이어야 한다는 식의 선입관과 편견으로 판단하지는 않는지 우리를 테스트하실 수 있다.

다윗이 사무엘 앞에 서자 그가 나이도 어리고 경험도 없는 아이임에도 불구하고 하나님께서는 "이가 그니 일어나 기름을 부으라"(삼상 16:12)고 하셨다. 사무엘은 그것을 어떻게 알았을까? 분명한 것은 그가 그냥 알았다는 것이다. 그는 전혀 자신이 속고 있다고 생각하지 않았다. 하지만 이새나 혹은 주변사람들에게 자신의 선택이 확실하다는 사실을 증명하거나 설명해줄 수 있는 길은 없었다. 오늘의 사람이 겪어야 하는 고통은 성령께서 다른 사람들에게도 같은 것을 보여주시지 않는 한, 자신이 본 것을 남들에게 확신시켜줄 수 없다는 것이다.

외로운 길

나의 아버지에 대해서 좀더 이야기하고 싶다. 물론 완벽하진 않으셨지만, 그분은 내가 아는 한 가장 신실하신 분이었다. 그 어떤 것보다 아버지의 기도생활이 나에게 가장 많은 영향을 미쳤다. 다시 말하지만, 그분은 목사도, 교회의 리더도 아니었다. 그냥 평범한 평신도였다. 하지만 아버지는 매일 30분씩 기도했다. 오늘날 그런 평신도가 얼마나 될까 생각하면서, 그런 아버지를 보며 자란 것을 감사하게 생각한다.

그랬던 만큼, 내게 새로운 계시(새로운 신학과 하나님께서 나를 언젠가 사용하실 것이란 사실)가 주어졌을 때, 아버지께 확신시켜 드릴 길이 없다는 것이 내겐 너무나 큰 슬픔이었다. 내가 하나님과 가장 친밀한 대화를 나누던 시절, 나는 신학교에서의 공부를 끝내고 집에 돌아와 있었다. 당시 나는 환상을 보는 것은 물론이고 성령께서 음성으로 내가 알지도 못하던 성경의 어느 구절을 열어보라는 감동을 주시곤 했다.

나에 대한 아버지의 언짢음이 극에 달했던 어느 날(그날은 아버지가 어찌나 무서웠던지 숨도 쉴 수 없을 정도였다), 갑자기 빌립보서 1장 12절 말씀을 펼쳐보라는 감동을 받았다. 그리고 그 후 며칠간 그 말씀을 계속 붙들고 묵상하게 되었다. 그 구절은 "형제들아 내가 당한 일이 도리어 복음 전파에 진전이 된 줄을 너희가 알기를 원하노라"였다. 당시 나는 나도 모르게 내가 자라온 교단에서는 매우 거북하게 받아들이는 교리들을 받아들이고 있었다.

나는 1955년 10월을 기점으로 내가 영원한 구원을 받았다는 사실을 확신했다. 하나님께서는 성경을 통해 예정론과 선택론 predestination and election

을 깨닫게 해주셨다. 죄에 대한 인식과 나의 의롭지 못함에 대한 자각이 너무나 분명했음에도 불구하고, 나의 삶은 정결했다. 그러나 내 주변의 그 누구도 나를 이해해주지 않았다. 나에 대한 아버지의 실망감은 말로 표현할 수 없을 정도였다. 하지만 나는 내게 열린 계시가 전적으로 진리라는 것을 알았다.

나는 지난 40년간 한 번도 이 부분에 대해 흔들린 적이 없다. 하지만 나는 지금까지도 내 주변의 사람들, 아버지나 친한 친구들에게까지도 내게 계시되었던 것들이 진정 하나님께로부터 온 것이라는 사실을 논리정연하게 설명할 수 있는 틀을 가지고 있지 못하다. 이런 것들을 설명할 수 있는 공식이 있다면, 참으로 많은 상처와 곤혹감을 피해갈 수 있을 텐데 말이다.

그러므로 오늘의 사람은 자신의 개인적인 바람이나 관계까지도 제쳐두어야 한다. 참으로 외로운 길이다. 과연 누가 그런 일을 감당하겠는가? 지난 수년간 나는 교회에서 절친한 친구들이 서로 정반대의 길을 가야 하는 경우들을 보아왔다. 그것은 보기에 매우 딱한 일이었다. 가까운 친구들이, 형제와 자매들이, 부모와 자식들이 정반대의 길을 간다는 것 말이다.

> 내가 세상에 화평을 주러 온 줄로 생각하지 말라 화평이 아니요 검을 주러 왔노라 내가 온 것은 사람이 그 아버지와, 딸이 어머니와, 며느리가 시어머니와 불화하게 하려 함이니 사람의 원수가 자기 집안 식구리라 아버지나 어머니를 나보다 더 사랑하는 자는 내게 합당하지 아니하고 아들이나 딸을 나보다 더 사랑하는 자도 내게 합당하지 아니하며 또 자기 십자가를 지고

나를 따르지 않는 자도 내게 합당하지 아니하니라 자기 목숨을 얻는 자는 잃을 것이요 나를 위하여 자기 목숨을 잃는 자는 얻으리라 (마 10:34-39)

내가 가족과 친구들의 범주를 벗어나서 공식적인 직무에서의 테스트라 할 만한 일을 처음 경험했던 것은 우리가 포트 로더데일에서 오하이오의 칼라일로 이사했을 때였다. 당시 나의 가장 친한 친구이자 멘토였던 한 사람의 추천으로 한 교회에서 설교를 하게 되었다. 두 번째 설교를 하고 나자 그 교회에서 나에게 담임목사로 와달라고 하였다. 그 교회는 '오직 성경, 오직 예수, 오직 사랑'을 강조할 뿐 어떠한 특정한 교리나 신조를 가지고 있지 않다고 말했기 때문에, 나는 특별한 문제가 있을 것이라고 생각하지 않았다. 그것이 참 좋은 슬로건이라고 생각했다.

그러나 정작 그 교회의 목사가 된 후 성경을 가지고 강해설교를 시작했을 때, 생각지 못한 난관에 부딪혔다. 그들은 나의 설교가 자신들의 '전통과 신조'에 위배된다며 나에게서 등을 돌렸다. 물론 모두가 그런 것은 아니었다. 일부는 나의 가르침을 받아들였다. 이 과정을 통해 나의 눈앞에서 가까운 친구관계가 깨져나가는 것을 보았다. 급기야 나의 가르침과 설교에 반대하는 자들이 들고 일어나 나를 해임시키기를 촉구했다. 나의 멘토였던 친구도 나를 사정없이 반대했다.

그로부터 18개월 후, 나는 그곳을 떠나 플로리다로 돌아와서 진공청소기 판매를 시작했다. 그때의 아픈 기억이 몇 년간 나를 괴롭혔다. 하지만 이 경험은 당시 겪었던 것과는 비교도 되지 않을 만큼 큰 전투를 치르기 위한 예고편에 불과했다. "지극히 작은 것에 충성된 자는 큰 것에도 충성되고"(눅 16:10). 하나님께서는 작은 테스트를 먼저 주시고(막상 닥쳤을 땐

커보일지라도), 이를 통해 더 큰 전투에 준비되게 하신다.

목적이 무엇인가?

오늘의 사람이 감수해야 하는 고통 중 하나는 자신이 한 일에 대한 결과가 주로 미래(내일)에 온다는 것이다. 어떤 경우에는 천국에 간 후에 오기도 한다. 히브리서 11장에 나오는 사람들이 '오늘의 주의 종'인 이유는 그들이 자신들의 수고의 대가를 다음 세대들이 기꺼이 누리게 했다는 데 있다.

> 이 사람들은 다 믿음으로 말미암아 증거를 받았으나 약속된 것을 받지 못하였으니 이는 하나님이 우리를 위하여 더 좋은 것을 예비하셨은즉 우리가 아니면 그들로 온전함을 이루지 못하게 하려 하심이라 (히 11:39-40)

베드로는 자신의 독자들에게 구약의 선지자들에 대해 이렇게 상기시킨다. "이 섬긴 바가 자기를 위한 것이 아니요 너희를 위한 것임이 계시로 알게 되었으니 이것은 하늘로부터 보내신 성령을 힘입어 복음을 전하는 자들로 이제 너희에게 알린 것이요 천사들도 살펴 보기를 원하는 것이니라"(벧전 1:12).

이것이 바로 주님과 늘 동행하는 자들이 지속적으로 오늘의 사람으로 남아 있을 수 있는 한 예이다. 누군가 일평생 한 번도 어제의 사람이 되지 않는다면, 그 사람은 영원히 오늘의 사람으로 남는다. "하나님은 불의하지 아니하사 너희 행위와 그의 이름을 위하여 나타낸 사랑으로 이미 성도를 섬긴 것과 이제도 섬기고 있는 것을 잊어버리지 아니하시느니라"(히 6:10). 그 시대의 압박에 굴복하지 않았던 히브리서의 그리스도인들은 영원히 잊혀지지 않을 것이다.

가까운 사역자가 이렇게 말했던 것이 기억에 남는다. "하나님께 불순종하기엔 나는 너무 늙었다네." 그 말이 무슨 뜻인지 나도 알 것 같다. 그것은 더 이상 불순종이 불가능한 나이가 온다는 뜻이 아니라, 시간이 얼마 남지 않은 것을 알기에 성령의 음성이 아닌 다른 것에 귀 기울일 가치가 없다는 뜻이다. "이는 우리가 다 반드시 그리스도의 심판대 앞에 나타나게 되어"(고후 5:10).

나는 어떤 결정을 내리거나 설교를 하거나 혹은 글을 쓸 때, 그 어느 순간에라도 하나님의 심판대 앞에 불려가 서게 될지도 모른다는 것을 가정하고 그 일들을 한다. 이젠 너무 늙어서 바로잡을 기회를 기약할 수 없기 때문이다.

사무엘은 자신의 이름이 기억될 만한 개인의 유산이 아니라 이스라엘의 내일을 위한 유산을 남기기를 원했다. 바로 이것이 그를 오늘의 사람으로 만든 것이다. 만일 그가 자신만을 생각하는 사람이었다면, 어제의 사람이 되고 말았을 것이다.

우리는 우리 자신에 대해 더 많이 생각하고, 우리가 어떻게 기억될 것인가를 걱정한다는 데 있어서 모두 다 죄인이다. 그러나 교회사가 보여 주는 아이러니는 내일의 교회를 위해 헌신한 자들이 가장 많이 기억되며, 자신들의 왕국을 건설하고자 했던 이들은 살아서는 어제의 사람이 되고, 죽어서는 전혀 기억되지 못한다는 사실이다.

로널드 레이건이 대통령이었던 시절, 그의 책상 위에 작은 명판이 있었는데 거기에는 '누구의 업적으로 남을 것인지 상관치 않는 사람에게 이루지 못할 것은 없다'라고 쓰여 있었다. 이것은 매우 깊은 뜻을 가진 말이다. 만약 우리가 이 정신을 우리의 삶 속에 가져온다면, 훨씬 더 많은 것을 이룰 수 있음은 물론, 우리가 어떻게 후대에 기억될 것인가에 있어서 지대한 변화를 가져올 것이다. 이 말은 우리가 무엇보다 하나님으로부터만 오는 영광을 먼저 구해야 하며, 그리고 그것이 누구이건 그가 주님의 종이라면 지지해주어야 함을 뜻한다. 그것이 오늘의 사람이 넘어야 하는 도전이다.

스티브 초크라는 목사이자 방송인은 스스로 표현하듯 '세상에 예수님 알리기'에 기름부음을 가지고 있다. 그는 그 일을 위해서라면, 무슨 일이라도 할 준비가 된 사람이다. 하나님께서는 그에게 일반적인 사람들보다 더 창의적인 생각을 할 수 있는 은사를 주셨다. 이 은사의 비밀은 무엇인가?

나는 우연히 그가 대화 중에 이 비밀을 자신도 모르게 말하는 것을 들었다. 그때는 스티브 초크가 2000년대 진입을 앞두고 새로운 밀레니엄을 위한 가상의 계획을 세워 그것과 관계된 지도자들에게 설명하는 자리였다. 이 계획은 획기적인 발상을 담고 있었는데, 즉 제3세계국가들의 엄청난 국채를 탕감해줄 수 있는 참으로 미래지향적인 계획이었다. 참석했던 지도자들도 이 아이디어를 매우 좋아했다.

그런데 한 가지 문제점이 있었다. 상부 지도층에 있는 몇 사람들 사이에서 이 일로 인한 업적을 누가 가져갈 것인가를 놓고 합의가 이루어지지 않았던 것이었다. 스티브가 그때 이렇게 말했다. "나는 누구의 업적이 되든지 상관없습니다. 단지 그 일이 이루어지기만을 바랄 뿐입니다." 그 일이 이루어졌더라면, 이 모든 일의 영광이 2천 년 전 우리의 부채를 탕감해주신 단 한 분, 그분께 돌아갈 수 있는 일이었다.

나의 요점은, 어떠한 훌륭한 일을 행함에 있어서 그것으로 인한 공로를 누가 취하든지에 상관없이 오직 그 일이 이루어지기만을 바라는 자에게는 이루지 못할 일이 없다는 것이다.

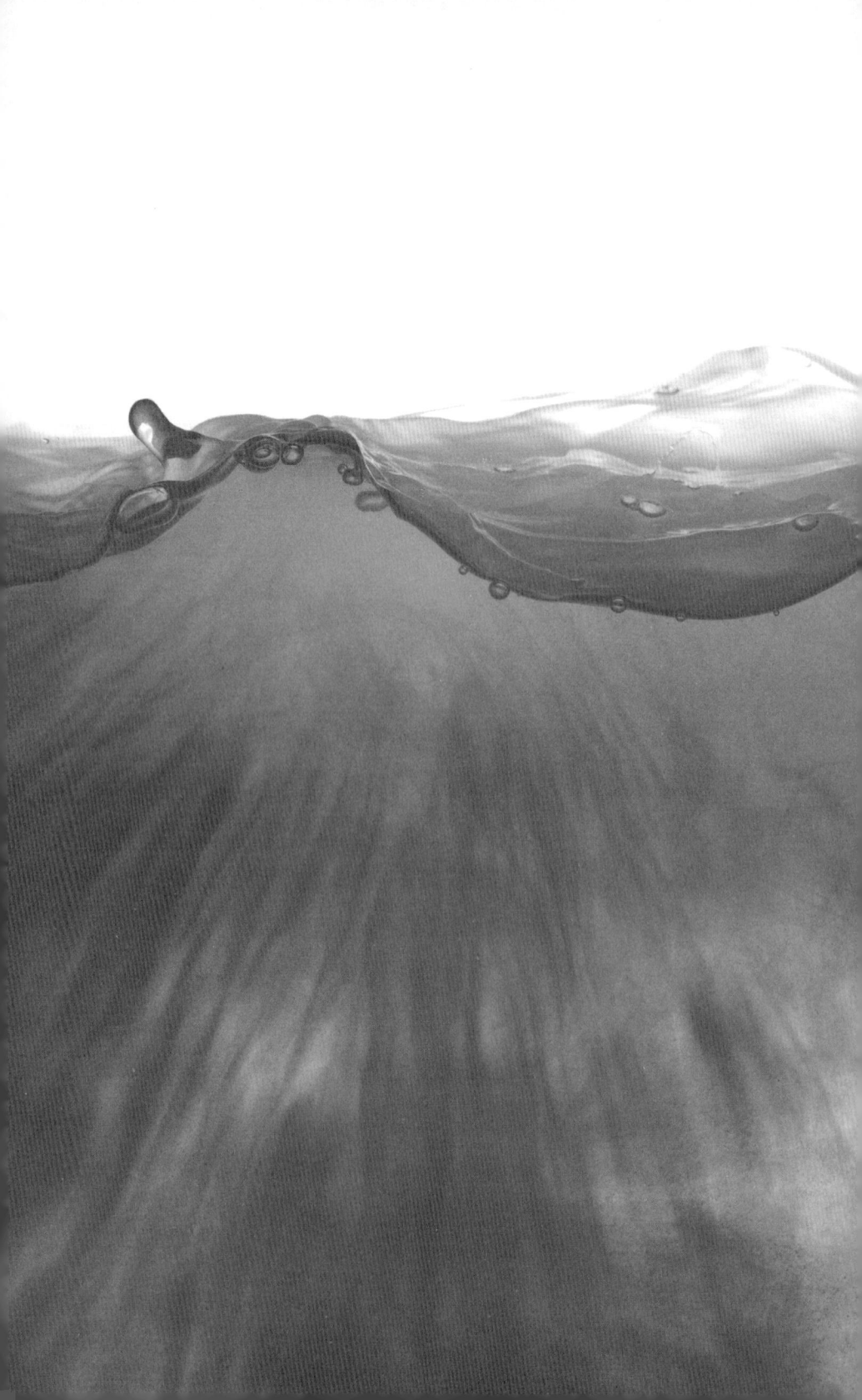

PART IV
내일의 기름부음

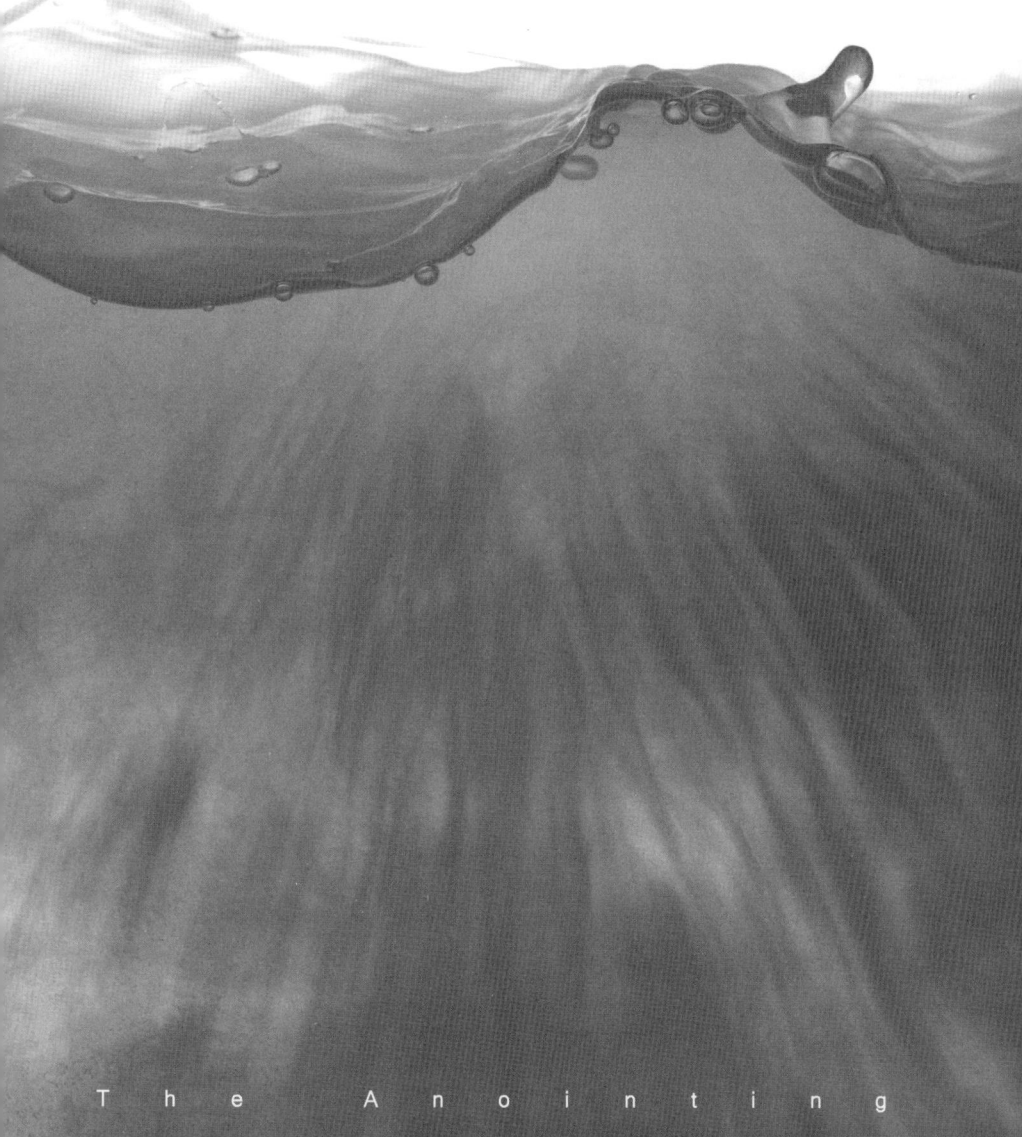

The Anointing

은밀한 기름부음

다윗은 전형적인 내일의 사람으로, 왕관을 쓰기 이전에 왕의 기름부음을 먼저 받았다. 반면에, 어제의 사람 사울은 왕관을 쓰고 있었지만, 기름부음을 잃어버렸다. 그는 여전히 왕이긴 했으나 하나님으로부터 버려지고 말았다. "사무엘이 기름 뿔병을 가져다가 그의 형제 중에서 그에게 부었더니 이 날 이후로 다윗이 여호와의 영에게 크게 감동되니라"(삼상 16:13).

다윗의 기름부음은 은밀한 기름부음이었다. 오직 열 사람, 즉 사무엘, 다윗의 아버지 이새, 다윗의 일곱 형제들 그리고 다윗 자신만이 이 기름부음에 대해 알고 있었다. 현재의 왕이 멀쩡하게 살아 있는데 이스라엘의 다음 왕에게 기름을 붓는 매우 위험한 의식이 거행된 것이다. 이후로 수년간 이 의식에 대해 아는 사람은 아무도 없어야 했다.

사실 이것은 다윗이 추구했던 기름부음도 아니었다. 그는 양을 치고 있다가 뜬금없이 불려가 이스라엘의 왕으로 기름 부어졌다. 그것은 마치 난데없이 바로 앞에 불려갔던 요셉과 같았다(창 41:14). 하나님은 때가 되면 기가 막히게 사람을 찾아내신다. 이 일은 어린 다윗에게 매우 놀랄 만한 일이었을 것이다. 하지만 다윗은 하나님께서 이미 그분의 마음에 맞는 사람으로 예정해두신 사람이었다(삼상 13:14).

기나긴 준비과정

다윗은 음악성과 용맹성이라는 잘 어울리지 않는 듯한 두 가지의 은사와 자질을 가지고 있었는데, 이것은 비밀리에 이루어진 기름부음 이후에 아주 유용하게 사용되었다. 일반적으로 음악가는 지적이고 감정적이거나 학구적이며, 섬세함을 특성으로 한다. 야생에 강한 '남자 중의 남자', 거친 들판을 제집처럼 장악하는 근육질의 남자를 누구도 성공한 음악가 스타일로 간주하지는 않는다. 하지만 다윗은 이 두 가지를 다 가지고 있었다.

어린 나이에 비해 다윗의 평판은 좋았다. 사울의 신하가 사울로부터 악신을 쫓아내줄 연주자를 찾고 있을 때, 누군가가 다윗을 천거했다. "소년 중 한 사람이 대답하여 이르되 내가 베들레헴 사람 이새의 아들을 본즉 수금을 탈 줄 알고 용기와 무용과 구변이 있는 준수한 자라 여호와께서 그와 함께 계시더이다 하더라"(삼상 16:18).

다윗이 기름부음을 받은 사실에 대해서는 아무도 모르는 상황에서, 그는 수금을 연주하기 위해 사울 앞으로 불려갔다. 사울은 즉시 그를 좋아하게 되었다. "하나님께서 부리시는 악령이 사울에게 이를 때에 다윗이 수금을 들고 와서 손으로 탄즉 사울이 상쾌하여 낫고 악령이 그에게서 떠나더라"(삼상 16:23).

이것이 다윗이 사울 왕을 위해 한 첫 번째 일이었다. 다윗의 음악성은 성령에 의해 기름부음 받은 것이었다. 다윗은 자신이 언젠가 이스라엘의 찬양에 큰 변화를 가져오고, 성경의 진수라 할 수 있는 시편을 쓰고, '이스라엘의 노래 잘 하는 자'(삼하 23:1)로 불리게 될 것이라는 사실을 전혀 모르고 있었다.

다윗이 두 번째로 자신의 기름부음을 발휘할 수 있었던 것은 골리앗과 싸울 때였다. 다윗이 비밀리에 받은 기름부음은 점차 강력해져갔다. 사울 앞에서 수금을 연주하는 것은 작은 테스트였다. 이미 보았듯이 작은 일에 충성된 자는 큰 일에도 충성된 법으로(눅 16:10), 하나님께서는 이제 다윗을 위해 '큰 것'을 준비하고 계셨다. 이 일로 인해 다윗은 이스라엘의 유명인사가 되었지만, 이것은 다윗이 거쳐야 할 준비과정에 불과했다.

우리 생각에는 '작은 일' 다음에 '큰 일'을 잘 통과하면, 다 끝났다고 생각할 수 있다. 하지만 그 '큰 것' 다음에 우리가 받은 은밀한 기름부음을 위해 예비된 또 다른 길고 긴 준비기간이 기다리고 있을 수도 있다. 모든 기름부음은 정제되어야 한다. 어린 다윗은 아직 왕이 될 만큼 성숙하지 않았다. 하나님께서는 이스라엘 사람들 가운데 다윗을 유명하게 하심으로써 다윗이 거쳐야 할 다음 단계로 그를 급하게 몰아넣으셨다.

준비에는 몇 가지 종류가 있다. 먼저 학문적인 준비가 있다. 슬프게도 어떤 이들은 이것이 가장 중요한 준비라고 생각하는 경향이 있다. 물론 이것이 중요하지 않은 것은 아니지만, 그렇다고 가장 중요한 것은 아니다. 예를 들어 하나님께서는 찰스 스펄전처럼 학문적인 준비가 거의 되어 있지 않은 자들을 들어 쓰기도 하신다. 지금은 옥스포드로 옮겼지만, 과거 런던에 있었던 리젠트파크칼리지가 젊은 스펄전의 입학신청을 거부했다는 사실은 지금까지도 그 학교의 오명으로 남아 있다.5) 감리교회는 자격미달을 이유로 캠벨 모건을 목사 후보에서 제명시켰다. 그런데 그는 나중에 웨스트민스터채플의 목사로 취임해 우리 교회를 국제적으로 알린 장본인이 되었다.

가장 중요한 준비는 다름 아닌 영적인 준비로, 우리에게는 영성을 계발하고 훈련하는 것이 반드시 필요하다. 이 과정을 통해 우리는 하나님의 손 안에서 유용하게 사용될 수 있도록 준비된다. 그러나 그것은 결코 쉽지 않은 과정이다. 이러한 과정을 통해 우리가 어떤 존재들인지 알게 되고, 우리에게 가까운 사람들, 때로는 너무나 영적이라고 생각했던 사람들마저도 얼마나 비열하고 악할 수 있는지도 배우게 된다. 그리고 동시에 우리 자신마저도 얼마나 불완전한지를 배우게 된다.

모든 기름부음은 정제되어야 한다.

하나님께서는 이스라엘의 가장 훌륭한 왕으로 다윗을 세우셨지만, 또한 영적인 연단을 받게 함으로써 진정한 하나님의 사람으로 만들기 위해 그를 세우기도 하셨다. 하나님께서 골리앗을 물리치기 위해 다윗을 세우셨는지, 아니면 다윗의 앞날에 놓여 있는 장거리 준비과정에 대비하기 위해(다윗이 '큰 일'에 어떻게 충성하는지 보시기 위해) 골리앗을 세우셨는지 분간하기란 쉽지 않다.

전쟁에서의 승리

이스라엘 군사들은 키가 아홉 척이 넘는 골리앗이 나와 싸울 자를 내보내라고 했을 때 혼비백산했다.

> 그가 서서 이스라엘 군대를 향하여 외쳐 이르되 너희가 어찌하여 나와서 전열을 벌였느냐 나는 블레셋 사람이 아니며 너희는 사울의 신복이 아니냐 너희는 한 사람을 택하여 내게로 내려보내라 그가 나와 싸워서 나를 죽이면 우리가 너희의 종이 되겠고 만일 내가 이겨 그를 죽이면 너희가 우리의 종이 되어 우리를 섬길 것이니라 그 블레셋 사람이 또 이르되 내가 오늘 이스라엘의 군대를 모욕하였으니 사람을 보내어 나와 더불어 싸우게 하라 한지라 사울과 온 이스라엘이 블레셋 사람의 이 말을 듣고 놀라 크게 두려워하니라 (삼상17:8-11)

사울 왕은 골리앗을 죽이는 사람에게 많은 재물과 그의 딸과의 결혼 그리고 세금면제의 혜택을 주겠노라고 약속했다(삼상 17:25). 다윗의 반응은 단순했다. "이 할례 받지 않은 블레셋 사람이 누구이기에 살아 계시는 하나님의 군대를 모욕하겠느냐"(삼상 17:26).

다윗은 비밀스럽게 받은 기름부음으로 인해 눈앞에 서 있는 거구의 적장을 전능하신 하나님 앞에 서 있는 한낱 작은 자로 볼 수 있었다. 하나님께로부터 기름부음 받은 자는 다른 사람들이 보지 못하거나 두려워 말하지 못하는 것을 볼 수 있고, 말할 수 있다.

다윗은 바로 자원했다. "다윗이 사울에게 말하되 그로 말미암아 사람이 낙담하지 말 것이라 주의 종이 가서 저 블레셋 사람과 싸우리이다"(삼상 17:32). 기름부음으로 인해 다윗은 자신이 무엇을 할 수 있는지 알았다. 그래서 남들이 보지 못하는 것을 볼 수 있었고, 다른 사람들이 말하지 못하는 것을 말할 수 있었으며, 어느 누구도 할 수 없는 일을 자원할 수 있었다.

당신은 은밀한 기름부음을 가지고 있는가? 그렇다면 당신은 하나님께서 당신과 함께하신다는 것을 알고 있다. 그리고 당신에게는 분별력과 용기와 자원하는 마음이 주어졌다. 이것은 하나님께서 당신을 위해 무언가 대단한 일을 해주실 때가 되었다는 뜻이 아니라, 당신이 절대 거절할 수 없는 어떤 기회가 지금 당신 눈앞에 놓여 있다는 뜻이다. 다윗은 바로 그렇게 느꼈다.

하지만 아무도 다윗을 믿지 않았다. "사울이 다윗에게 이르되 네가 가서 저 블레셋 사람과 싸울 수 없으리니 너는 소년이요 그는 어려서부터 용사임이니라"(삼상 17:33). 그러자 다윗은 자신이 경험을 통해 준비되었음을 상기시킨다. 왕궁에서 수금을 연주할 준비가 되어 있던 음악가였던 것처럼, 그는 이미 들판에서 매우 용맹한 자로 준비되어 있었다. 하나님의 보편적인 은혜로 주어졌던 자질들이 지금은 새로운 기름부음 아래 있었다. 다윗은 자신이 은밀한 기름부음을 받기 전부터 해오던 일들을 설명해준다.

> 다윗이 사울에게 말하되 주의 종이 아버지의 양을 지킬 때에 사자나 곰이 와서 양 떼에서 새끼를 물어가면 내가 따라가서 그것을 치고 그 입에서 새끼를 건져내었고 그것이 일어나 나를 해하고자 하면 내가 그 수염을 잡고 그것을 쳐죽였나이다 주의 종이 사자와 곰도 쳤은즉 살아 계시는 하나님의 군대를 모욕한 이 할례 받지 않은 블레셋 사람이리이까 그가 그 짐승의 하나와 같이 되리이다 또 다윗이 이르되 여호와께서 나를 사자의 발톱과 곰의 발톱에서 건져내셨은즉 나를 이 블레셋 사람의 손에서도 건져내시리이다 사울이 다윗에게 이르되 가라 여호와께서 너와 함께 계시기를 원하노라 (삼상 17:34-37)

새로운 테스트가 시작되었다. 다윗은 자기 자신에게 진실해야 했다. 다시 말해 온전히 자기 자신이 되어야 했다. 그가 갑옷과 놋 투구를 쓰고 군복 위에 칼을 찼을 때, 즉시 자신이 그런 모습으로 나갈 수 없다는 것을 깨달았다. "사울에게 말하되 익숙하지 못하니 이것을 입고 가지 못하겠나이다 하고 곧 벗고"(삼상 17:39). 셰익스피어도 말했다. "그 무엇보다 너 자신에 대해 정직하라." 그래서 다윗은 자신의 진정한 은사를 의지하고, 사울의 갑옷을 입지 않았다.

은밀한 기름부음을 받은 자가 거쳐야 하는 가장 어려운 준비는 자신의 능력과 한계를 아는 것이다. 갑옷을 입으라는 사울의 친절한 제의를 거절하는 데는 용기가 필요했다. 하지만 다윗은 자신이 골리앗을 죽이는 일에 사울의 무거운 갑옷이 필요치 않다는 것을 중심에서부터 알고 있었다.

손에 막대기를 가지고 시내에서 매끄러운 돌 다섯을 골라서 자기 목자의 제구 곧 주머니에 넣고 손에 물매를 가지고 블레셋 사람에게로 나아가니라 (삼상 17:40)

어린 다윗이 나오는 것을 보았을 때, 골리앗은 모욕감을 느꼈다.

그 블레셋 사람이 둘러보다가 다윗을 보고 업신여기니 이는 그가 젊고 붉고 용모가 아름다움이라 블레셋 사람이 다윗에게 이르되 네가 나를 개로 여기고 막대기를 가지고 내게 나아왔느냐 하고 그의 신들의 이름으로 다윗을 저주하고 그 블레셋 사람이 또 다윗에게 이르되 내게로 오라 내가 네 살을 공중의 새들과 들짐승들에게 주리라 하는지라 다윗이 블레셋 사람에게 이르되 너는 칼과 창과 단창으로 내게 나아 오거니와 나는 만군의 여호와의 이름 곧 네가 모욕하는 이스라엘 군대의 하나님의 이름으로 네게 나아가노라 오늘 여호와께서 너를 내 손에 넘기시리니 내가 너를 쳐서 네 목을 베고 블레셋 군대의 시체를 오늘 공중의 새와 땅의 들짐승에게 주어 온 땅으로 이스라엘에 하나님이 계신 줄 알게 하겠고 또 여호와의 구원하심이 칼과 창에 있지 아니함을 이 무리에게 알게 하리라 전쟁은 여호와께 속한 것인즉 그가 너희를 우리 손에 넘기시리라 (삼상 17:42-47)

그날 다윗은 은밀한 기름부음과 태생적으로 가지고 있던 은사로 인해 승리를 거두었다.

손을 주머니에 넣어 돌을 가지고 물매로 던져 블레셋 사람의 이마를 치매

돌이 그의 이마에 박히니 땅에 엎드러지니라 (삼상 17:49)

이 순간은 고대 이스라엘의 역사상 가장 기억할 만한 장면이었다. 성경은 하나님께서 은밀하게 기름 부으신 한 사람을 통해 어떤 일을 하셨는지 다음과 같이 한 문장으로 정리하고 있다.

다윗이 이같이 물매와 돌로 블레셋 사람을 이기고 그를 쳐죽였으나 자기 손에는 칼이 없었더라 (삼상 17:50)

고난을 통한 성화

다윗은 골리앗을 무찌르며 전쟁에서 승리하지만, 이것은 그가 겪을 어려운 시기의 시작에 불과했다. 이 승리가 축하받지 못했던 것은 아니다. 모두들 기뻐했다. 사울 왕도 다윗에게 고마워했다. 게다가 사울의 아들 요나단은 다윗과 절친한 관계가 되었다(삼상 18:2-3). 다윗은 점차 강건해져갔고, 많은 공을 세워 왕의 군대에서 높은 지위도 갖게 되었다. 다윗에 대한 칭찬이 너무 자자해지기 전까지는 모든 것이 다 잘 되어가고 있었다.

군대가 귀환할 때 이스라엘 방방곡곡의 여자들이 사울 왕 앞으로 나아와 탬버린을 흔들며 기쁨의 노래를 부르고 춤을 추었다. 어쩌면 이때 사울 왕은 속으로 사무엘 선지자가 했던 예언이 틀렸다고 생각했을지도 모른다. 어쩌면 '다윗을 내게 보내신 것을 보니 하나님께서 나와 함께

하시는군'이라고 생각했을지도 모른다. 이스라엘의 여자들이 "사울이 죽인 자는 천천이요 다윗은 만만이로다"(삼상 18:7)라고 노래하기 직전까지는 말이다.

> 은밀한 기름부음을 받은 자가 거쳐야 하는
> 가장 어려운 준비는 자신의 능력과 한계를 아는 것이다.

이러한 칭찬은 어쩌면 다윗에게 일어날 수 있는 최악의 일이었다. 바로 그 순간부터 사울 왕과의 행복했던 관계에 금이 가기 시작했고, 두 사람 사이는 절대로 예전과 같을 수 없게 되고 말았다. "사울이 그 말에 불쾌하여 심히 노하여 이르되 다윗에게는 만만을 돌리고 내게는 천천만 돌리니 그가 더 얻을 것이 나라 말고 무엇이냐 하고"(삼상 18:8).

사울은 사무엘이 했던 예언이 틀렸다고 생각하지 않았다. 자신이 사무엘의 신임을 잃어버린 것을 알고 있었다. 그리고 자신의 시대가 끝났음을 사무엘도 알고 있다는 것을 눈치채고 있었다. "그가 더 얻을 것이 나라 말고 무엇이냐"라고 말한 것을 보면, 그의 상태가 어느 정도로 불안정했는지 잘 알 수 있다. "그 날 후로 사울이 다윗을 주목하였더라"(삼상 18:9).

오늘날 하나님께서 하고 계신 일에 가장 강하게 대적하는 사람은 다름 아닌 어제 쓰임 받은 자들이란 말이 있다. 하나님께서 지금 하고 계신 일에 대해 가장 적대적으로 반응하는 자들은 하나님께서 어제 하신 일에 동참했던 자들이다. 성령의 현재적 움직임에 가장 큰 공격을 가하는 자들은 성령께서 과거에 하셨던 일에 함께했던 자들이다. 이 모든 것의 가장 큰 이유는 질투다.

바로 이 순간부터 사울에게 있어서 가장 큰 위협은 블레셋이 아니라 다윗이었다. 다윗은 골리앗보다 더 강력한 적이 되었다. 이스라엘에 엄습했던 모든 위협을 다 합친 것보다 다윗 한 사람이 더 큰 위협이었다. 그때부터 사울은 자신의 모든 관심과 힘을 한 가지 목적, 즉 다윗을 제거하는 일에 집중하였다.

슬픈 일이지만 이 시나리오는 교회사에서 매우 여러 번 반복되어 왔다. 이 라이벌 의식이 하나님의 사람들 가운데 스며들면, 그들은 그리스도인의 진정한 적, 공중의 권세 잡은 자보다 우리 안에 있는 라이벌을 죽이는 데 더욱 혈안이 되었다. 질투는 우리 가운데 있는 위협적인 존재를 제거하는 일이 잃어버린 영혼을 주님께 돌아오게 하는 일보다 더 중요한 일인 것처럼 여기도록 우리의 정신을 혼미케 한다.

때로 크리스천 인쇄매체에 주님의 일꾼들을 공격하는 기사가 다른 것보다 더 많이 나올 때도 있다. 만약 세상의 매체에 이런 기사들이 실려 나온다면 그것은 우리가 드디어 원수의 신경을 거슬리기 시작하여 그들의 반격이 시작되었다는 반증이라고 볼 수도 있다. 하지만 불행하게도 오늘날 그리스도인들 사이에서 잃어버린 영혼에 대해서는 일말의 관심도 없이 오로지 동료 그리스도인의 명성을 짓밟는 일에만 몰두하는 일들이 벌어지고 있다. 이러한 일은 사울이 자신의 왕권을 지키려 했던 것처럼 오로지 자기 자신의 세력과 위세를 강화하려고 할 때 일어난다.

하지만 여기에도 하나님의 의도가 있었다. 아직은 다윗이 왕이 될 준비가 되어 있지 않았던 것이다. 하나님께서는 사울에 대한 징계로 즉시 그를 해임하실 수도 있었으나 몇 년을 더 유보하기로 결정하셨다. 하나님께서는 다윗의 성화를 위해 사울을 도구로 사용하실 계획을 가지고 계셨다!

다윗은 아직 왕이 될 준비가 되어 있지 않았다. 그에게는 강력한 기름부음이 있었지만, 더욱 연마되고 정제되어야 했다. 오랜 기간에 걸쳐 다윗의 기름부음이 더욱 증가되고 계발되어 진정 그의 때가 도래하였을 때, 완전한 성령의 사람으로 변화될 것이었다.

은밀한 기름부음을 받은 자는 언제나 오랜 준비기간을 거쳐야 한다. 이를 통해 다윗도 진정한 남자가 되었다. 물론 그는 이미 진정한 남자였다. 하지만 하나님께서는 그에게 다른 차원의 자질이 필요하다는 것을 아셨다. 바울은 다음과 같이 말하였다.

> 내가 어렸을 때에는 말하는 것이 어린 아이와 같고 깨닫는 것이 어린 아이와 같고 생각하는 것이 어린 아이와 같다가 장성한 사람이 되어서는 어린 아이의 일을 버렸노라 (고전 13:11)

우리는 단지 성령을 더 부어달라고 기도하는 것만으로 우리에게 요구되는 성화를 다 이룰 수는 없다. 예수님은 받을 수 있는 모든 성령을 (하나님께서 한량없이 주시므로, 요3:34) 다 받으셨음에도 불구하고, 고난을 통해 순종함을 배우셨다(히 5:8).

나는 이 사실이 너무나 경이롭다. 하나님이자 사람이셨던 주님께서도 완전해지시기 위해서는 고난을 겪으셔야 했다. 그분은 하나님이 아닌 사람으로서 한량없이 부어지는 성령으로 충만하셨다. 그러면서도 한낱 사람이 아닌 하나님이기도 하셨다.

> 만물이 그를 위하고 또한 그로 말미암은 이가 많은 아들들을 이끌어 영광에 들어가게 하시는 일에 그들의 구원의 창시자를 고난을 통하여 온전하게 하심이 합당하도다 (히 2:10)

예수님도 하나님께서 예비하신 일들을 모두 이루어드리기 위해 고난을 받으셔야 했다면, 하물며 연약한 먼지의 자식이며 죄로 가득한 우리들이야 하나님께서 우리를 신뢰하셔서 충만한 기름부음으로 채우시기까지 얼마나 많은 고난을 겪어야 하겠는가?

고난은 다윗을 더욱 성숙한 기름부음으로 인도하였다. 다윗은 이미 여호와의 영에게 크게 감동되었지만(삼상 16:13), 사울이라는 도구를 통해 더 큰 능력을 부여받아야 했다. 우리 할머니의 표현에 따르면, 인생이 길게 느껴지게 하는 방법은 뭔가 실수를 저지른 다음에 그것을 해결하느라 고생하며 사는 것이다. 이와 같은 의미는 아니지만, 하나님과 가까워지는 가장 좋은 방법은 나를 죽일 듯이 미워하는 적을 만남으로써 예수님처럼 산다는 것이 어떤 것인지를 배워나가는 것이다. 그런 의미에서 볼 때, 다윗에 대한 사울 왕의 적개심은 아마도 다윗에게 일어난 일들 중 결과적으로 가장 좋은 일이었을 것이다.

다윗으로서는 왕으로 기름부음 받은 후에 왕관을 쓰기는커녕, 그때부터 사울을 피해 도망 다니는 길고 긴 세월을 보내야 한다는 사실을 알 길이 없었다. 그 이유는 단 하나, 그가 은밀하게 받았던 기름부음이 성숙해져야 했기 때문이다.

하지만 희망도 있었다. 다윗은 새로운 친구 요나단으로부터 힘을 얻었다. 수년간 받을 고난의 평행선상에는 다윗에게 일말의 기쁨을 가져다

주는 생명선, 즉 요나단이 있었다. 다윗으로 하여금 온전한 정신과 기운을 차리게 지켜줬던 그 생명선은 또한 왕궁의 소식을 듣게 해주는 소식통이기도 했다. 다윗은 요나단을 통해 사울 왕의 상태와 근황을 정확히 파악할 수 있었다.

> 하나님과 가까워지는 가장 좋은 방법은 나를 죽일 듯이 미워하는 적을 만남으로써 예수님처럼 산다는 것이 어떤 것인지를 배워나가는 것이다.

하나님께서는 우리에게 친구가 얼마나 필요한지 아신다. 친구는 나에 대해 모든 것을 알면서도 여전히 나를 좋아해주는 사람이다. 만일 그런 친구가 단 한 명이라도 있다면, 우리는 행운아다. 그런 의미에서 다윗은 최고의 친구를 가지고 있었다. 하나님께서는 당신에게도 그런 친구를 주실 것이다. 당신에게는 은밀하게 받은 기름부음이 성숙해지는 과정도 필요하지만, 그로 인해 받을 고난을 보상해줄 친구도 필요하기 때문이다.

진정한 친구는 당신에게 진실을 말해준다. 어떤 이들은 친구들로부터 듣고 싶은 말만을 듣기 원한다. 서머셋 모음은 이렇게 말했다. "사람들이 당신에게 평가를 요구할 때, 그들이 진정 원하는 것은 칭찬이다." 주변에 아첨꾼들을 모아 놓고 자신의 자부심을 북돋우는 것은 건강한 관계가 아니다.

다윗과 요나단의 관계는 충직했을 뿐 아니라 솔직했다. 사울이 다윗을 죽이고자 하면 요나단이 그 사실을 다윗에게 알려주어 목숨을 구하도록 도와주기로 약속하는 장면은 참으로 감동적이다(삼상 20:16-17). 다윗은 진실을 알아야 했고, 요나단으로부터 그것을 얻을 수 있다는 것을 알고 있었다. 그런데 역시나 다윗이 가장 우려했던 바대로 사울은 다윗을 죽이기로 작정하였다(삼상 20:18-42).

다윗은 이미 오랜 세월 사울을 피해 다니는 고난을 겪었다. 하지만 다윗이 요나단과 맺은 언약은 그제서야 다윗의 왕좌를 향한 진정한 준비과정이 시작되었음을 의미하는 것이었다.

최악의 위기, 최상의 시간

1982년 나의 최대의 시련이 시작되었다. 아서 블레싯을 웨스트민스터채플에 초빙한 결과, 오랫동안 나를 지지해온 성도와 친구들이 떠나갔다. 그 해가 저물어갈 무렵, 나는 그때가 고통의 막바지라고 생각했다. 하지만 그것은 시작에 불과했다. 1983년 내내 나에 대한 반대가 점점 더 심해졌다. 1983년 말에는 상상하지도 못했던 비난들이 나에게 쏟아졌다. 갑자기 내가 1977년에 웨스트민스터채플에 취임한 이래 했던 모든 설교들이 공격의 대상이 되었다.

1984년에는 빌리 그래함이 우리 교회에서 설교를 하였는데, 교회의 리더들은 대부분 은혜를 받지 못했다. 그 해 말, 우리 교회의 12명의 장로 중 6명이 공식적으로 나에게 반기를 들었다. 크리스마스를 며칠 앞둔 어느 날, 교회의 모든 성도들에게 돌려질 편지가 나에게 배달되어왔다. 그 편지에 의하면 나는 도덕폐기론(우리가 구원받았다면 어떻게 살아도 상관없다는 견해)을 주장하는 이단자였다. 1984년의 크리스마스는 내 생애 가장 침울한 크리스마스였다.

그러나 클라이막스는 1985년 1월 16일 열린 교회의회였다. 그날은 교회명부에 이름은 올려두고 있었지만 오랫동안 출석하지 않던 사람들까지 회의에 모여들었다. 그 자리에서 한때 나를 지지하던 사람들이 나의 가르침에 반대하는 견해를 밝혔다. 나를 충성되게 지지하던 사람들도 회의장에 있기는 했지만, 침묵을 지켰다.

회의 중간에 잠시 휴식 시간이 있었다. 침묵하며 혼자 앉아 있던 나는 뒤에 앉아 있던 아내 루이스와 아들을 바라보았다. 루이스의 표정은 모든 것이 다 끝났다는 듯한 모습이었다. 그 모습을 보자, 다시 미국으로 돌아가서 진공청소기 파는 일로 복직할까 하는 생각도 떠올랐다. 그런데 힘없이 마룻바닥을 바라보던 중 내 속에서 "너의 판단에 기대지 말고 전심을 다해 하나님을 신뢰하라"는 음성이 들려왔다. 그리곤 마음에 평안함이 찾아왔고, 오른손 손가락 끝에 특이한 임재가 느껴졌다. 나는 이 일을 지금도 잊지 못한다.

휴식시간이 끝나고 회의가 다시 재개되었다. 그런데 얼마 지나지 않아 신기하게도 나를 부당하게 비난한 장로들을 해임하기 위한 투표를 시작하고 있었다. 하나님께서는 놀라운 방법으로 이 모든 과정을 넘어가게 하셨으며, 내가 지금까지 21년째 웨스트민스터채플에서 섬길 수 있도록 해주셨다.

나는 스스로 내가 도덕폐기론자가 아님을 알고 있었다. 오히려 나는 하나님의 은혜로 거룩한 사람들을 길러내길 소원했다. 당시 나를 반대했던 자들마저도 이것을 인정했다. 그들은 내가 예배시간에 새로운 찬양을 부르고, 설교를 마칠 때 사람들에게 도전을 주며 초청함으로써 교회를 망치고 있다고 생각했다. 나를 반대했던 장로 중 한 사람은 실제로 내가 이단이라고 생각하지는 않았지만, 찬양대가 노래 부르는 것이 싫었다고 털어놓았다. 그는 또한 내가 성도들이 거룩하게 살도록 권면했음도 시인했다. 하지만 그는 교회가 바뀌고, 지금까지 지켜왔던 것들을 잃어버릴까봐 두려웠다고 말했다.

그들은 모두 좋은 사람들이자 좋은 그리스도인이었고, 그들 중 어떤 사람들은 내가 지금까지 만난 사람들 중 가장 신실한 사람들이기도 했다. 그들은 나를 하나님의 사람으로 인정했었고, 그들 역시 하나님의 사람들이었다. 그랬기 때문에 더욱 힘들었다. 당시의 긴장감은 이루 말할 수 없었다. 의심의 여지없이 이때가 웨스트민스터채플 역사상 최악의 위기가 아니었나 생각한다.

하지만 나 개인에게 있어서는 최상의 시간이었다. 그 일이 내게 일어났던 일 중 가장 좋은 일이었다고 말한다면 과장이겠지만, 분명 내게 일어났던 좋은 일 중 하나임에는 분명했다. 그 일로 인해 나는 지금까지 내가 가르쳐왔던 것들을 철저하게 실천해야 했다. 그 일은 내가 얼마나 약한 존재인지 드러냈고, 나를 보다 온전하게 빚었으며 단련시켰다. 하나님께서는 나를 버리지 않으셨을 뿐만 아니라, 그 어느 때보다 더 은혜로우셨으며 가까이 다가오셨다. 물론 그때로 다시 돌아가고 싶지는 않지만, 그 경험이 내게 의미하는 바는 실제로 금보다 더 값진 것이었다.

감히 말하건대, 아마 그들도 나와 같은 생각일 것이다. 그들 역시 모든 일을 하나님께서 의도를 가지고 행하셨다고 믿을 것이고, 그 일을 겪음으로 인해 자신들도 성장하였다고 말할 것이다. 그들은 사울과 같지 않았다. 모든 주의 종을 단련시키는 데 사울이 필요한 것은 아니다. 하지만 하나님께서는 분명 다윗을 빚는 데 사울을 사용하셨다.

감사함으로 때를 기다리라

만일 당신이 자신과 몇 사람만이 아는 은밀한 기름부음을 받았다면, 당신의 때가 올 때까지 오랜 시간을 기다려야 한다. 그러나 많은 이들이 기다리지 못하여 중도에 포기한다.

나는 매우 유명한 한 사람이 정상에 오르자마자 흔들리는 것을 본 적이 있다. 그는 참 좋은 사람이었지만, 곧 성공에 취해버렸다. 나는 로이드 존스 목사가 내게 했던 말을 적어 그에게 보냈다. "인간에게 일어날 수 있는 가장 불행한 일은, 그가 준비도 되기 전에 성공하는 것이다." 그는 내게 답장을 보내왔는데, 나의 충고에 공감하며 하나님께서 예전과 같이 자신을 사용하실 수 있도록 준비가 될 때까지 모든 것을 내려놓고 겸허하게 기다리기로 약속한다고 했다. 기다린다는 것은 고통스럽다. 특히 다윗처럼 한때 높이 세워졌다가 다시 기다려야 한다면 더욱 그렇다.

다윗은 잘못한 것이 없었다. 다윗은 요셉처럼 채색옷을 과시하다가 형제들의 시기를 산 일도 없다. 다윗은 순전한 금이었지만, 여전히 제련의 과정이 필요했다. 다윗은 겸손한 사람이었다. 그는 왕의 딸과 결혼하는 것에 가치를 두지 않았으며 매우 정직했다. 그는 블레셋 사람 100명을 죽이고 포피를 가져오라는 사울의 제안이 자신을 블레셋 사람의 손에 죽게 하려는 계책이라는 것을 알지 못했다. 결국 다윗은 200명의 포피를 가지고 왔고, 상으로 사울의 딸을 아내로 받아들였다. 이 일로 사울은 다윗을 더욱 두려워하게 되었고, 그의 대적이 되어 괴롭혔다(삼상 18:29).

당신에게 있는 은밀한 기름부음은 아무리 당신이 그것을 감춘다 하더라도 하나님께서 당신을 단련시키기 위해 붙이신 적에게는 여전히 위협이 될 것이다. 다윗은 자신의 기름부음을 숨길 수 없었다. 그는 야망적인 사람도 아니었고, 단지 자신에게 주어진 일을 감당했으되 그것을 너무나 잘 감당했을 뿐이었다. 사실 그에게는 너무나 많은 능력이 있어서 하나님께서는 상황이 더 나빠지기 전에 그를 잠시 가려두셔야 했다.

지금 당신의 때가 오기를 기다리고 있는가? "여호와여 어느 때까지니이까"(시 13:1) 하며 기다리고 있는가? 다윗의 준비기간도 끝이 없는 것처럼 느껴졌다. 어쩌면 당신도 지금 그렇게 느끼고 있을지도 모른다. 하지만 현재의 상황이 어떠하든, 당신에게 부어진 은밀한 기름부음에 감사하라. 친구를 주신 것에 감사하라. 그리고 적을 주신 것도 감사하라. 결국 나중에는 친구보다 그들이 더 고맙게 여겨질 것이다!

만일 당신이 자신과 몇 사람만이 아는 은밀한 기름부음을 받았다면,
당신의 때가 올 때까지 오랜 시간을 기다려야 한다.

Chapter 12

내일의 사람

　　기름부음은 받았으나 그것을 사용할 수 있는 위치에 세움 받지 못하는 것은 매우 고통스러운 일이다. 내게도 지금은 귀중하게 느껴지지만 당시에는 끔찍한 시간이었던(생계를 위해 진공청소기를 팔러 다니던) 날들이 있었다. 전임사역자로만 살아가기에는 너무 많은 빚을 지고 있었기 때문에, 나는 일반 가전제품 시장에서는 팔지 않았던 진공청소기를 집집마다 돌아다니며 판매하는 일로 생계를 꾸려가야 했다. 주일이면 교회에 가 여러 목사님들의 설교를 들었다. 나는 속으로 '내가 저기 서서 설교하면 어떨까?'라고 생각하곤 했다. 가끔 그리 설교에 은사가 있어 보이지 않는 분이 설교를 할 때면 '나는 저것보다 더 잘할 수 있는데'라고 생각하기도

했다. 하지만 그들에게는 강단이 있었지만, 나는 그렇지 않았다.

나는 기다리고 또 기다렸다. 그때는 지식적인 차원에서의 준비가 아니라 영적인 준비기간이었다. 사실 생각만 해도 끔찍한 날들이었지만, 신학교에서 배운 과목들만큼이나 필수적인 준비과정이었다.

나는 이 글을 내일의 사람을 위해 쓴다. 당신에게는 은밀한 기름부음이 있다. 하지만 아직 위치는 주어지지 않았다. 당신의 때가 아직 오지는 않았다. 하지만 시간은 당신 편이다. 하나님께서 당신을 위해 예비하신 것은 충분히 기다릴 가치가 있는 것이다.

가정에서의 연단

다윗이 거쳐야 할 준비는 이미 어릴 적 그의 집에서부터 시작되고 있었다. 그것은 무의식적인 준비였다. "사람의 원수가 자기 집안 식구리라"(마 10:36). 만약 사무엘이 요구하지 않았다면 아버지가 자신을 불러오지 않았을 것이라는 것을 다윗이 알게 됐을 때, 기분이 어땠을까?

다윗의 아버지 이새는 당연히 장자였던 엘리압이 기름부음 받기를 원했다. 다윗은 '한 배 새끼들 중 가장 약한 녀석'으로, 가장 어렸고 소외당했다. 많은 부모들이 장자에게는 정성을 쏟는 반면 막내는 무시한다. 어떤 이유로든 친부모에게 과소평가 당한다는 것은 고통스러운 일이다. "나 여호와는 중심을 보느니라"(삼상 16:7). 하나님께서는 다윗에게서 이새가 보지 못한 것을 보셨다. 그것은 바로 하나님을 향한 어린 다윗의 열정이었다.

부모의 기대를 만족시키지 못하는 삶을 살았는가? 아버지나 어머니와의 일그러진 관계 때문에 당신의 때가 오기를 기다리는 고통이 더 힘겨웠는가? 우리는 모두 부모를 만족시키기 원한다. 사실 이 욕망으로부터 자유로워지는 때가 올까 싶다.

이 글을 쓰고 있는 지금, 아흔이 다 되어가는 나의 아버지는 알츠하이머를 앓고 계신다. 아버지의 병이 깊어지기 전, 마지막으로 나눈 대화가 기억난다. 나는 그때 아버지로부터 칭찬을 듣고 싶었다. 앞에서도 말했듯이 내가 캠벨 모건 목사의 설교단에 오른 것으로 이미 아버지를 기쁘게 해드렸지만, 나는 여전히 더 인정받기를 원했다.

나는 '완벽주의자'적인 환경에서 자랐다. 이것은 나사렛교회(존 웨슬리의 완벽주의적인 가르침을 강조했다)의 영향 때문만이 아니라, 늘 내가 성취한 것보다 조금 더 많은 것을 바라시는 아버지의 성향 때문이었다. 내가 아는 한 아버지는 가장 훌륭한 그리스도인이셨고, 나는 그런 아버지를 둔 것에 대해 세상 누구보다 감사하게 생각한다. 하지만, 모든 사람들이 그렇듯 아버지는 결코 완벽하지는 않으셨다.

8살 때, 학교에서 집으로 걸어오던 기억이 난다. 당시 나는 한 과목만 B를 받고, 나머지 과목은 모두 A를 받은 성적표를 들고 있었다. 아버지께서 B를 받은 과목에 대해 뭐라 하실 것이 분명했기 때문에, 나는 아버지께 성적표를 보여드리고 싶지 않았다. 결과는 예상대로였다. 아버지는 "아들아 좋은 성적이기는 하지만, 다음에는 조금만 더 열심히 해서 모두 다 A를 받도록 하자"고 말씀하셨다. 다음 시험에는 정말 열심히 공부해서 모두 다 A를 받았지만, 그 중 두 과목은 A-였다. 아버지가 뭐라고 말씀하셨는지는 말하지 않아도 알 것이다.

아무리 잘해도 기대에 못 미칠 때의 느낌은 매우 절망적이다. 다윗이 이렇게 느꼈다는 말은 아니다. 다윗의 아버지 이새가 사무엘에게 다윗을 보여줄 생각이 전혀 없었다는 것을 이야기하는 것이다. 다윗은 수금을 연주하고 골리앗을 죽임으로써 자존감을 느꼈을 것이다. 무엇보다 그는 하나님 안에서 자존감을 느꼈을 것이다.

> 하나님이여 사슴이 시냇물을 찾기에 갈급함 같이 내 영혼이 주를 찾기에 갈급하니이다 … 내 영혼아 네가 어찌하여 낙심하며 어찌하여 내 속에서 불안해 하는가 너는 하나님께 소망을 두라 나는 그가 나타나 도우심으로 말미암아 내 하나님을 여전히 찬송하리로다 (시 42:1, 11)

예전에 빌리 그래함의 딸인 지지 치빗지안이 한 집회에서 자신의 자존감에 대해 이야기하는 것을 들었다. "저는 어딜가나 빌리 그래함의 딸이나 스위스 정신과의사의 아내 혹은 6명의 자녀를 둔 엄마로 소개되곤 했어요." 그녀는 자기 자신에 대한 건강한 정체성이 없었으며, 결국 주님 안에서 그것을 찾았노라고 고백하였다.

하나님께서 당신을 사용하기로 예비하셨으므로, 하나님 그분만을 기쁘시게 해드리는 일로부터 자존감을 발견하기를 바란다. 오직 한 분 하나님 안에서 말이다. 사실 하나님을 기쁘시게 해드리는 것은 어렵지 않다. 그 이유는 다음과 같다. 첫째, 주님의 피로써 우리의 죄와 불완전함이 모두 씻겨나갔기 때문이다. 둘째, 예수님이 하나님 우편에 앉아 계시며, 우리의 연약함을 아시고, 우리와 함께하시기 때문이다. 셋째, 하나님 아버지께서 우리의 체질을 아시며, 우리가 단지 먼지뿐임을 기억하시기 때문이다(시 103:14).

하나님께서는 분명 우리를 연단하셔서 때가 되어 더 큰 기름부음을 받는 데 부족함이 없도록 준비시키신다. 하지만 우리는 결코 완벽해지지 않는다. 사랑 안에서 온전해지는 것(요일 4:18)이 절대적으로 완전해지는 것을 의미하는 것은 아니다. "만일 우리가 죄가 없다고 말하면 스스로 속이고 또 진리가 우리 속에 있지 아니할 것이요"(요일 1:8). 어떤 경우에라도 그분의 계명들은 무거운 것이 아니다(요일 5:3). 하나님께서는 우리를 사용하시기 위해 우리가 완벽해질 때까지 기다리지 않으신다. 그렇게 된다면, 결국 아무도 쓰임 받지 못할 것이다.

당신에게는 하나님을 향한 열정이 있는가? 하나님께 영광을 올려드리고픈 갈망이 있는가? 당신은 사람들로부터의 인정과 칭찬을 구하지 않고, 오직 하나님께로부터 그것을 구하는가? 그렇다면 하나님께서는 당신을 찾아내실 것이다. 당신을 가장 잘 안다고 생각하는 당신의 부모가 보지 못한 그것을 하나님께서는 보실 것이다. 하나님께서 당신을 발견하실 것이다.

누군가는 이렇게 말한다. "단 하루의 성공을 위해 15년간의 준비가 필요하다"고 말이다. 하나님의 때가 오면, 당신이 손가락 하나 까닥하지 않아도 당신에 대해 모든 것을 아는 이가 당신 앞에 나타난다. "또 사무엘이 이새에게 이르되 네 아들들이 다 여기 있느냐 이새가 이르되 아직 막내가 남았는데 그는 양을 지키나이다 사무엘이 이새에게 이르되 사람을 보내어 그를 데려오라 그가 여기 오기까지는 우리가 식사 자리에 앉지 아니하겠노라"(삼상 16:11).

내일의 사람 다윗에게는 여전히 준비가 필요했다. 그의 형제들은 그를 질투했다. 앞에서도 말했지만, 색깔이 화려한 겉옷과 자신이 꾼 꿈으로 형제들을 약 올린 요셉(창 37:3-11)과 달리 다윗은 결백했다. 그는 의도적으로 형제들의 질투를 살 만한 행동을 하지도 않았다. 형제들의 질투심은 사무엘이 다윗에게 기름 부었을 때부터 시작되었을지도 모르지만, 아버지의 심부름으로 전장에 나가 골리앗의 목을 베었을 때 처음으로 표출되었다.

다윗은 골리앗의 위협 앞에 이스라엘의 군대가 무서워 떠는 것을 보고 충격을 받았다. 그는 이렇게 물었다. "이 할례 받지 않은 블레셋 사람이 누구이기에 살아 계시는 하나님의 군대를 모욕하겠느냐?"(삼상 17:26) 이것은 살아 계신 하나님의 권위와 능력을 확신하는 사람으로서 충분히 물을 만한 질문이었다. 말해두지만 다윗은 이 말을 자신의 형제들을 향해서 꾸짖듯이 혹은 뽐내듯이 한 것이 아니었다. 그는 다른 사람들에게 이 말을 했다.

그런데 형들의 반응은 뜻밖이었다. "큰형 엘리압이 다윗이 사람들에게 하는 말을 들은지라 그가 다윗에게 노를 발하여 이르되 네가 어찌하여 이리로 내려왔느냐 들에 있는 양들을 누구에게 맡겼느냐 나는 네 교만과 네 마음의 완악함을 아노니 네가 전쟁을 구경하러 왔도다"(삼상 17:28). 다윗은 자신이 형들의 마음에 들지 않는 말을 했다는 것을 알았다. "내가 무엇을 하였나이까 어찌 이유가 없으리이까"(삼상 17:29).

때로는 형제 간의 경쟁의식도 연단의 과정일 수 있다. 물론 나는 이 부분에 대해 전혀 아는 바가 없다. 내가 15살이 될 때까지 독자로 자랐기 때문에 형제로부터 질투의 대상이 될 기회가 없었다. 사실 이런 부분에 너무나 무지했던 탓에, 나는 성인이 되어 이런 감정을 인식하는 데 어려움을 겪었다. 하지만 대부분의 사람들은 이것을 겪으며 자란다. 다윗도 집안의 막내이면서 사무엘의 선택을 받고, 믿음이 없는 이스라엘 군대를 꾸짖음으로 형제들의 질투의 대상이 되었다. 형제들의 이 (상대적으로) 작은 질투는 나중에 다윗이 겪어야 할 엄청난 질투에 대한 준비과정의 일부였다.

당신이 내일의 사람이라면, 사람들은 분명히 당신에 대해 질투를 할 것이다. 당신은 어쩌면 완벽주의적인 부모 밑에서 과소평가되며 자랐을지도 모르고, 형제자매의 질투의 대상이었을지도 모른다. 삶 속에서 겪는 이런 일들은 어떻게 보면 당신 앞에 놓인 전투를 위한 준비과정인 것이다.

오래 전 한 목사가 이런 말을 하였다. "어떤 이는 당신의 얼굴^{face}을 질투한다. 어떤 이는 당신의 옷^{lace}을 질투한다. 그리고 어떤 이는 당신의 은혜^{grace}를 질투한다." 여기서 언급한 마지막 질투가 최악이다. 은밀한 기름부음이 당신에게 임하면, 당신은 은혜로 인해서 보기 시작하고 말하기 시작하며 무언가를 하기 시작할 것이다. 그러면 다른 이들은 당신을 질투하기 시작한다. 그들도 어쩔 수 없다. 그리고 당신도 입장이 바뀌면 하나도 다르지 않을 것이다!

다른 이들의 질투에 대해 어떻게 반응하는가가 당신이 내일의 사람으로 통과되느냐 마느냐를 결정짓는다. 다윗이 살아남고, 결국 그를 위대한 사람으로 만든 것도 바로 이것이었다(물론 이것 때문에 실패할 수도 있었지만 말이다). 성경에서 표현하기를 "다윗이 그의 모든 일을 지혜롭게 행하니라"(삼상 18:14)고 했다.

누군가가 당신을 질투한다는 것을 알게 되면, 상황판단을 잘 해야 한다. 먼저는 그들에게 당신이 그 사실을 알고 있다는 것을 표현해서는 안 된다. 다만 이 사실을 당신의 '컴퓨터'에 입력한 다음, 그에 따라 적절하게 행동해야 한다. 예를 들어 몸을 숨기든지 혹은 가능하다면 그들로부터 비난을 받을 만한 빌미를 제공하지 말아야 한다.

곧 선행으로 어리석은 사람들의 무식한 말을 막으시는 것이라 (벧전 2:15)

또 너희가 열심으로 선을 행하면 누가 너희를 해하리요 그러나 의를 위하여 고난을 받으면 복 있는 자니 그들이 두려워하는 것을 두려워하지 말며 근심하지 말고 (벧전 3:13-14)

두 가지 테스트

내일의 사람 다윗은 기본적으로 두 가지의 테스트를 받았다. 이것을 통해 그의 은밀한 기름부음은 점차 강해져서, 나중에 그의 기름부음이 공식화되고, 그에게 위치가 주어졌을 때는 하나님께서 구상하신 모습 그대로의 기름부음으로 완성되었다.

다른 이들의 질투에 대해 어떻게 반응하는가가
당신이 내일의 사람으로 통과되느냐 마느냐를 결정짓는다.

성령에 대한 민감성

성령은 인격이시다. 그분은 매우 민감하셔서 쉽게 상처를 받으신다. 혹자는 그렇다면 안정감이 있는 인격이 아니라고 생각할지도 모른다. 그러나 성령은 매우 안정적이시지만, 동시에 근심하실 수도 있다.

> 하나님의 성령을 근심하게 하지 말라 그 안에서 너희가 구원의 날까지 인치심을 받았느니라 (엡 4:30)

나는 웨스트민스터채플 시무 초기에 이 부분에 대해 많이 다뤘다. 나는 비교적 어렸을 때부터 이 말씀을 알고 있었다. 내가 기억할 수 있는 첫 번째 목사는 진 필립스였다. 그는 자주 '성령을 근심시키는 일'에 대해 말씀하곤 했는데, 그 말씀은 아직도 잊지 못할 기억으로 남아 있다. 나는 그 이후에도 계속해서 이 부분을 생각하게 되었다. 왜냐하면 나도 성령을 근심시키길 원치 않았기 때문이다.

특별히 나는 기름부음은 받았으나 아직 그것을 펼칠 수 있는 장을 허락받지 않은 사람으로서 성령께서 근심하실 수 있다는 사실, 그것도 그분이 아주 쉽게 근심하신다는 사실과 그분을 근심시키지 않는 방법을 알아야 된다는 사실을 터득해야만 했다. 그러나 부끄럽게도 나는 그분을 수도 없이 많이 근심시켰다. 그렇기 때문에 어떻게 하면 그분을 근심시키지 않을 수 있는지에 대해 꽤 오랜 기간 동안 생각해왔다. 그래서 런던에서 사역을 시작할 당시 이 부분에 대해 적극적으로 배우기로 작정했던 것이다.

성령을 근심시킬 때, 우리는 대부분 그 사실을 알지 못한다. 이것은 삼손이 자신의 비밀(자신이 어떻게 그렇게 힘이 센지)을 들릴라에게 말할 때와 같다. 들릴라는 삼손에게 그 힘의 원천이 무엇인지 말해달라고 졸랐다. "날마다 그 말로 그를 재촉하여 조르매 삼손의 마음이 번뇌하여 죽을 지경이라"(삿 16:16). 삼손의 약점은 여자였다(삿 16:1). 그것이 사단의 올무인지도 모르고 들릴라와 사랑에 빠진 삼손은 그녀를 잃게 될까 두려운 나머지 그녀에게 모든 것을 고백하고 만다. "내 머리 위에는 삭도를 대지 아니하였나니 이는 내가 모태에서부터 하나님의 나실인이 되었음이라 만일 내 머리가 밀리면 내 힘이 내게서 떠나고 나는 약해져서 다른 사람과 같으리라"(삿 16:17).

그 결과 그는 기름부음을 잃어 고양이 새끼처럼 약한 사람이 되어버렸다. 이 이야기는 성령을 근심케 하는 것에 대해 우리에게 많은 것을 말해준다. "여호와께서 이미 자기를 떠나신 줄을 깨닫지 못하였더라"(삿 16:20). 다시 말해서 그가 자신의 은밀한 기름부음을 들릴라에게 털어놓았을 때, 그는 아무것도 느끼지 못했다. 그러나 그가 늘 해왔던 일을 하려고 했을 때, 그에게는 아무런 능력도 남아 있지 않았다. 기름부음이 떠나갈 때는 우리에게 아무런 고통이나 느낌이 전달되지 않는다.

나도 같은 것을 배웠다. 내가 (화를 참지 못하거나 다른 사람에게 호의적이지 못한 말을 하는 등의 일로) 성령을 슬프게 하였을 때, 그 순간에는 아무것도 느끼지 못했다. 오히려 당시에는 그것들이 적절한 행동인 것처럼 느껴지기까지 했다. 합리적인 일을 한 것처럼 느껴지는 것이다. 하지만 몇 시간 혹은 며칠, 어떤 경우에는 몇 년이 지나서야 그때 내가 성령을 슬프게 했다는 사실을 깨달았다.

말하자면 이렇다. 내가 성령을 슬프게 하면, 그분은 나도 모르게 살짝 나에게서 떠나가신다. 예수님 위에 머물렀던 비둘기(요 1:32)와 달리 조용히 나로부터 날아가버리신다. 그리고는 떠나가셨다는 어떠한 흔적도 남기시지 않는다. 우리는 뒤늦게서야 깨닫는 것이다.

내일의 사람은 죄를 지은 순간으로부터 그것을 회개하는 데 걸리는 시간을 단축시키도록 노력해야 한다. 성령의 현현을 목격하는 순간으로부터 그것을 인정하는 데까지 걸리는 시간을 단축시키기 위해 영성을 기르는 것처럼 말이다. 내가 저지른 행동이 성령을 근심시키는 것이었다고 고백하기까지 얼마나 오래 걸리는가? 때로는 나의 자세가 잘못된 것이었음을 깨닫는 데 몇 년씩이나 걸리기도 한다. 내가 잘못 알았다는 것을 인정하는 데 몇 달, 며칠이 걸리기도 한다. 때로는 몇 시간, 혹은 몇 초가 걸릴 때도 있다.

만약 우리가 이 간격을 몇 초 단위로 줄인다면, 성령께서 우리 안에 지속적으로 함께하시는 것을 즐기는 목표점에 점점 가까워지는 것이다. 우리의 목표는 기뻐하시는 성령과 지속적인 관계 안에 있는 것, 그분을 슬프게 하지 않는 것이다. 원한을 품거나 퉁명스럽거나 경솔한 말투, 다른 사람에게 상처 주는 말을 하는 것 등 우리가 저지르기 쉬운 실수는 너무나 많다. 하지만 이런 일들이 성령을 힘들게 한다는 사실을 기억해야 한다.

그분을 가장 슬프게 하는 것은 쓴뿌리의 영이다. 쓴뿌리는 항상 그 당시에는 정당해 보인다. 그것이 아무렇지도 않게 느껴진다. 마음이 굽은 자는 자기 행위로 인해 보응이 가득하다(잠 14:14). 당장 마음에 분노가 있을 때는 나의 행동이 정당해 보이고, 그것이 합당한 일로 여겨진다. 하지만 성령께서는 떠나가시고, 내가 일을 다시 바로잡을 때까지 돌아오지 않으신다.6) 성령을 슬프게 해서는 안 된다고 권면한 후 바울이 가장 먼저 언급한 것이 바로 쓴뿌리다.

> 너희는 모든 악독과 노함과 분냄과 떠드는 것과 비방하는 것을 모든 악의와 함께 버리고 서로 친절하게 하며 불쌍히 여기며 서로 용서하기를 하나님이 그리스도 안에서 너희를 용서하심과 같이 하라 (엡 4:31-32)

다윗은 영적인 순례의 여정 끝에 마침내 성령을 슬프게 한 것을 몇 분 안에 깨닫는 위치까지 왔다. 그런데 다윗에게 기대하지 않았던 기회가 찾아왔다. 다윗이 엔게디에 있다는 것을 알고 사울이 그곳으로 찾아왔는데, 때마침 다윗과 부하들이 숨어 있던 동굴 입구에 있었던 것이다. 다윗의 심복들은 이것을 다윗이 왕권을 차지할 수 있는 절호의 기회로 보았다. "다윗의 사람들이 이르되 보소서 여호와께서 당신에게 이르시기를 내가 원수를 네 손에 넘기리니 네 생각에 좋은 대로 그에게 행하라 하시더니 이것이 그 날이니이다 하니 다윗이 일어나서 사울의 겉옷 자락을 가만히 베니라"(삼상 24:4).

그것은 참으로 가혹한 테스트였다. 다윗은 사울을 죽이는 대신 자신의 흔적만 남기기로 결정했다. 그는 살며시 다가가서 사울의 옷자락만 베었다. 사실 그것은 아무런 해를 가하지 않는 행동이었다. 하지만 다윗의 마음은 편치 않았다. "그리 한 후에 사울의 옷자락 벰으로 말미암아 다윗의 마음이 찔려"(삼상24:5).

다윗의 행동은 누가 봐도 무해한 행동이었지만, 다윗의 마음은 그렇지 않았다. 주님과 함께 마음밭을 닦는 수련과정을 거치면서 다윗에게는 성령을 슬프게 하는 일들에 대한 예민함이 극도로 발달되어 있었다. 내 생각에는 아무도 그렇게 느끼지 않았을 것 같다. 그러나 다윗의 마음은 괴로웠다.

> 자기 사람들에게 이르되 내가 손을 들어 여호와의 기름부음을 받은 내 주를 치는 것은 여호와께서 금하시는 것이니 그는 여호와의 기름부음을 받은 자가 됨이니라 하고 다윗이 이 말로 자기 사람들을 금하여 사울을 해하지 못하게 하니라 사울이 일어나 굴에서 나가 자기 길을 가니라 (삼상 24:6-7)

내일의 사람은 성령의 임재를 인식하며, 무엇이 그분을 근심케 하는지 안다. 우리는 다윗이 그랬듯이 몇 년 걸렸던 것을 몇 초 간격으로 줄여야 한다. 다윗은 그 즉시로 그러지 말았어야 했다는 것을 알았다. 내일의 사람은 성령과의 친밀한 교제 가운데 거하며, 무엇이 그분을 슬프게 하는지, 언제 그 일이 일어나는지 즉시 알아야 한다.

누군가에 대해, 특히 그 사람이 무언가 잘못하고 있다고 생각될 때, 은혜롭지 못한 이야기를 하기는 매우 쉽다. 주변 사람들한테 가서 "그 사람이 어떻게 했는지 이야기해줄게. 알아두는 게 좋을 거야"라고 뒷이야기를 전할 때, 우리는 그다지 양심의 가책을 느끼지 않는다. 물론 어떤 사람에 대해 실제로 경계해야 할 필요가 있을 때도 있다. 하지만 조심하지 않으면 우리가 입을 열 때마다 이런 식으로 우리 자신을 합리화하게 되고, 나중에는 왜 우리에게서 능력이 나타나지 않는지 의아하게 생각하게 될 것이다.

> 내일의 사람은 성령의 임재를 인식하며, 무엇이 그분을 근심케 하는지 안다.

오래 전 루이스와 토요일 아침에 말다툼을 한 적이 있었다. 물론 그 전에도, 그 이후에도 싸운 적은 있었다. 그러나 그날은 아내가 특별히 고집불통이었다. 아내가 보기에는 내가 그날따라 특별히 고집불통이었다고 한다. 나는 설교를 준비하기 위해 2층으로 올라갔지만, 아무런 생각도 나질 않았다. 머릿속은 백지장이었다. 나는 너무 화가 났다.

'주님, 도와주셔야 합니다. 내일 설교를 해야 해요!' 나는 간절한 마음으로 주님의 도우심을 구했지만, 돌아오는 것은 침묵뿐이었다. 어떠한 생각도, 계시도 없었다. 대충 어느 구절로 설교할 것인지만 잡혀도 윤곽을 잡을 수 있겠는데, 아무것도 생각나지 않았다. 그저 절대적인 침묵만이 있었다. 그렇게 시간이 흘러갔다. '주님, 당신께서 저를 웨스트민스터 채플로 인도하셨으니, 이제 도와주셔야지요!' 여전히 침묵이었다.

나는 그날 종일 내가 먼저 사과해야 하는 상황이 올까봐 두려웠다. 그러나 그럴 순 없었다! 분명 아내가 틀렸다. 나는 계속해서 설교준비를 하려고 노력했다. 시간은 어느새 오후 5시가 되어가고, 내겐 시간이 얼마 남지 않았다. 그제서야 나는 어떻게 해야 하는지 알았다. 사실은 처음부터 알고 있었다. 다만, 자존심이 허락하지 않아서 스스로 무덤을 파고 있었던 것이다. 저녁 6시. 여전히 아무 생각도 나지 않았다. 앞이 깜깜했다. 결국 나는 아내가 있는 주방으로 갔다. "내가 잘못했소, 미안해요." 우리는 서로 안고 울었다.

아내와 화해를 한 후, 나는 다시 2층으로 올라가 아까 그 의자에 앉아 다시 성경을 폈다. 장담하건대, 그로부터 단 45분 만에 주일아침 설교 준비를 모두 마칠 수 있었다! 생각이 너무 빨리 진전되어 다 적을 수도 없을 지경이었다. 이유는 기뻐하시는 성령께서 내 안에서 다시 흘렀기 때문이었다.

스스로 세우기를 거부하기

다윗에게 사울 왕을 죽일 기회가 왔을 때, 다윗은 그것을 거부함으로 테스트를 통과했다. 하지만 사울의 옷자락을 자른 것에 대해 너무나 괴로워한 나머지, 다시는 그러한 일을 하지 않겠다는 것을 증명할 수 있는 기회를 불러들이고 말았다.

드디어 그 기회가 왔다. 사울은 다윗이 하길라 언덕에 숨어 있다는 사실을 알고 그곳으로 군사와 함께 왔다. 하지만 다윗이 먼저 사울 왕을 발견했다. 다윗이 이스라엘 군사들의 진영에 왔을 때, 사울 왕은 잠들어 있었다. "아비새가 다윗에게 이르되 하나님이 오늘 당신의 원수를 당신의 손에 넘기셨나이다 그러므로 청하오니 내가 창으로 그를 찔러서 단번에 땅에 꽂게 하소서 내가 그를 두 번 찌를 것이 없으리이다"(삼상 26:8).

다윗은 어떤 식으로든 사울 왕을 건드리거나 죽이는 것을 허락하지 않았다. 하나님께서 주신 두번째 기회였다. 다윗은 테스트를 통과했다. 이번에는 옷자락도 베지 않았다.

> 다윗이 아비새에게 이르되 죽이지 말라 누구든지 손을 들어 여호와의 기름 부음 받은 자를 치면 죄가 없겠느냐 (삼상 26:9)

여기에서의 요점은 자신의 입지를 스스로 세우느냐, 마느냐에 있었다. 다윗은 자신의 왕권을 확립할 수 있는 기회를 눈앞에 두고 있었다. 하지만 그는 그것을 거부했다. 그는 스스로 자신의 이름을 세우는 일에 대한 어떠한 책임도 지기를 원치 않았다.

모든 주의 종은 이 테스트를 통과해야 한다.

내 사랑하는 자들아 너희가 친히 원수를 갚지 말고 하나님의 진노하심에 맡기라 기록되었으되 원수 갚는 것이 내게 있으니 내가 갚으리라고 주께서 말씀하시니라 (롬 12:19)

세우시는 것은 하나님의 영역이다. 그분이 제일 잘하시는 것이 바로 그 일이다! 그분은 그 일을 하시는 데 우리의 도움을 필요로 하지 않으신다. 만약 우리가 (하나님을 돕겠다는 듯이) 스스로 한발자국이라도 나서면, 하나님께서는 우리가 얼마나 일들을 형편없이 꼬아놓는지 알 수 있도록 우리에게 모든 것을 맡기시고 뒤로 빠져버리신다.

내일의 사람은 자신이 서고 싶은 자리에 서기 위해 스스로 영향력을 행사해서는 안 된다. 다윗은 개인적인 이해가 달린 문제에 있어서는 스스로 원수를 갚지 않는다는 원칙을 가지고 있었다. 다음 구절에 그의 생각이 잘 나타나 있다.

여호와께서 살아 계심을 두고 맹세하노니 여호와께서 그를 치시리니 혹은 죽을 날이 이르거나 또는 전장에 나가서 망하리라 내가 손을 들어 여호와의 기름 부음 받은 자를 치는 것을 여호와께서 금하시나니 너는 그의 머리

곁에 있는 창과 물병만 가지고 가자 (삼상 26:10-11)

하지만 다윗이 완벽했던 것은 아니었다. 만약 아비가일이 다윗을 찾아가 자신의 남편 나발을 죽이려는 다윗의 계획에 개입하지 않았다면, 다윗은 손에 피를 묻혔을 것이다(삼상 25:12-34). 그는 죄를 지을 뻔했으나 다행히 마지막 순간에 돌이켰다.

다윗이 아비가일에게 이르되 오늘 너를 보내어 나를 영접하게 하신 이스라엘의 하나님 여호와를 찬송할지로다 또 네 지혜를 칭찬할지며 또 네게 복이 있을지로다 오늘 내가 피를 흘릴 것과 친히 복수하는 것을 네가 막았느니라 나를 막아 너를 해하지 않게 하신 이스라엘의 하나님 여호와의 살아 계심을 두고 맹세하노니 네가 급히 와서 나를 영접하지 아니하였더면 밝는 아침에는 과연 나발에게 한 남자도 남겨 두지 아니하였으리라 하니라 (삼상 25:32-34)

솔직히 말해서 중한 죄를 지을 뻔한 순간에 하나님의 은혜로운 간섭으로 그것을 피할 수 있었다는 간증은 웬만한 주의 종이라면 다 가지고 있을 것이다. 우리를 가증스러운 죄로부터 지켜주시는 것은 순전한 하나님의 은혜이다. 다윗은 이것을 너무나 잘 알고 있었다. 문제는 과연 우리도 그러한가이다.

우리는 보통 테스트를 받고 있다는 사실과 하나님과 천사들이 우리를 지켜보고 있다는 사실을 잘 깨닫지 못한다. 원한을 품는다거나 스스로 원수를 갚는다거나 성적인 유혹에 넘어지는 것과 같은 사단의 올무도 우리가 진정 내일의 사람이 될 수 있는지를 보시기 위한 하나님의 작전일 수 있다.

다윗은 마침내 준비가 끝났다. 그의 은밀한 기름부음은 공식적인 기름부음이 되었고(삼하 2:4), 다윗은 자신의 다양한 은사들을 사용할 수 있는 직위를 부여받았다. 그렇게 그는 이스라엘의 역사상 가장 위대한 왕이 되었다.

꽤나 오랜 기다림이었다. 따져보니 은밀한 기름부음(삼상 16:13)이 공식적인 기름부음(삼하 2:4)이 되기까지 거의 20년의 시간이 흘렀다. 하지만 기다릴 가치가 있었다. 그렇게 내일의 사람이 오늘의 사람이 되었다.

나는 이 글을 내일의 사람을 위해 쓴다. 당신에게는 은밀한 기름부음이 있다.

하지만 아직 위치는 주어지지 않았다. 당신의 때가 아직 오지는 않았다.

하지만 시간은 당신 편이다. 하나님께서 당신을 위해 예비하신 것은

충분히 기다릴 가치가 있는 것이다.

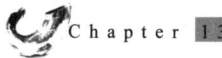

말씀 앞에 열려 있기

주께서 주의 말씀을 주의 모든 이름보다 높게 하셨음이라 (시 138:2)

　내일의 기름부음은 말씀과 성령의 조화를 낳는다고 이 책의 서론에서 말한 바 있다. 하나님께서 내일의 사람을 위해 제공하시는 훈련에는 그가 성령께 열려 있고 순종하게 하는 목적도 포함되어 있다.
　다윗에게 주어진 기름부음은 그가 지녔던 음악성과 용맹성을 뛰어넘어 그를 더욱 탁월하게 했다. 여호와의 신이 그와 함께하심으로 그는 많은 시편을 쓸 수 있었다. 예수님께서도 다윗의 시편은 '성령에 감동되어'(마 22:43) 쓰인 것이라고 말씀하셨다. 이 시편에서 다윗은 하나님의 말씀에 대한 사랑을 표현하면서, 여호와의 계명과 규례에 대해 다음과 같이 묘사하였다.

> 금 곧 많은 순금보다 더 사모할 것이며
> 꿀과 송이꿀보다 더 달도다
> 또 주의 종이 이것으로 경고를 받고
> 이것을 지킴으로 상이 크니이다 (시 19:10-11)

주의 모든 이름보다

다윗은 하나님께서 그분의 모든 이름보다 그분의 말씀을 더욱 중요하게 생각하셨다는 사실을 깨달았다.[7] 그가 이것을 깨달을 수 있었던 것은 그에게 주어졌던 기름부음 때문이었다. "주께서 주의 말씀을 주의 모든 이름보다 높게 하셨음이라"(시 138:2). 이것은 당연히 옳은 말씀이다. 성경 안에서 하나님께서 자신을 드러내시는 두 가지 방법은 바로 그분의 말씀과 이름을 통해서다.

그런데 도대체 무엇 때문에 다윗은 주의 모든 이름 위에 그분의 말씀을 두셨다고 했을까? 내가 믿기로 이것은, 하나님께서 그분에 대한 명성(이름)보다 그분의 진실성(말씀)에 더 우선적인 가치를 두신다는 것을 의미한다. 성경은 하나님께서 그분의 진실성을 글로 표현하신 것이다. 그분은 자신의 이름의 영광도 당연히 중요하게 생각하시지만, 그분 자신에 대해서 말씀하신 것 그리고 하시겠다고 약속하신 것에 대한 진실성을 무엇보다 우선으로 두신다.

주의 이름은 두 가지, 즉 그분의 능력과 영광을 의미한다. 베드로가 앉은뱅이를 기적적으로 치유하고 나서 사람들에게 복음을 전할 때 다음과 같이 말한다. "이스라엘 사람들아 이 일을 왜 놀랍게 여기느냐 우리 개인의 권능과 경건으로 이 사람을 걷게 한 것처럼 왜 우리를 주목하느냐"(행 3:12). 그러고 나서 하나님을 '아브라함과 이삭과 야곱의 하나님'이라고 지칭한다. 하나님께서는 그들에게 자신을 '전능의 하나님'으로 나타내셨으나 "나의 이름을 여호와로는 그들에게 알리지 아니하였고"(출 6:3)라고 하셨다.

나는 하나님께서 그분의 이름을 아브라함과 이삭 그리고 야곱에게는 알리지 않으셨다가 모세 시대에 이르러서야 드러내셨다는 사실이 매우 놀랍다. 하나님께서는 오직 믿음으로 말미암아 의로워진다는 말씀(갈 3:8)에 인용된 아브라함에게 최초로 구원에 이르는 길을 보이셨다(창 15:6). 아브라함에게 이미 복음이 계시되었고(갈 3:8), 그 외에 구원에 관해 우리가 알아야 할 모든 것들을 이미 아브라함에게 보이셨다. 하지만 그분의 이름은 400년이나 지나서 모세에게 처음으로 말씀하신다.

하나님께서는 자신을 어떻게 아브라함에게 나타내셨는가? 바로 그분의 말씀으로다. 단지 말씀이었다. 또한 그분의 말씀을 들음으로 오늘날 우리는 구원을 받고 있다.

그러면 무엇을 말하느냐 말씀이 네게 가까워 네 입에 있으며 네 마음에 있다 하였으니 곧 우리가 전파하는 믿음의 말씀이라 네가 만일 네 입으로 예수를 주로 시인하며 또 하나님께서 그를 죽은 자 가운데서 살리신 것을 네

마음에 믿으면 구원을 받으리라 (롬 10:8–9)

그런즉 그들이 믿지 아니하는 이를 어찌 부르리요 듣지도 못한 이를 어찌 믿으리요 전파하는 자가 없이 어찌 들으리요 (롬 10:14)

그러므로 믿음은 들음에서 나며 들음은 그리스도의 말씀으로 말미암았느니라 (롬 10:17)

이는 기적과 이적 없이도 복음이 완전하다는 것을 말해준다. 하나님의 말씀에 대한 믿음, 오직 그것으로 우리는 구원을 받는다.

이 사실이 하나님께서 그분의 말씀을 그분의 이름들 위에 두셨다는 것을 이해할 수 있도록 도와준다. 하지만 여호와의 이름이 드러남과 동시에 예전에는 볼 수 없었던 기적과 이적들이 나타나기 시작했다. 모세의 기름부음으로 인해 드러났던 권능들은 이제 예수님의 이름으로 우리에게 전수되었다. 그래서 베드로가 "은과 금은 내게 없거니와 내게 있는 이것을 네게 주노니 나사렛 예수 그리스도의 이름으로 일어나 걸으라"(행 3:6)고 말할 수 있었다. 여호와의 이름 안에 상속되었던 능력이 이제 예수님의 이름 안에 부여된 것이다.

그 이름을 믿으므로 그 이름이 너희가 보고 아는 이 사람을 성하게 하였나니 예수로 말미암아 난 믿음이 너희 모든 사람 앞에서 이같이 완전히 낫게 하였느니라 (행 3:16)

복음은 기적과 이적 없이도 완전하지만, 성경은 기적과 이적 없이 완전하지 못하다. 하지만 기적과 이적은 (하나님께서 자신의 이름을 나중에 밝히신 것처럼) 나중에 나타났다. 그래서 우리는 충분히 그분의 이름과 기적과 이적을 연결시켜 생각할 수 있는 것이다. 그러므로 이름은 그분의 영광과 명성을 의미한다.

너는 네 하나님 여호와의 이름을 망령되게 부르지 말라 여호와는 그의 이름을 망령되게 부르는 자를 죄 없다 하지 아니하리라 (출 20:7)

나는 여호와이니 이는 내 이름이라 나는 내 영광을 다른 자에게, 내 찬송을 우상에게 주지 아니하리라 (사 42:8)

하나님께서는 광야에서 이스라엘 백성들에게 화가 나셔서 그들을 모두 진멸하고 모세 한 사람만으로 다시 시작하려고 하셨다. 하지만 모세는 하나님께 그러지 마실 것을 간청하며, 그렇게 하시면 그분의 영광과 명성이 해를 입을 것이라고 상기시켰다.

모세가 여호와께 여짜오되 애굽인 중에서 주의 능력으로 이 백성을 인도하여 내셨거늘 그리하시면 그들이 듣고 이 땅 거주민에게 전하리이다 주 여호와께서 이 백성 중에 계심을 그들도 들었으니 곧 주 여호와께서 대면하여 보이시며 주의 구름이 그들 위에 섰으며 주께서 낮에는 구름 기둥 가운데에서, 밤에는 불 기둥 가운데에서 그들 앞에 행하시는 것이니이다 이제 주께서 이 백성을 하나 같이 죽이시면 주의 명성을 들은 여러 나라가 말하여 이르기를 여호와가 이 백성에게 주기로 맹세한 땅에 인도할 능력이 없었으므로 광야에서 죽였다 하리이다 (민 14:13-16)

결국 모세의 말에 하나님께서 동의하셨다. 그분도 자신의 이름의 명성을 살피신다. 하지만 그분은 진실성 즉 그분의 말씀을 더욱 중요하게 생각하신다. 바로 이것이 시편 138편 2절에서 주의 모든 이름 위에 그분의 말씀을 두셨다고 하는 이유이다. 아도니카 하워드 브라운은 이렇게 말했다.

그 사람의 말을 신뢰할 수 있어야 그의 이름을 신뢰할 수 있다. 그 사람의 말이 옳아야만 그 사람이 옳다. 만약 당신이 약속을 지키지 않는다면, 당신은 좋은 이름을 가질 수가 없다. 만약 당신이 어떤 장사꾼으로부터 물건을 살 때 그 사람의 말이 사실과 다르면 당신은 사람들에게 그 장사꾼에게 가서 사지 말라고 말할 것이고, 만약 장사꾼의 말이 사실이라면 사람들에게 그에게 가서 사라고 말할 것이다.

성경에서 기적과 이적은 하나님께서 그분의 이름을 모세에게 밝히셨을 때 처음으로 나타난다(출 6:2-3). 하지만 하나님께서는 그분의 말씀이 모든 기적과 이적 위에 있기를 원하신다. 구원이 기적들보다 더 중요하다. 그래서 구원이 이미 400년 전 아브라함에게 먼저 계시되었다. 우리는 기적과 이적으로가 아니라 복음을 들음으로써 구원받는다.

그래서 우리는 하나님의 모든 말씀 앞에 순종함으로 걸을 수 있도록 유의해야 한다. 예수님께서는 모세의 율법과 선지자의 글과 시편에 그분을 가리켜 기록된 '모든' 것이 이루어져야 한다고 말씀하셨다(눅 24:44). '율법의 일점 일획도 결코 없어지지 아니하고' 다 이루어질 것이라고 하셨다(마 5:18). 여기에서 하나님께서 스스로 말씀하신 한 마디 한 마디를 얼마나 조심스럽고 중요하게 생각하시는지 알 수 있다. 바울은 자신이 쓴 편지가 주님으로부터 오는 말씀인 것처럼 받아들여지기를 원했다(고전 14:37).

하나님께서 '당신 이름의 영광을 회복'(그래함 켄드릭의 유명한 찬양 가사처럼)하는 유일한 길이 기적과 이적을 통해서라고 생각하는 사람이 있을지도 모르겠다. 물론 그럴 수도 있다. 사실 한 번도 걸어본 적 없는 40살짜리 남자가 어느 날 갑자기 일어나 걸었을 때, 사람들은 '심히 놀랍게 amazed 여기며'(행 3:10) 의아해했다. 예수님께서 귀신 든 소년을 치유하셨을 때에도 '그들이 다 그 행하시는 모든 일을 놀랍게amazed 여겼다'(눅 9:43) 여겼다.

하지만 주님께서 산상수훈을 마치셨을 때, 그분의 말씀의 효력을 묘사하는 단어로 역시 같은 의미를 지니는 '에크플레소'ekplesso라는 단어가 사용되었다. "예수께서 이 말씀을 마치시매 무리들이 그의 가르치심에 놀라니amazed 이는 그 가르치시는 것이 권위 있는 자와 같고 그들의 서기관들과 같지 아니함일러라"(마 7:28-29). 예수님께서는 기적과 이적으로 하실 수 있었던 것만큼이나 말씀으로도 사람들을 놀라게 하셨다! 예수님께서 사두개인들의 말문이 막히게 하셨을 때에도 무리가 '그의 가르치심에 놀라더라astonished'(헬라어로 같은 의미의 단어)고 했다(마 22:33).

만약 예수님께서 말씀 혹은 기적으로 사람들을 놀라게 하시고 기이하게 여기게 하셨다면, 나는 오늘날 우리도 그렇게 할 수 있어야 한다고 생각한다. 하지만 우리는 말씀의 능력에 대한 신뢰를 잃어버린 채, 오직 기적적인 치유를 통해서만 하나님의 영광을 회복시킬 수 있다고 생각하게 되었다. 그러나 나는 이 두 가지 모두를 통해 그렇게 할 수 있어야 한다고 믿는다.

각 세대는 그 세대의 믿음을 시험하는 각각의 스티그마를 가지고 있다. 보통 어제의 스티그마는 오늘이 되면 쉽게 수용된다. 우리는 보통 어제의 스티그마를 수용할 수 있다는 이유만으로 스스로 말씀 앞에 충분히 열려 있다고 생각하는 경향이 있다. 만약 당신이 지금 어거스틴이나 루터, 존 웨슬리나 스미스 위글스워스와 같은 믿음의 선진들을 칭송하고 있다면, 당신은 현재 오늘의 스티그마를 안고 있을 가능성이 높다. 바리새인들도 그랬다. 그들도 자신들이 어제의 선지자들에게 동의하기 때문에 스스로 의롭다고 생각했다. 하지만 예수님께서는 그들의 위선을 다음과 같이 말씀하심으로 폭로하셨다.

> 화 있을진저 외식하는 서기관들과 바리새인들이여 너희는 선지자들의 무덤을 만들고 의인들의 비석을 꾸미며 이르되 만일 우리가 조상 때에 있었더라면 우리는 그들이 선지자의 피를 흘리는 데 참여하지 아니하였으리라 하니 그러면 너희가 선지자를 죽인 자의 자손임을 스스로 증명함이로다 너희가 너희 조상의 분량을 채우라 (마 23:29-32)

다른 말로 하면, 바리새인들은 지금 당장 자신들의 눈앞에 계신 약속의 메시아, 예수님이라는 당대의 스티그마를 거부함으로써 자신들의 한계를 드러내었다. 모든 세대에게는 주권자이신 예수님께서 어떤 방향으로 움직이고 계시는지 분별하고, 그 방향에 맞게 조정해야 할 임무가 주어졌다. 이 일은 바로 말씀과 성령 앞에 열려 있어야만 가능한 일이다. 성령께서 움직이시는 방향은 언제나 신선한 스티그마를 동반하고 있어서 우리의 자존심을 다치게 하고, 우리의 논리에 도전한다.

> 그러나 하나님께서 세상의 미련한 것들을 택하사 지혜 있는 자들을 부끄럽게 하려 하시고 세상의 약한 것들을 택하사 강한 것들을 부끄럽게 하려 하시며 하나님께서 세상의 천한 것들과 멸시 받는 것들과 없는 것들을 택하사 있는 것들을 폐하려 하시나니 (고전 1:27-28)

우리는 오늘날 우리에게 도전하는 것들이 대부분의 사람들에게는 매우 어리석게 보일 수 있다는 사실을 절대 잊어서는 안 된다.

우리 중에는 자신이 충분히 말씀 앞에 열려 있다고 생각하는 이들이 있다. 또한 자신이 성령 앞에 활짝 열려 있다고 생각하는 이들도 있다. 한편 말씀을 잘 알고 있으면 성령도 충분히 받은 것이기 때문에, 더 이상 성령께 열려 있으려고 노력할 필요가 없다고 생각하는 사람들도 있다. 반면에 성령께서 함께하고 계시므로 말씀도 가지고 있는 것이라고 생각해서, 말씀 앞에 열려 있으려고 노력할 필요가 없다고 생각하는 사람도 있다.

> 각 세대는 그 세대의 믿음을 시험하는 각각의 스티그마를 가지고 있다.
> 보통 어제의 스티그마는 오늘이 되면 쉽게 수용된다.

또한 성경의 무오성에 관한 측면도 고려해볼 필요가 있다. 만약 말씀의 무오성을 의심한다면, 말씀을 향해 열려 있기가 힘들다. 만약 그것이 전적으로 하나님의 말씀이 아니라면, 성경말씀에 열려 있을 필요가 뭐가 있단 말인가? 우리는 성경이 하나님의 말씀이라는 것을 신뢰해야만 한다. 진정 성령께 반응하는 신학자인 웨인 그루뎀 박사는 그의 책《조직신학》Systematic Theology8)에서 성경의 무오설에 대해 잘 다루고 있다.

> 성령께서 움직이는 방향은 언제나 신선한 스티그마를 동반하고 있어서
> 우리의 자존심을 다치게 하고, 우리의 논리에 도전한다.

성령 중심적인 사람들의 특징

내가 이 장을 매우 중요하다고 생각하는 이유는, 그동안 교회 안에서 말씀과 성령이 소리 없이 분리되어 왔다고 믿기 때문이다. '말씀' 편에 선 사람들은 지금 우리들에게 시급한 것이 성경을 널리 가르치기 위한 강해적인 설교이며, 우리는 성도에게 단번에 주신 믿음의 도를 위하여 힘써 싸워야 하고(유 1:3), 복음에 충실하며, 종교개혁의 유산을 회복해야 한다고 말한다. 반면에 '성령' 편에 선 사람들은 지금 우리들에게 필요한 것이 기적과 이적이며, 우리가 사도적 능력을 회복하기 전까지 세상은 변화되지 않을 것이고, 치유와 예언적 선포로 이 세상 가운데 아직도 교회가 살아 있음을 보여주어야 한다고 말한다.

이 두 가지 주장에서 잘못된 것이 무엇인가? 없다. 양쪽 모두 옳다. 다만 말씀과 성령의 재결합이 필요할 뿐이다.

내가 이제 하고 싶은 것은 정말로 우리가 얼마나 열려 있는지 보자는 것이다. "나는 말씀에 열려 있어"라고 말하기는 쉽다. 정말 그런가? 가슴으로 열려 있는가, 아니면 머리로만 열려 있는가?

나는 대서양을 넘나들며 유럽과 중동, 아프리카와 호주 그리고 세계 여러 곳을 다니며 말씀을 전했다. 설교도 많이 했지만, 듣기도 많이 했는데, 그동안 관찰한 내용들을 정리해보면 다음과 같다.

- 어떤 이들은 하나님께서 이미 드러내신 의도보다 그분의 비밀한 의도[9]에 더 관심을 갖는다.

설명을 하면 이렇다. 하나님께서 이미 드러내신 의도는 성경이다. 구약은 율법, 선지서, 시편을 포함하고(눅 24:44), 신약은 예수님의 가르침과 교회의 행전, 교리를 설명하는 사도들의 서한을 포함한다. 하나님의 비밀한 의도는 우리 개인을 향한 그분의 직접적인 인도하심을 의미한다. 예를 들면 '오늘 하나님께서는 내가 무엇을 하기를 원하시는가?', '누구와 결혼할 것인가?', '어느 교회를 가야 하는가?', '과연 이 직업을 선택해야 하는가?', '이사를 가야 하는가?' 등과 같다.

물론 하나님께서는 우리 개개인을 위한 비밀한 의도를 갖고 계신다. 누구나 여기에 관심이 있으며, 하나님께서 내가 무엇을 하기 원하시는지를 알고자 하는 것에는 전혀 잘못된 것이 없다. 하지만 이러한 관심은 바쁠 때 패스트푸드를 먹듯 우리로 하여금 서둘러 지름길을 찾도록 만든다. 하지만 오랜 세월을 두고 하나님의 가르침에 목말라한다면, 그것은 하나님 그분의 영광을 위해 그분을 알기 원한다는 것을 보여준다.

• 어떤 이들은 가르침의 말씀(설교)보다 예언적 말씀에 더 관심을 갖는다.

설교는 사람들을 구원하고 그들을 가르치기 위한 하나님의 방법이다(고전 1:21). 설교는 성경을 설명하고 탐구하는 것을 의미한다. 예언적 말씀은 '하나님께서 말씀하시기를'이라고 표현할 때의 말씀을 의미한다. 그것은 지식의 말씀을 주시거나 어떤 사람에게 하나님께서 그가 무엇을 하기 원하시는지 말해주는 것이나 혹은 어떤 긴급한 상황 중에 구체적인 조언을 해주는 것을 포함한다.

누구든 예언적인 말씀을 들을 때 매우 신난다. 사실 하나님께로부터 말씀을 듣는 것에 관심이 없는 사람이 어디 있겠는가? 하지만 이것에 대한 관심이 영적인 갈급함을 보여주는 진정한 척도는 아니다. 이것은 이기심이나 호기심에서 나오기도 한다. 예전에 한 예언사역자가 우리 교회에 와서 설교할 것이라고 공고했을 때, 참석자가 눈에 띄게 늘어났다. 그의 가르침에 정말 관심이 있어서라기보다는 사람들에게 어떻게 예언하는지 듣고 싶어서 온 사람들이 많았기 때문이다. 물론 나도 그들의 심리를 이해는 하지만, 그리 건강한 모습은 아니라고 생각한다.

• 어떤 이들은 복음보다는 성령의 나타나심에 더 관심을 갖는다.

성령의 현현(성령께서 어떻게 나타나시는가)은 넘어짐, 웃음, 기적과 이적, 예언적 지식의 말씀 등을 포함한다. 복음은 예수님이 누구이신지, 그분이 왜 오셨고, 십자가에서 무엇을 하셨으며, 사람들이 어떻게 구원받는지를 설명해준다.

사실 이 부분은 참으로 심각한 문제다. 이런 사람들이 갖는 위험은 그들이 성령의 가시적 현상에 너무 집착한다는 것이며, 그래서 대부분 잃어버린 영혼들에 대한 부담은 전혀 느끼지 않는 경우가 많다. 심지어 복음은 이들에게 '부록'과 같은 것에 불과해서 마지못해 가지고 다니는 것처럼 보일 때도 있으며, 전혀 복음이 선포되지 않는 경우도 많다. 그렇다면 이것이 과연 옳을까?

- 어떤 이들은 성령의 은사로 맺는 열매보다 은사 자체에 더 관심을 갖는다.

은사는 주로 방언, 예언, 지식의 말씀 등을 포함한다(고전 12:8-10). 열매는 사랑과 희락, 화평, 자비, 양선 등이다(갈 5:22-23). 그런데 많은 신앙인들이 성령의 열매보다는 은사에만 치중하는 편이다.

- 어떤 이들은 잃어버린 영혼을 구하는 일보다 개인적인 축복과 지속적인 도움을 받는 일에 더 관심을 갖는다.

그들은 찬양과 예배 그리고 하나님께서 임재하시는 느낌을 즐긴다. 그러나 교회의 손이 닿지 않는 곳에 손을 내밀어 영혼을 주님께로 인도하여 변화된 삶을 살도록 돕는 일에는 관심이 없다.

- 어떤 이들은 가르침과 교리보다는 경험과 느낌에 치중되어 있다.

하나님께서 우리에게 감정과 느낌을 주셨다. 하나님과의 진정한 만남은 사람을 전인격적으로 변화시킨다. 그러므로 우리는 하나님을 경험하고 느껴야 한다. 성령의 임재는 느껴지는 것이다.

그런데 우리 중에는 '머리를 건너뛰게 하는 수술'이 필요한 사람들이 있다. 바로 내가 그런 사람이다. 우린 때로 너무나 두뇌적이고 이지적이어서 신학적 정통교리에 붙잡혀 있는 경우가 많다. 하지만 하나님께서는 우리에게 정신도 주셨다. 믿음은 생각을 필요로 한다. 그러므로 우리는 우리가 믿는 것이 무엇인지 앎으로써 말씀 앞에 열려 있을 수 있다.

- **어떤 이들은 하나님과의 개인적인 조용한 시간보다 대중적인 예배를 선호한다.**

대중적인 예배는 찬양예배, 집회 그리고 기도모임 등을 포함한다. 개인적인 조용한 시간은 매일 성경을 읽거나 하나님과 조용한 시간을 보냄으로써 그분과의 친밀함을 키우는 시간들을 의미한다.

사실 일부 목회자들은 주님과의 친밀한 시간을 갖는 것에 대해 거의 가르치지 않거나 심한 경우 은연중에 이것이 별로 중요하지 않다고 가르치기도 한다. 나는 이것이 매우 잘못된 것이라고 생각한다. 당신은 얼마나 기도하는가? 실제로 하나님과 보내는 시간이 하루 중 얼마나 되는가? 나는 '쉬지 않고 기도하기'를 말하고 있는 것이 아니다. 어떤 이들은 시간을 정해놓고 기도하지 않는 것에 대한 변명으로 자신이 매일 밤낮 쉬지 않고 기도한다고 말하기도 한다.

물론 천국에서는 기도가 없을 것이다. 주님 앞에 섰을 때 당신이 시간을 어떻게 허비했는지에 대해서는 후회하겠지만, 단언컨대 하나님과 은밀하게 보낸 시간은 단 1초도 후회하지 않을 것이다. 그러므로 매일 30분 이상 기도하고 말씀 읽는 데 시간을 내기를 권한다. 개인적으로 생각하기에 교회의 리더라면, 최소한 이것의 2배 이상 하나님과 조용한 시간을 보내야 한다고 생각한다.

마지막 날 심판대에 섰을 때의 기분은 둘째 치고라도, 하나님께 기도 드리는 시간이 당신의 기름부음을 얼마나 증폭시킬지 생각해보았는가? 어쩌면 이것보다 더 중요한 것이 없을지도 모른다. 하나님께 더 많은 기름부음을 받기를 원하면서 매일 전심을 다해 그분의 얼굴을 구하지 않는다면, 그건 정말 말이 안 되는 일이다.

우리는 하나님의 손이 아니라 그분의 얼굴을 구해야 한다. 하나님의 얼굴을 구한다는 말은 그분을 더욱 친밀하게 알기를 구하는 것이고, 그분의 손을 구한다는 말은 주님께 당신을 위해 무언가를 해달라고 요구하는 것을 의미한다.

말씀 앞에 열려 있기 위하여

이상의 7가지 관찰들을 통해 우리가 진정 말씀 앞에 열려 있는지 비춰볼 수 있을 것이다. 나 역시 이를 통해 스스로의 문제를 발견했으며, 이것에 대해 여러 리더들로부터 조언을 받아왔다. 이 항목들은 우리가 진정으로 말씀 앞에 개방되어 있는지를 점검하는 테스트와도 같다. 이제는 말씀 앞에 열려 있기 위해 몇 가지를 제안해보겠다.

- 우리는 성경이 성령의 감동으로 쓰인 것임을 전적으로 신뢰해야 한다.

성령께서 구약을 쓰셨다. "모든 성경은 하나님의 감동으로 된 것으로 교훈과 책망과 바르게 함과 의로 교육하기에 유익하니"(딤후 3:16). 여기서 '하나님의 감동'은 바로 성령을 가리킨다. "이 말씀을 하시고 그들을 향하사 숨을 내쉬며 이르시되 성령을 받으라"(요 20:22). "예언은 언제든지 사람의 뜻으로 낸 것이 아니요 오직 성령의 감동하심을 받은 사람들이 하나님께 받아 말한 것임이라"(벧후 1:21). 이 말씀에 근거하면, 성경 전체를 '예언'이라 불러도 된다.

성경의 모든 저자들은 하나님께서 예언적으로 말씀하신 것을 성령의 직접적인 인도하심 아래 적었다. 그러므로 성경말씀을 인정한다는 것은 구약의 저자들에게 주어졌던 예언의 말씀 혹은 지식의 말씀을 인정한다는 뜻이다. 모세건 다윗이건 이사야건 이들 모두는 성령에 의해 주어진 지식의 말씀을 파피루스에 적었다. 오늘날 한 사람에게 주어진 지식의 말씀이라도 멸시치 않고 받아들여야 한다면(살전 5:20), 성경 저자들에게 주어진 말씀은 언제나 신뢰할 수 있어야 한다.

성령께서 신약을 쓰셨다. "또 그 모든 편지에도 이런 일에 관하여 말하였으되 그 중에 알기 어려운 것이 더러 있으니 무식한 자들과 굳세지 못한 자들이 다른 성경과 같이 그것도 억지로 풀다가 스스로 멸망에 이르느니라"(벧후 3:16). "성경에 일렀으되 곡식을 밟아 떠는 소의 입에 망을 씌우지 말라 하였고 또 일꾼이 그 삯을 받는 것은 마땅하다 하였느니라"(딤전 5:18). 여기에서 바울은 누가복음 10장 7절에 나오는 예수님의 말씀을 적으며 그것을 '성경'이라고 부른다.

바울은 자신이 쓴 글에 대해서도 이와 같은 권위를 주장한다. "만일 누구든지 자기를 선지자나 혹은 신령한 자로 생각하거든 내가 너희에게 편지하는 이 글이 주의 명령인 줄 알라"(고전 14:37). 고린도전서 7장 6절에서 바울은 '명령이 아닌 허락'으로 말을 한다. 바울이 고린도전서 7장에서는 자신의 의견을 적고 있는 반면 다른 곳에서는 '명령'이라고 기록하고 있는 것으로 보아 그것이 성령의 감동 아래 쓰인 것이라는 사실을 보여준다.

- **우리는 성경을 하나님께서 직접 말씀하시는 것으로 여기고 존중해야 한다.**

그래서 시편기자들이 주께서 주의 말씀을 주의 모든 이름보다 높게 하셨다고 적고 있는 것이다(시 138:2). 이 말은 우리가 어떤 예언적 말씀이나 지식의 말씀보다 쓰여진 말씀에 우선순위를 두어야 한다는 것을 뜻한다. 우리는 쓰여진 말씀에 위배되는 지식의 말씀을 거부해야 한다. 우리는 만약 그것이 성경말씀에 위배된다면, 단순히 '느낌'을 따라 가서는 안 된다. 물론 그것이 고통스러울 수 있다. 하지만 이를 통해 우리가 얼마나 하나님의 쓰여진 말씀을 존중하는지를 스스로 비춰볼 수 있다.

- **우리는 진실이기를 바라지 않는 진리에 대해서도 열려 있어야 한다.**

나의 결정이 옳은 것이었다는 것을 증명하기 위해 성경을 사용한다면, 우리는 제대로 성장하지 못할 것이다. 그것이 우리에게 익숙한 것이기에 '진실'이라고 받아들이기 쉬울지 모르나 실상은 우리의 인간적 욕심에 지나지 않는 것일 수도 있다. 우리가 성경 중에 특정 구절을 들어 우리 스스로를 기쁘게 하는 데 사용한다면, 바리새인이나 사두개인들이 성경을 이용한 것과 전혀 다를 바가 없다.

우리는 모두 이 부분에 있어서 도움이 필요하다. 나 역시 이 부분에 약하다. 일단 어떤 신학적 기반 위에 자리를 잡고 나면, 그 시각을 바꾸기란 참으로 어렵다. 나 역시 이런저런 가르침이 옳지 않기를 바랐던 것을 인정한다. 만일 내가 진실이기를 바라지 않는 진실에 대해 닫혀 있다면, 하나님께서는 내게 계속해서 증가하는 기름부음을 허락하지 않으실 것이다.

말씀 앞에 열려 있다는 것은, 진리가 나를 어디로 인도하든지 간에, 얼마나 그것이 창피하든지, 혹은 내가 누구와 대립해야 하는 상황이 오더라도 그것을 따르는 것을 의미한다. "너희가 서로 영광을 취하고 유일하신 하나님께로부터 오는 영광은 구하지 아니하니 어찌 나를 믿을 수 있느냐"(요 5:44). 이는 성경의 다른 어느 구절보다 내 삶 가운데 많이 적용되는 구절이다. 그러나 사실 쉽지가 않다.

그러나 내가 만약 성경 속의 하나님(창조주이시며 예수 그리스도의 아버지)으로부터 음성을 듣는다면, 어떠한 고통이나 창피함도 가치가 있다. 왜냐하면 그분의 상급은 언제나 더 큰 기름부음이기 때문이다. 나는 어제의 사람이 되기를 원치 않는다.

> 나의 결정이 옳은 것이었다는 것을 증명하기 위해 성경을 사용한다면,
> 우리는 제대로 성장하지 못할 것이다.

● **주님께로 회심하는 일을 가장 위대한 기적으로 볼 것인가?**

우리를 주님께로 돌아오게 하는 일은 성령께서 하시는 일이다. 그것은 죽은 자를 살리거나 눈먼 자나 귀머거리를 고치는 일만큼이나 엄청

난 능력을 필요로 하는 일이다. 사실 궁극적으로는 회심할 때 일어나는 일들이 바로 그런 일들이다. 회심은 죽은 자를 일으키고(엡 2:1-8), 소경의 눈을 고치고(고전 4:4-5), 귀머거리를 듣게(마 13:13-15) 하는 일이다. 구원은 복음을 들음으로 일어난다(고전 1:21). 복음은 하나님이자 인간이신 예수님께서 십자가에서 우리의 죄를 대속하셨다는 좋은 소식이다.

- 우리는 성령의 현현보다 복음에 우선을 두어야 한다.

이 말이 성령의 현현을 거부하거나 그것에 관심을 갖지 말아야 한다는 뜻은 아니다. 하지만 만약 그것에만 집착한다면, 신앙의 우선순위를 잘못 두는 것이 된다는 뜻이다.

- 우리는 다른 그리스도인이 내 생각에 동의하도록 만드는 일보다 영혼을 구원하는 일에 더욱 중점을 두어야 한다.

말씀에 더욱 강조점을 두는 사람들이 종종 이 부분에 매우 약하다. 간혹 다른 사람들의 신학적 입장을 바꾸는 일에 훨씬 더 열심인 그리스도인들이 있다. 정말 한 사람도 구원에 이르도록 돕지 못했지만, 신학에는 탁월한 사람이 있다. 또한 성령의 현상에 대해서는 무척이나 민감하며 사람들이 방언을 받게 하는 데는 탁월한데, 영혼 구원에는 별 관심이 없는 그리스도인들도 있다.

내가 볼 때, 교회 안에 있는 사람들 중에서조차 회심의 기적적인 의미가 갖는 결과에 대해 잘 이해하지 못하거나 알지 못하는 사람들이 있는 것 같다. 구원에는 복음 전파가 전제되어야 한다. 우리는 가까운 그리스도인들이 은혜 받게 하는 데 열성적인 만큼 복음을 전하는 일에도 열성적이어야 한다. 동료 그리스도인들을 성령사역으로 초청하는 일에 열심인 것만큼, 잃어버린 영혼들 구원하는 일에도 열심이어야 한다. 성령의 은사를 갈구하는 만큼, 성령의 열매도 갈구해야 한다.

이제 우리가 그동안 충분히 말씀 앞에 열려 있지 않았었다는 사실을 인정할 준비가 되었는가? 물론 우리 모두는 말씀에 열려 있는 동시에 성령께 열려 있어야 한다. 우리가 구해야 할 것은, 우리가 말씀과 성령 앞에 동일하게 열려 있어서 어느 쪽이 우리를 더 흥미롭게 하는지 분간이 되지 않을 정도가 되는 것이다.

> 말씀 앞에 열려 있다는 것은, 진리가 나를 어디로 인도하든지 간에,
> 얼마나 그것이 창피하든지, 혹은 내가 누구와 대립해야 하는 상황이 오더라도
> 그것을 따르는 것을 의미한다.

성령께 열려 있기

> 나를 주 앞에서 쫓아내지 마시며 주의 성령을 내게서 거두지 마소서 주의 구원의 즐거움을 내게 회복시켜 주시고 자원하는 심령을 주사 나를 붙드소서 (시 51:11-12)

다윗이 성공한 것과 하나님께 귀하게 쓰임 받은 비결은 바로 성령께 있다. 사무엘이 그를 내일의 사람으로 점찍은 그날부터(삼상 16:13) 다윗은 성령의 능력을 체험하였다. 시편 51편은 내일의 사람마저도 완벽할 수는 없다는 사실을 상기시켜 준다.[10] 다윗은 죄를 저지르고 나서 이 시편을 썼다. 물론 그와 같은 죄로부터 자유로울 수 있도록 밤낮으로 기도해야 하지만, 그렇다고 해서 우리가 완벽해지는 것은 아니다. 하지만 여기에서 내가 특히 놀라는 것은 다윗이 자신의 죄로 인하여 성령을 슬프게 하였다는 사실에 대한 인식을 가지고 있었다는 사실이다.

'자원하는 심령을 주사'라고 말하는 대목을 통해 그가 성령께 완전히 열려 있음을 볼 수 있다. 다윗은 하나님의 그 어떤 것도 놓치고 싶어 하지 않았다. 내일의 사람에게는 자원하는 심령, 그리고 다윗이 나중에 '상한 심령'(시 51:17)이라고 부르는 그것이 있어야만 한다.

여기에서 말씀에 열려 있는 것과 성령께 열려 있는 것의 차이점 중 한 가지를 먼저 언급하고 지나가야겠다. 말씀에 열려 있다는 것은 바로 성령께 간접적으로 열려 있다는 것을 의미한다. 왜냐하면 말씀은 오직 성령께서 비춰주실 때, 비로소 우리에게 의미가 있기 때문이다.

다르게 설명하면 이렇다. 정통파 그리스도인(신학적으로 '건전한' 정통파를 의미한다)들은 주로 성령을 구원론적인 의미로만 이해한다. 구원론 soteriology(헬라어 'soter'에서 유래)은 구원에 대한 교리를 말한다. 이 말은 십자가에서 예수님께서 하신 일은 성령에 의해서 적용되어야 하며, 만약 복음이 성령에 의해 적용되지 않으면 아무도 구원받을 수 없다는 뜻이다. 그래서 내가 이것을 한편으로는 건전한 신학이라고 말하는 이유다. 물론 이것은 성령에 대한 올바른 이해이기도 하다.

하지만 문제는 이것이 다가 아니라는 사실이다. 성령께 열려 있다는 것은 그분께 직접적이고 즉각적으로 민감하게 반응하는 것을 포함한다. 말씀에 직접적으로 열려 있다는 것은 성령께서 그 말씀을 적용시켜 주시도록 그분께 간접적으로 열려 있다는 것이다. 하지만 성령께 열려 있다는 것은 성령께서 지금 당장 실제적인 방법으로 그분 자신을 드러내실 때 그것을 인식하는 것을 의미한다.[11] 지금 이 장에서는 바로 이 부분을 이야기하고 있는 것이다.

삼위 하나님의 스티그마

우리 중 일부는 성령보다는 말씀 앞에 열려 있기가 더 쉽다고 느낀다. 대부분 말씀 앞에서는 안전하게 느끼지만, 성령 앞에서는 혹시라도 그분이 안전지대 밖으로 인도해가실까 봐 두려워하는 경향이 있다. 하지만 성령은 성경의 저자이시며, 그분은 자신이 주권적으로 쓰신 말씀과 대치되는 그 어느 곳으로도 우리를 인도하지 않으신다. 우리는 성경 앞에서 안전하게 느끼는 것처럼 성령 앞에서도 안전하다. 만약 우리가 성령께 열려 있지 않다면, 우리는 그분이 성경에 적어두신 바들을 경험하지 못할 가능성이 아주 높다.

우리의 개방성을 이야기할 때, 많은 부분이 우리의 배경과 문화 그리고 성격과 연관이 있다. 다소 지식적인 중산층 출신의 장년층이나 교리를 강조하는 교회 출신의 그리스도인은 자신도 모르게 체계적인 성경공부를 기반으로 하는 교회 스타일에 끌릴 것이다. 나이가 많든지 적든지 간에 성격상 그리 지적이지 않거나 중산층 출신이 아닌 사람은(그 사람의 영성과는 전혀 상관없이) 종종 성령에 더 열려 있는 것처럼 보인다. 그리스도인이 되기 전에 책을 읽기보다는 TV 보는 것을 더 좋아했다면, 회심했다고 해서 그들이 갑자기 지적으로 변하거나 중산층적인 관점을 갖게 되는 것은 아니다.

성령께 열려 있다는 것은 성령에서 지금 당장 실제적인 방법으로
그분 자신을 드러내실 때 그것을 인식하는 것을 의미한다.

물론 예외가 있다. 하나님께서는 어떤 사람의 성격이나 배경과 상관없이 그의 지적인 수준에 큰 변화를 가져오실 수도 있다. 하지만 누군가를 회심시킬 때, 그 사람의 성장배경을 무시하는 것은 현명하지 못하다.

성령보다는 말씀에 더 열려 있는 사람이라고 해서 더 거룩한 것은 아니다. 그렇다고 성령에 더 열려 있는 사람이 더 거룩한 것도 아니다.

그럼에도 불구하고 내가 바라기는 본성상 성령에 더 많이 열려 있는 사람이라면, 더욱 훈육과 말씀의 필요성을 인정하고 또한 내가 앞에서 소개한 제안들을 수렴했으면 한다. 또한 말씀을 받아들이는 데 더 익숙했던 사람들은 성경에 대해 지적으로만 접근하거나 성령께 마음의 문을 닫고서는 아무런 유익이 없음을 알게 되기 바란다.

왜 사람들은 성령을 두려워하는가? 왜냐하면 성령께서 늘 스티그마를 동반하시기 때문이다. 다른 말로 하면 성령의 스티그마 그 자체가 성령이시다. 그분은 본성상 우리를 다소 불편하게 하신다. 하나님 아버지와 성자 예수님이 지니신 우리를 불편하게 만드는 그 모든 것이 성령으로 구현되었다고 해도 과언이 아니다.

사실 삼위의 각 인격이 스티그마를 가지고 계신다. 하나님 아버지께서 우리를 불편하게 하시는 것은 무엇이든 그분이 원하시는 대로 하시고 말씀하실 수 있는 그분의 특권이다. 그분은 주권적이시다. 그분은 무엇이든 자신의 의지와 뜻에 따라 하신다. "모든 일을 그의 뜻의 결정대로 일하시는 이의 계획을 따라 우리가 예정을 입어 그 안에서 기업이 되었

으니"(엡 1:11). "모세에게 이르시되 내가 긍휼히 여길 자를 긍휼히 여기고 불쌍히 여길 자를 불쌍히 여기리라 하셨으니"(롬 9:15). "오직 우리 하나님은 하늘에 계셔서 원하시는 모든 것을 행하셨나이다"(시 115:3). 이런 점에서 하나님은 우리를 불편하게 하신다.

오늘날 신학과 실제 사역의 현장에서 하나님의 주권에 대한 인식이 상대적으로 부족하여 우리는 많은 대가를 치러왔다. 존 윔버는 데이빗 왓슨이 세상을 떠난 것에 대해 (자신의 믿음이 부족해서였다고 하며) 스스로를 탓했다고 말했다. 그가 적은 믿음을 가졌을지는 몰라도, 그 믿음은 하나님께서 주시는 선물이다. 하나님께서는 믿음을 주기도 하시고, 거두어 가기도 하신다. 우리는 하나님께서 어떤 일을 하시도록 만들 수 없다. 그분 스스로 뜻을 가지고 계시기 때문이다.

하나님께서 응답하시는 기도는 그분의 뜻대로 구하는 기도이며(요일 5:14), 우리가 그분의 팔을 비튼다고 뜻을 바꾸시는 것도 아니다. 나는 진심으로 존 윔버를 존경하고 그분께 많은 빚을 졌다. 하지만 그는 하나님께서 우리가 낫기를 원하는 모든 사람을 낫게 하실 것이라는 기대로 인해서 괜한 자책감을 스스로 짊어지지 않았나 생각한다.

많은 신실한 그리스도인들이 자신들의 믿음이 충분치 못한 것에 대해 잘못된 죄의식에 시달리며 살아가고 있다. 몸이 아픈 사람에게 그가 믿음이 부족해서 여전히 병석에 있는 것처럼 느끼게 만드는 것만큼 나쁜 것은 없다. 그것은 하나님의 주권이다. 하나님은 고치실 수 있는 분이지만(그것도 실수 없이), 때에 따라 치유를 통해 자신의 영광을 나타내실 때를 결정할 권리를 유보하시기도 한다. 우리 모두는 조만간 죽는다. 데이빗 왓슨이나 존 윔버처럼 위대한 하나님의 사람들도 하나님께서 천국에서 더 귀한 일로 쓰시고자 데리고 가신다. 그것이 우리에게는 실망스러운 일일지라도, 우리는 하나님 그분께서 하시고자 하는 대로 인정해드려야 한다.

삼위의 각 인격 모두 스티그마를 가지고 계신다. 하나님 아버지의 스티그마는 그분의 주권적인 의지이다. 우리는 이 사실을 인정하고 그분 앞에 엎드려야 한다.

> 여호와께서 집을 세우지 아니하시면 세우는 자의 수고가 헛되며 여호와께서 성을 지키지 아니하시면 파수꾼의 깨어 있음이 헛되도다 (시 127:1)

성자 예수님의 스티그마는 그분께서 십자가에서 돌아가심으로 인해서만 우리가 구원을 받을 수 있다는 사실에 있다. 이 세상 어느 것보다 더 귀한 그분의 보혈로 인해서만 그것이 가능하다. 하나님께로부터 기적과 이적의 능력으로 인치심을 받으신 바로 그분이 '하나님께서 정하신 뜻과 미리 아신 대로'(행 2:23) 사악한 사람들에게 내어준 바 되셨다. 하나님께서는 예수님을 죽은 자 가운데서 일으키셔서 '주와 그리스도'(행 2:36)가 되게 하셨다. 그 결과 "다른 이로써는 구원을 받을 수 없나니 천하 사람 중에 구원을 받을 만한 다른 이름을 우리에게 주신 일이 없음이라"(행 4:12)고 하셨다.

우리는 그리스도께서 하신 일을 '그의 피로써 믿음으로'(롬 3:25) 구원을 받는다. 그래서 예수님께서는 돌아가시기 전에 "내가 곧 길이요 진리요 생명이니 나로 말미암지 않고는 아버지께로 올 자가 없느니라"(요 14:6)고 말씀하신 것이다.

십자가의 스티그마는 우리가 구원을 받을 수 있는 방법과 그것이 오직 하나님의 아들로부터 가능하다는 두 가지를 모두 포함하고 있다. 이 것이 사람들을 불편하게 한다. 이 말은 복음을 듣고 받아들이기 전까지는 우리 모두 잃어버린 자들이란 뜻이다. 그리고 복음을 들어야만 그것을 받아들일 수 있다는 뜻이다.

그런즉 그들이 믿지 아니하는 이를 어찌 부르리요 듣지도 못한 이를 어찌 믿으리요 전파하는 자가 없이 어찌 들으리요 (롬 10:14)

예수님께서 하늘로 올라가신 다음 기적과 놀라운 일들이 잇달았지만, 제자들이 이 일들에 관심을 갖기보다는 가는 곳마다 계속해서 복음을 전한 이유가 바로 여기에 있다. 베드로는 40년 된 앉은뱅이를 일으켰을 때에도 더 많은 기적을 일으키기 위해 노력하지 않았고, 바로 그곳을 복음을 전파하는 장으로 사용하였다.

베드로가 이것을 보고 백성에게 말하되 이스라엘 사람들아 이 일을 왜 놀랍게 여기느냐 우리 개인의 권능과 경건으로 이 사람을 걷게 한 것처럼 왜 우리를 주목하느냐 아브라함과 이삭과 야곱의 하나님 곧 우리 조상의 하나님이 그의 종 예수를 영화롭게 하셨느니라 너희가 그를 넘겨 주고 빌라도가 놓아 주기로 결의한 것을 너희가 그 앞에서 거부하였으니 너희가 거룩하고 의로운 이를 거부하고 도리어 살인한 사람을 놓아 주기를 구하여 생명의 주를 죽였도다 그러나 하나님이 죽은 자 가운데서 그를 살리셨으니 우리가 이 일에 증인이라 그 이름을 믿으므로 그 이름이 너희가 보고 아는 이 사람을 성하게 하였나니 예수로 말미암아 난 믿음이 너희 모든 사람 앞에

서 이같이 완전히 낫게 하였느니라 (행 3:12-16)

세상을 놀라게 하는 어떠한 성령의 움직임에도 그 중심에 복음이 서야 한다. 성령의 나타나심과 복음을 전함으로 사람들을 그리스도께로 나아오게 하는 것은 다른 일이다. 전자가 복음 전할 기회를 제공할 수는 있어도, 만약 그 기회가 복음을 전하는 기회로 사용되지 못한다면 거기에는 진정한 깨달음이 있을 수 없다.

나는 우리 교회 가운데 놀라운 기적과 이적이 일어나기를 기도한다. 정말 그러기를 원한다. 우리 교인들 중에는 병자와 지체장애자가 있으며, 오랜 기간 고통 가운데 있는 자들도 있다. 나는 그들이 치유되는 것을 보기 원한다. 하지만 우리는 하나님께서 우리 웨스트민스터채플을 그런 기적으로 축복하신다면, 그 일을 복음을 전하는 기회로 삼겠다고 하나님께 약속했다. 우리는 실제로 최근에 이와 같은 결단을 공식적으로 선언했다. 그 뒤 주일 저녁예배시간에는 채플 안에 큰 원을 만들어 모든 사람이 손을 잡고, 만약 하나님께서 우리에게 그런 일을 베푸신다면 우리는 언제나 복음을 전하는 일에 중심을 두겠노라고 언약했다.

성령의 스티그마는 그분의 임재하심에 있다. 성령은 다소 우리를 불편하게 하신다. 만약 어떤 사람이 성령에 의해 시험에 들었다면, 그 사람은 결국 하나님에 의해 시험에 든 것이다. 하나님은 매우 만족스러운데, 성령이 불편하다는 것은 있을 수 없는 일이다. 예수님께서 하신 모든 일은 받아들이면서, 뒤돌아서서 성령을 거부한다는 것은 어불성설이다. 삼위의 인격은 일체이시며, 동등하게 각각의 스티그마를 가지고 계신다. 성령은 다른 두 위의 인격을 비추는 거울과도 같아서, 우리가 성령의 인격을 어떻게 대하는지를 보면 그 사람이 하나님 아버지와 그 아들 예수님에 대해 어떻게 느끼는지를 알 수 있다.

성령께서 우리를 불편하게 하시는데도 불구하고 우리는 왜 그분께 열려 있어야 하는가? 우리를 불편하게 하고 거슬리게 하는 인격을 향해 의도적으로 개방적이려 한다는 것은 바보짓이거나 불합리한 일이 아닌가? 이에 대한 대답은, 우리는 하나님의 모습 그대로 그분께 순복해야 하며, 성령은 곧 하나님이시라는 것이다. 우리의 마음이 진정으로 하나님과 합하면, 우리는 그분이 전혀 거슬리지 않을 것이다. 대신 그분이 영광스러울 것이다. 우리는 하나님의 있는 모습 그대로 받아들여야 하며, 하나님께서 어떠한 모습으로 드러내실지라도 성령의 임재 앞에 열려 있을 준비가 되어 있어야 한다.

말씀 중심적인 사람들의 특징

얼마 전 나는 한 동료 사역자에게 이렇게 말했다. "성령께 깨어 있으세요." 그는 이렇게 대답했다. "그게 무슨 말인지 모르겠습니다." 이 대답이 진심이었는지 아니면 농담이었는지 모르겠으나, 이번 장에서 성령께 깨어 있다는 것이 무엇인지 정리해보길 원한다. 어떤 사람이 성령보다는 말씀에 더 열려 있다는 증거가 있는가? 나는 있다고 생각한다.

- 어떤 이들은 오늘날의 모든 예언이 설교를 통해 온다고 믿는다.

심지어 그들은 고린도전서 12장 10절에 소개된 예언의 은사를 설교라고 믿기도 한다. 그러므로 그들은 성령께서 설교를 깨닫게 해주셔서 그것을 잘 알아들으면 안정감을 느낀다. 하지만 누군가가 예언적인 지식의 말씀을 전해주면 불편해한다.

• **어떤 이들은 복음은 매우 좋아하지만, 성령의 임재(방언, 예언, 쓰러지고 웃는 행위 등)에 대해서는 두려워한다.**

그들은 전심으로 복음을 사랑하며, 그것을 위해서라면 목숨도 내어놓을 수 있다. 하지만 성령의 역사하심이 예수님께로부터 온 것이라는 사실을 접하면 매우 불편해한다.

• **어떤 이들은 성령의 열매를 맺는 데는 열심이지만, 성령의 은사에 대해서는 절대 관심을 보이지 않는다.**

그들은 사랑과 화평과 희락을 보여주는 것이 방언을 말하는 것보다 훨씬 더 하나님께 영광이라고 생각한다. 그들은 고린도전서 13장을 가지고 자신들의 견해를 뒷받침한다. 바울도 사랑을 최고로 쳤고, 그 다음에 다른 은사들을 열거하였다는 것이다.

• **어떤 이들은 교리라던가 가르침과 같이 지적인 자극이 있는 것을 좋아하고, 경험에 대해서는 모두 의심한다.**

그들은 바울도 지적으로 호소하는 설교를 사용했다고 주장하며, 복음에 대한 이해를 분명히 하는 것만이 필요하다고 말한다. 느낌과 감정에 귀를 기울이는 것은 육의 일로 돌아가는 것이며, 그러므로 훈련을 필요로 하지 않는다고 생각한다.

• 어떤 이들은 오래된(최소한 100년 이상 된) **찬송가를 부르는 예배가 아니면 은혜를 받지 못하며, 현대적인 찬양곡들은 주로 하나님의 위엄을 노래하기보다 감성적인 경향이 많다고 생각한다.**

이들은 진정한 경배는 조용한 묵상을 통해 드려진다고 믿으며, 교회에 와서 찬송가를 부름으로 하나님을 경배하기도 하지만 핵심은 설교와 가르침에 있다고 믿는다. 따라서 그들은 소규모 기도모임을 좋아하지 않는다.

• 어떤 이들은 **말씀을 받아들였으면, 이미 그만큼 성령도 가지고 있다고 믿는다.**

그래서 성령을 강조한다는 것은 그들이 성령을 가지고 있지 않다고 말하는 것이 된다고 생각한다. 그들은 모든 그리스도인 안에 내주하시는 성령께서 이미 거하시므로 자신들에게는 이미 충분한 만큼의 성령이 있다고 믿는다. 그래서 더욱 성령께 열려 있으라고 하는 말은 불필요할뿐더러, 이미 우리 안에 계시는 성령을 무시하는 처사라고 생각한다.

• 어떤 이들은 **영적인 것에 열려 있다는 것이 자신을 전혀 성령이 아닌 것에 열어놓는 것과 같은 일이라고 생각한다.**

그들은 이미 모든 그리스도인이 성령을 가지고 있으므로, 하나님께서 예수님을 통해 하신 그 이상의 것을 구하는 것은 위험한 일이라고 생각한다. 잘못하다가는 육에게 자리를 내어줄 수 있고, 최악의 상황으로 마귀나 주술에 빠질 수도 있다고 생각하는 것이다.

우리는 하나님이 있는 모습 그대로 받아들여야 하며,

하나님께서 어떠한 모습으로 드러내실지라도

성령의 임재 앞에 열려 있을 준비가 되어 있어야 한다.

이상 성령에 그리 열려 있지 않다고 간주할 만한 경우들을 열거해보았다. 여기에 열거된 경향들의 저변에는 대부분 신학적 근거들이 깔려있다. 하지만 여기에는 개인의 기질과 배경도 작용함을 잊어서는 안 된다. 본성상 두뇌적이고 지적인 사람은 의식이 작용하지 않는 부분을 수용하는 데 있어서 심한 두려움을 느낄 수 있다.

하지만 나는 우리가 영적인 것, 즉 성령께 더 열려 있어야 한다고 믿는다. 나 역시 지적인 사람이다. 앞에서 쓴 것과 같이 나의 성장배경은 영적인 것에 열려 있는 쪽에 가까웠음에도 불구하고, 나는 그것에 대해 지나치게 조심스러운 편이었다. 하지만 하나님께서는 나를 변화시키셨고, 지금 이 책을 읽는 독자들 중에 혹시 성령의 사역에 대해 두려움을 가지고 있는 사람이 있다면 그들에게 나는 이제 그것을 지지한다고 말할 수 있다.

모든 그리스도인이 이미 성령을 받았다는 것은 사실이다(롬 8:9). 게다가 우리는 '모든 은사에 부족함이 없이'(고전 1:7) 받았다. 사실 우리는 '그리스도 안에서 하늘에 속한 모든 신령한 복을'(엡 1:3) 받았다. 하지만 고린도 교회 교인들에게 바울은 "더욱 큰 은사를 사모하라"(고전 12:31)고 말함으로써 그가 고린도전서 1장 7절에서 말한 것처럼 우리가 이미 받을 수 있는 모든 것을 절대적인 의미에서 다 받았다고 말한 것은 아님을 볼 수 있다. 그리고 바울이 에베소 교회 교인들에게 "오직 성령으로 충만함을 받으라"(엡 5:18)고 말했던 것으로 미루어 보아, 비록 우리가 이미 모든 영적인 축복을 받기는 했지만 항상 충만하지 않을 수도 있다는 것을 알 수 있다.

성령께 열려 있다는 것

영적인 것에 열려 있다는 것은 무엇을 뜻하는가? 그것은 겸손함이다. 내가 모든 것을 가지고 있지 않으며, 모든 것을 알고 있지 않다는 것에 대한 인식이다. 내게 성령이 더욱 필요하다는 자각이다. 하나님께서 어디에 계시는지 알고자 하는 욕망이며, 그분께서 스스로를 드러내실 때 즉각적으로 그것을 인식하여 그분께로부터 오는 어떠한 것도 놓치지 않으려는 갈망이다. "나는 부족한 것이 없다"(계 3:17)라고 말하지 않고, 나의 가난함을 인정하는 한 하나님께서 더 많은 것을 내게 주시려 한다는 사실을 아는 것이다.

성령께서 우리의 마음과 생각의 눈을 여시는 것과 우리가 먼저 그분께 열려 있는 것은 전혀 다른 일이다. 물론 우리가 하나님을 청종하기 위해서는 하나님께서 먼저 우리를 주권적인 능력으로 변화시키셔야 한다. 하지만 일단 회심한 후에는, 우리가 성령께 열려 있음으로써 그분께서 우리에게 하시는 말씀을 하나도 놓치지 않으려는 노력이 필요하다.

히브리서에 나오는 히브리인들의 문제점은 듣는 것이 둔하였다(히 5:11)는 것이었다. 이 말은 그들이 더 이상 하나님의 음성을 전혀 들을 수 없는 지경에까지 갔다는 뜻이다. 그들은 열려 있어야 할 필요성조차 느끼지 못했다.

영적인 것에 열려 있다는 것은 무엇을 뜻하는가?
그것은 겸손함이다. 내가 모든 것을 가지고 있지 않으며,
모든 것을 알고 있지 않다는 것에 대한 인식이다. 내게 성령이 더욱 필요하다는 자각이다.

우리와 은혜의 보좌 사이를 잇는 유일한 끈은 성령이시다. 그러므로 만약 그분이 소멸되거나 슬퍼하신다면, 하나님께서 오늘날 어떻게 움직이시는지 말해줄 그 유일한 끈을 우리가 끊어버리고 말았다는 뜻이다. 그러므로 우리는 가능한 한 그분과 최대한 좋은 관계를 맺고 있어야 한다. 하나님은 어제나 오늘이나 내일이나 항상 동일하시고 그분의 성품은 언제나 변함이 없지만, 스스로를 모든 세대에게 다 같은 방법으로 나타내시지는 않는다. 그러므로 하나님의 영광을 놓치고 싶지 않다면, 성령께 열려 있어야만 한다.

만약 하나님께서 오늘 무엇을 하시고 무엇을 말씀하실지에 대해 닫혀 있다면(미리 자기 나름대로의 생각을 가지고 있다면), 주님께서 오셨을 때 이스라엘 사람들이 그분을 알아보지 못했던 것처럼 우리도 그분의 영광을 놓치게 될 것이다. 서기관과 제사장과 바리새인들은 그들이 하나님께서 보내신 메시아가 눈앞에 나타났을 때 그분을 알아보지 못할 것이라고는 꿈에도 생각하지 못했을 것이다. 하지만 그들은 보지 못하고 말았다! 만약 우리가 진정으로 성령께 열려 있다면(어떠한 스티그마가 있더라도 대가를 치를

준비가 되어 있다면), 하나님의 영광이 임했을 때 그것을 놓치지 않을 가능성이 훨씬 높다.

모든 세대에게는 믿음을 시험하는 스티그마가 주어진다. 어제 하나님께서 무엇을 하셨는지를 믿는 것은 그리 어렵지 않다. 하지만 하나님께서 어제 하신 일은 어제를 산 사람들에게 매우 불편한 것이었다. 물론 "내가 그때 살았더라면 나는 반대하지 않았을 거야"라고 말하기는 쉽다. 하지만 현재 하나님께서 하고 계신 일에 동의할 수 없다면, 어제를 살았어도 그때의 하나님의 일에도 동의하지 못했을 것이다.

바리새인들도 자신들이 조상들과는 달리 경건하다고 생각했다. 그러나 주님께서는 바로 이 점에 대해 말씀하셨다. "만일 우리가 조상 때에 있었더라면 우리는 그들이 선지자의 피를 흘리는 데 참여하지 아니하였으리라 하니"(마 23:30). 하지만 그들은 정작 자신들의 시대에 예수 그리스도를 핍박함으로써 조상들과 같은 죄를 저지르고 있었다. 예수님께서는 그들에게 "그러면 너희가 선지자를 죽인 자의 자손임을 스스로 증명함이로다 너희가 너희 조상의 분량을 채우라"(마 23:31-32)고 말씀하셨다.

최선책의 적은 차선책이라는 말이 있듯이, 적당히 번영하는 교회는 부흥을 원하지 않는다. 현재 조지 휫필드를 추종하는 사람들이라도 만약 그와 동시대에 살았다면 그를 배척했을지도 모르며, 지금 스펄전을 존경하는 사람이라도 그 시대에 그와 함께 살았더라면 그를 배척했을지도 모르는 일이다!

하나님에 대한 진정한 사랑이 있는지 그리고 진정 성령께 열려 있는지 테스트하시기 위해 오늘날 하나님께서 하시는 일은 어제 하신 일과는 전혀 다른 스티그마를 가지고 있다. 이미 말했듯이 히브리서 11장에 나오는 인물 중 그 누구도 과거의 믿음의 사람들의 스티그마를 편하게 짊어졌던 사람은 없다. 그 장에 나오는 인물들은 모두 이전 세대에서는 볼 수 없었던 새로운 스티그마를 안아야 했다.

누군가 "내가 만약 그 시대에 살았다면 히브리서 11장에 기록될 만한 삶을 살 수 있었을까?"라고 묻는다면, 만약 당신이 오늘날 당신에게 주어진 스티그마를 수용할 수 있다면 어느 시대를 살았더라도 그 시대의 스티그마를 수용할 수 있었을 것이라고 답해주고 싶다. 당신은 또 "나는 옛날 순교자들처럼 그렇게 순교하지 못했을 겁니다"라고 말할지도 모른다. 이에 대해서도 나는 현재 당신 앞에 주어진 스티그마를 안고 갈 수 있다면, 당신은 충분히 옛날에도 그렇게 순교할 수 있었을 것이라고 말해주고 싶다.

> 지극히 작은 것에 충성된 자는 큰 것에도 충성되고 지극히 작은 것에 불의한 자는 큰 것에도 불의하니라 (눅 16:10)

왜 성령께 열려 있어야 하는가? 왜냐하면 하나님께서는 오늘도 여전히 말씀하시기 때문이다. "너희가 오늘 그의 음성을 듣거든"(시 95:7). 그런데 여기에서 말하는 것이 성령을 뜻하는 것인가? 그렇다.

그러므로 성령이 이르신 바와 같이 오늘 너희가 그의 음성을 듣거든 광야에서 시험하던 날에 거역하던 것 같이 너희 마음을 완고하게 하지 말라 거기서 너희 열조가 나를 시험하여 증험하고 사십 년 동안 나의 행사를 보았느니라 그러므로 내가 이 세대에게 노하여 이르기를 그들이 항상 마음이 미혹되어 내 길을 알지 못하는도다 하였고 내가 노하여 맹세한 바와 같이 그들은 내 안식에 들어오지 못하리라 하였다 하였느니라 (히 3:7-11)

혹자는, 성경은 오류가 없고 완벽하며 불변하는 하나님의 말씀이며, 하나님께서 그것을 이미(과거에) 우리에게 주셨다고 말할 것이다. 물론 성경은 하나님의 말씀으로 오류가 없고 완벽하며 변하지 않는다. 그리고 하나님께서는 성경을 이미 과거에 우리에게 주셨다. 하지만 성령께서 그것을 오늘날 우리에게 적용하신다. 그리고 만약 성령께서 지금 실제로 하고 계시는 일에 우리가 예민해진다면, 성경은 훨씬 더 사실적으로 다가올 것이다.

> 하나님은 어제나 오늘이나 내일이나 항상 동일하시고
> 그분의 성품은 언제나 변함이 없지만,
> 스스로를 모든 세대에게 다 같은 방법으로 나타내시지는 않는다.

성령께서는 오늘날 사람들을 불편하게 하는 하나님의 말씀들을 집중적으로 비춰주신다. 성령께서는 예언, 지식의 말씀, 환상 그리고 음성 등을 통해 뚜렷하고 직접적인 방법으로 계속해서 말씀하신다. 하지만 그분은 절대로 성경에 있는 내용과 합하지 않거나 상반된 말씀은 하시지 않는다. 오히려 말씀을 더욱 선명하게 이해시켜 주신다.

성령께서 오늘도 말씀하고 계시다는 사실은 새로운 계시가 아니며, 성경과 경쟁관계에 있는 것도 아니다. 오히려 성령으로 인해 성경이 더욱 부각된다는 점이 성령께서 말씀하시고 나타나신다는 사실의 반증이다.

하나님께서 오늘날 하시는 일에 제외되고 싶지 않다면, 성령께 민감한 것이 좋다. 우리가 현재 아타나시우스의 주장을 옹호하는 데에는 스티그마가 없다(일반적으로 봤을 때를 말한다). 예수 그리스도가 성부 하나님과 동일하게 영속적이며 실체적이며 동등한 존재라고 말한다고 해서 누구도 그것을 비웃지 않을 것이다(물론 교회 안에서 말이다). 그러나 아타나시우스는 당세에 혼자 싸워 이겼다.

오늘날 오직 믿음으로 구원받는다고 주장하는 것에 대해서도 아무런 스티그마가 없다(대부분의 카톨릭에서마저도 그렇다). 그러나 마틴 루터는 이것을 주장하며 홀로 일어섰으며, 그리고 이겼다. 오늘날 대부분의 그리스도인들은 예수님께서 십자가에서 하신 일을 믿음으로 말미암아 구원을 받는다는 사실을 무척이나 당연한 것으로 받아들인다. 하지만 이러한 스티그마는 반복적으로 나타날 수 있다. 그러므로 우리는 역사적인 믿음의 진리를 옹호할 준비가 되어 있어야 한다.

과거에 진리로 밝혀졌던 사실이 어느 날 다시 싸워서 이겨야 할 새로운 스티그마로 출현할 수 있다는 사실을 간과해서는 안 된다. 하지만 이 새로운 스티그마도 여전히 하나의 스티그마이며, 수용되거나 고수하기 쉽지 않을 수도 있다는 사실을 염두에 두는 것이 좋다.

성령께서는 우리를 기만하지 않으신다. 우리가 그분과 좋은 관계 가운데 있다면, 그분께서 어디에 계시고, 무엇을 하시며, 무엇을 말씀하시는지 알 수 있을 것이다. 그분께서는 오늘날 벌어지고 있는 천국의 일들로부터 그분을 사모하는 주의 백성들이 제외되기를 원치 않으실 것이다.

마음을 열기 위하여

성령께 열려 있다는 것은 무엇을 뜻하는가? 머리로뿐만 아니라 마음으로도 그분께 열려 있다는 것을 어떻게 알 수 있단 말인가? 하나님께서는 루디아의 마음을 여셨다(행 16:14). 우리는 종종 신학적으로는 열려 있지만(지적으로는 동의하지만), 여전히 마음으로는 닫혀 있을 수 있다. 머리로는 열려 있는데 왜 마음은 닫혀 있을까?

성령께 마음을 여는 데 가장 큰 적은 두려움이다. "하나님이 우리에게 주신 것은 두려워하는 마음이 아니요 오직 능력과 사랑과 절제하는 마음이니"(딤후 1:7). 우리는 때론 연약한 존재로 돌아가서 다칠 줄도 알고, 공격 앞에서 무방비한 상태로 나갈 줄도 알아야 한다. 여기에서 연약해진다는 뜻은 때로는 기꺼이 다치고 창피 당할 각오를 해야 한다는 것이다. 방어기제들을 사용해서 스스로를 보호하거나 변명을 하며 자리를 뜨거나 혹은 친구들(가장 가까운 친구라 하더라도) 앞에서의 체면을 걱정하는 일을 그만 두어야 한다.

우리는 성령께 극단적으로 민감해지는 것을 배워야 한다. 성령께서는 근심하시거나(엡 4:30) 소멸하실 수 있는(살전 5:19) 분이시다. 성령을 가장 근심케 하는 것은 쓴뿌리, 즉 용서치 않는 영으로 사람을 비방하게 만드는 그것(엡 4:30 이하)이다. 성령을 소멸케 하는 가장 큰 원인은 우리의 연약함을 스스로 보호하거나 '하나님께서 저런 일은 하실 리가 없지!'라고 생각하며, 하나님께서 하고 계신 일에 대해 부정하는 것이다.

성령을 소멸하지 않고 그분과 함께 빛의 길을 걸으며 시간을 내어드리고 친밀한 관계를 맺음으로 우리 안에 충만하게 거하시게 할 때(요일 1:7),

우리는 성령과 함께 흐르게 된다. 그리고 언제 내가 그분을 슬프게 하는지 알게 된다. 그분께서 무엇을 하시고 무엇을 말씀하시는지 알게 된다.

나는 지금 '극단적인' 민감성을 말하고 있다. 예를 들어 의학기술을 보자. 오늘날 병원에 가보면 아주 정교한 최신식 검사장비를 갖추고 있어서, 20년 전에는 발견해낼 수 없었던 미세한 병균까지 찾아내는 것을 볼 수 있다. 1년 전보다 성령의 방법에 훨씬 더 민감해지기 위해서는 우리에게 얼마나 많은 기름부음이 필요하겠는가?

나는 하나님께서 하시는 일을 어떤 것도 놓치고 싶지 않다. 그래서 성령께 극단적으로 예민해질 필요가 있다고 말하는 것이다. 성령은 쉽게 근심하신다. 그분께 대한 민감함의 수위가 아주 높아야만 그분이 설교 말씀 중에서, 예언의 말씀 중에서 그리고 그 외 여러 가지 모습으로 나타나실 때 인식할 수 있다.

열려 있고 싶지만 아직 열려 있지 않은 것 같아 두렵다면, 어떻게 하면 되는가?

- 당신의 삶 가운데 혹시 고백하지 않은 죄가 있는지 살펴보라(요일 1:9).
- 누군가에 대한 노함과 분냄이 있는지 살펴보라(엡 4:31 이하).
- 다른 사람을 비방하는 말을 하지 않도록 주의하라(약 3장).
- 경건한 기도생활을 하고, 성경을 읽어라(눅 18:1-2, 딤후 2:15).
- 하나님께서 주시는 모든 빛 가운데 걸으라(요일 1:7).
- 성령의 음성을 익히라(히 3:7-8).
- 성령의 길에 대해 아는 바를 넓히고, 그분의 임재를 인식하는 능력을 키우라(히 3:10-11).

어제 성령께 열려 있었다고 해서 오늘도 열려 있을 것이라고 생각하지 말라. 성령께 삶을 내어드렸다가 큰 고생을 한 다음에 '내가 다시는 그러나 봐라' 하고 다짐하는 심정을 나 역시 안다. 내가 아서 블레싯을 우리 교회에 초청했다가 많은 일을 겪으면서 느꼈던 것이 바로 그것이기 때문이다. 하지만 하나님께서는 나를 그런 상태로 내버려두지 않으셨다.

어떤 특정한 이슈들에 대해 나름대로의 확실한 견해를 가지고 있다고 해서 당신이 열려 있다고 생각하지 말라. 예를 들면 낙태를 반대한다든지, 혹은 성경의 가르침에 동의한다든지, 혹은 좋은 그리스도인이란 어떤 것인지에 대해 잘 정리된 지식을 가지고 있으면서도 여전히 성령께는 닫혀 있을 수도 있다. 심지어 성령의 은사들을 가지고 있으면서도 성령께 닫혀 있을 수도 있다. 하나님의 은사에는 후회하심이 없기 때문이다(롬 11:29).

하나님께서 지금 당신을 축복하고 계신다고 해서 당신이 성령께 열려 있는 것이라고 생각하지 말라. 지금 모든 일이 다 잘되고 있고, 치유를 경험했을 수도 있고, 좋은 직장을 얻었을 수 있고, 하나님께서 도우심을 알고 있을 수도 있지만, 정작 성령께는 닫혀 있을 수도 있다.

성령께 열려 있지 않음으로 인해 치러야 할 대가는 엄청나다. 하나님의 안식에 들어가지 못하게 될 수도 있고(히 3:7-11), 하나님의 음성을 다시는 듣지 못하게 될 수도 있으며(히 5:11), 회개하여 새롭게 될 기회를 잃어버리게 될 수도 있다(히 6:6).

하지만 우리가 그분께 열려 있고 그분께서 일하시는 것을 인식할 수 있다면, 우리 안에는 평안이 있을 것이다. 그리고 그분께서 하시는 일을 놓치지 않을 것이다.

내일의 기름부음

여호와께서 그의 마음에 맞는 사람을 구하여 (삼상 13:14)

폐하시고 다윗을 왕으로 세우시고 증언하여 이르시되 내가 이새의 아들 다윗을 만나니 내 마음에 맞는 사람이라 내 뜻을 다 이루리라 (행 13:22)

사울은 하나님의 명령을 지키지 않았기 때문에 어제의 사람으로 전락했다. "블레셋 사람들이 나를 치러 길갈로 내려오겠거늘 내가 여호와께 은혜를 간구하지 못하였다 하고 부득이하여 번제를 드렸나이다"(삼상 13:12). 어제의 사람은 항상 자신들이 왜 순종하지 않았는지에 대해 변명한다. 하나님께서는 그분의 마음에 맞는 사람, 그분의 뜻을 이룰 자, 즉 다윗을 찾으셨다. 사무엘이 다윗에게 기름을 붓자 '이 날 이후로'(삼상 16:13) 다윗이 여호와의 영에 크게 감동되었다.

말씀과 성령의 조화

다윗이 받은 기름부음의 특징은 말씀(하나님의 계명)과 성령(능력), 이 두 가지가 복합적으로 동시에 작용하고 있다는 것이다. 이 두 가지 중 어떤 것이 더 비중 있게 다윗과 그의 성공에 작용했는지 알아내기란 쉽지 않다. 그것은 아마도 불가능할 것이다. 다윗이 했던 모든 일 뒤에는 말씀과 성령이 함께하고 있었다. 이 둘의 조화가 그것을 가능케 했다.

말씀에 강조를 두어 생각한다면, 어떻게 시편을 설명할 수 있겠는가? 우리는 다윗에게 능력으로 임하신 성령을 보지 않을 수 없다. 사울에게서 기적적으로 도망칠 수 있었던 것과 예루살렘을 정복한 것 그리고 블레셋과의 싸움에서 계속해서 승리를 거둔 일들은 어떻게 설명할 수 있겠는가? 그것은 다윗이 하나님의 명령을 지킴으로 가능했음을 볼 수 있다. 다윗에게 이 두 가지는 분리될 수 없는 것이었고, 그에게 어떤 것이 더 중요했는가를 구분한다는 것은 불가능한 일이다.

다윗의 왕권의 절정은 법궤를 예루살렘으로 가지고 왔을 때였다. "다윗이 여호와 앞에서 힘을 다하여 춤을 추는데 그 때에 다윗이 베 에봇을 입었더라"(삼하 6:14).

법궤는 말씀과 성령을 의미한다. 그 안에는 십계명이 적힌 돌판(말씀의 상징)과 싹이 난 아론의 지팡이와 그리고 만나 항아리(기적 혹은 성령의 능력의 상징)가 들어 있었다. 고대 이스라엘에서 법궤는 하나님의 영광을 상징했다. 그래서 법궤를 빼앗겼을 때 '영광이 이스라엘에서 떠났다'(이가봇, 삼상 4:21)고 했다.

당시 법궤는 히브리어로 '카보드'^{kabodh}12), 즉 하나님의 영광의 상징이었다. 이 단어는 또한 '무거움'^{weightiness}을 의미하기도 하는데, 그러한 면에서 하나님의 무게 혹은 그분의 위상을 가장 잘 표현하는 단어이기도 하다. 우리가 자주 사용하는 '직권을 남용하다'$^{throw\ his\ weight\ around}$라는 표현에 쓰인 '무게'^{weight}라는 단어와 같은 맥락이기도 하다.

하나님의 영광은 무겁고 강력한 것이다. 그 영광이 말씀과 성령의 조화를 반영하는 것이었다. 다윗은 그 법궤를 예루살렘으로 가져올 때가 되었다고 판단했다. 법궤는 사울 왕 때부터 유다의 한 후미진 곳에 있었으며, 그 이후로 아무도 그것에 대해 묻지 않았다(대상 13:3).

법궤를 예루살렘으로 다시 가져오겠다는 다윗의 계획은 고결한 것이었다. 하지만 첫 시도에서 실패하고 말았다. 사실 다윗은 법궤를 다시 가져오는 일이 쉽지 않을 수 있다는 것을 전혀 생각하지 못했다. 따라서 약 28킬로미터 정도밖에 되지 않는 거리를 옮겨오는 것이었지만, 실패하고 말았다. 그들은 법궤를 수레에 싣고 소가 끌도록 했다. 그런데 소가 뛰어 법궤가 움직였을 때, 웃사라는 자가 손을 내밀어 법궤를 잡았다. "여호와 하나님이 웃사가 잘못함으로 말미암아 진노하사 그를 그 곳에서 치시니 그가 거기 하나님의 궤 곁에서 죽으니라"(삼하 6:7).

우리는 하나님의 영광을 마땅히 있어야 할 자리인 교회로 다시 모셔오는 것이 쉬운 일이라고 생각한다. 다윗이 법궤를 소가 끄는 수레에 싣고 28킬로미터만 오면 된다고 생각했던 것처럼 말이다. 그것이 그렇게 쉬운 일이라면, 얼마나 좋을까? 하지만 그렇지 않다.

이 일로 인해 다윗은 분노하였다. 이것이 그의 첫 실패였다. 골리앗을 죽이고, 블레셋을 상대로 이스라엘에게 승리를 가져다주고, 누구도 꿈꾸지 못했던 이스라엘의 통일을 이루었던 사람이 작은 궤짝 하나 옮겨오는 일에 실패하고 말았다.

다윗의 감정은 분노에서 두려움으로 변화되었다. 웃사가 죽자 그가 처음 보인 반응은 여호와께서 웃사를 치심에 대한 분노(삼하 6:8)였다. 하지만 그는 이내 평정을 되찾고 여호와를 두려워하게 되었다(삼하 6:9).

교회가 하나님의 이름의 영광을 되찾는 것은 작은 일이 아니다. 선교단을 조직하고, 컨퍼런스를 열고, 좋은 설교를 준비하고, 책을 쓰고, 찬양곡을 만들고, 많은 청중을 모으고, 명성도 쌓고 하는 이 모든 일에 모두 성공적일 수 있다. 하지만 교회에 하나님의 영광이 되돌아오게 하는 것은 쉬운 일이 아니다. 다윗도 이 일이 식은 죽 먹기일 것이라고 생각했지만, 그 예상은 보기 좋게 빗나가고 말았다.

현대 교회가 성취해야 하는 가장 큰 업적은 아마도 하나님의 영광을 재건하는 일일 것이다. 이보다 더 큰 목표와 가치는 더 이상 있을 수가 없다. 내가 믿기로, 이 일은 성령과 말씀이 실제로 조화를 이룰 때 가능하다고 본다. 하지만 말처럼 그렇게 쉽지는 않다.

다윗은 법궤를 잡으려다가 갑자기 죽음을 맞이한 웃사를 주목하게 되었다. 나는 종종 우리의 관심을 끄는 것이 무엇인지 생각해본다. 정말 우리의 관심이 교회 안에서 하나님의 영광을 보는 일에 있는지, 아니면 우리 자신의 영광과 자존심을 지키는 일에 있는지 생각해본다.

하지만 다윗은 무엇이 잘못되었는지를 보았다. 그는 자신이 하나님의 말씀이 법궤에 관해 어떻게 기록하고 있는지를 간과했다는 사실을 발견하였다. "전에는 너희가 메지 아니하였으므로 우리 하나님 여호와께서 우리를 찢으셨으니 이는 우리가 규례대로 그에게 구하지 아니하였음이라 하니"(대상 15:13). 규례에 따르면 레위인들이 어깨에 막대기를 지고 그 위에 법궤를 얹어 옮겨야 했으며, 그들도 법궤를 직접 만져서는 안 되었다.

현대 교회가 성취해야 하는 가장 큰 업적은 아마도 하나님의 영광을 재건하는 일일 것이다.
이보다 더 큰 목표와 가치는 더 이상 있을 수가 없다.
내가 믿기로, 이 일은 성령과 말씀이 실제로 조화를 이룰 때 가능하다고 본다.

다윗은 하나님의 영광을 상징하는 법궤를 어떻게 다뤄야 하는지에 대한 계명을 무시하는 실수를 저질렀다. 그로 인하여 하나님의 위상에 금이 가고, 그분의 말씀이 위태롭게 되었다. 하나님께서는 주의 말씀을 주의 모든 이름보다 높게 하셨다(시 138:2). 만일 법궤를 하나님의 말씀에 위배되는 방식으로 옮기는데 그것을 하나님께서 허락하셨다면, 그것은 하나님 스스로 말씀을 무시하시는 일이 된다. 그러나 하나님께서는 다윗이나 우리 중 그 누구를 위해서도 그분의 규율을 굽히지 않으신다.

아무것도 바뀌지 않았다. 하나님께서는 지금도 그분의 말씀에 우선순위를 두신다. 하나님께서는 그분의 영광을 위해 질투하신다. 하나님은 편애하지 않으신다. 그러므로 그분의 말씀을 지키지 않으면, 우리도 실패할 것이다.

다윗은 마침내 법궤를 예루살렘으로 가져오는 데 성공했다. 그날은 그의 생애 중 가장 기쁜 날이었다. 만일 그가 첫 시도에 실패하지 않았더라면, 두 번만에 이루어낸 일에 대해 그만큼 감격하지는 않았을 것이다.

겸허한 마음으로

교회 안에 말씀과 성령이 이론과 실제 두 영역 모두에서 조화를 이루는 날이 온다면, 아마도 교회사 가운데 가장 기쁜 순간이 될 것이다.

다윗의 업적과 기름부음은 말씀과 성령의 완벽한 조화의 결과였다. 이 시기는 이스라엘의 황금기였으며, 다윗은 이스라엘의 최고의 왕이었다. 다윗은 하나님의 마음에 합한 자였다.

하나님께서 원하시는 것은 말씀과 성령이 동일한 무게로 인식되는 것이다. 이 두 가지는 분리될 수 없으며, 그것은 절대적인 진리이다. 우리는 성령으로 인해 말씀을 받아들이며, 말씀으로 인해 성령에 대해 알 수 있다. 이 둘은 분리될 수 없다.

하지만 이렇게 말하는 것이 전부는 아니다. 예수님께서는 제자들에게 "너희는 내가 일러준 말로 이미 깨끗하여졌으니"(요 15:3)라고 하셨으나, 나중에 그들에게 숨을 내쉬며 "성령을 받으라"(요 20:22)고 하셨다. 이 말은 그들에게 이미 말씀이 있었으나 더 필요한 것이 있었다는 것을 뜻한다.

예수님께서는 하나님께 "나는 아버지께서 내게 주신 말씀들을 그들에게 주었사오며 그들은 이것을 받고"(요 17:8)라고 말씀하신 뒤, 나중에 제자들에게 "너희는 위로부터 능력으로 입혀질 때까지 예루살렘에 머물라"(눅 24:49)고 말씀하신다. 예수님께서는 육으로 오신 말씀이었지만, 그분 또한 성령을 받으셨다(눅 3:22, 요 1:33). 그러므로 우리가 말씀과 성령을 분리할 수 없다고 말할 때는 어떤 의미로 그 말을 하는지를 밝혀야 한다. 왜냐하면 말씀으로는 부족함이 없이 채워졌는데도 성령은 비교적 덜 가진 경우를 볼 수 있기 때문이다. 이것이 바로 오순절을 맞기 전 제자들의 상태였다.

> 하나님께서 원하시는 것은 말씀과 성령이 동일한 무게로 인식되는 것이다.
> 이 두 가지는 분리될 수 없으며, 그것은 절대적인 진리이다.
> 우리는 성령으로 인해 말씀을 받아들이며, 말씀으로 인해 성령에 대해 알 수 있다.
> 이 둘은 분리될 수 없다.

나는 주로 말씀에 중점을 두고 살아온 편이다. 그렇다고 내게 성령이 없었던 것은 아니다. 만일 내게 성령이 없었다면 능력 있는 설교를 할 수 없었을 것이다. 또한 성령을 강조하는 사람이라고 해서 말씀이 전혀 없는 것도 아니다. 말씀이 없이는 성령의 은사가 무엇인지조차 몰랐을 것이다. 우리가 여기에서 이야기하는 것은 사역에 있어서 말씀과 성령 중 어느 것을 어느 정도로 풀어놓는가 하는 것이다.

그러므로 어디에 중점을 두는가에 있어서는 분리가 있을 수 있다. 그래서 어떤 것을 다른 것보다 더 중점을 둔다고 할 때, 거기에는 당연히 그에 따른 결과가 있게 마련이다. 현대 교회 가운데 얼마나 큰 분열의 벽이 있는가가 바로 그 결과들이다. 이것이 바로 말씀과 성령 사이에 소리 없는 결별이 일어났다고 표현했던 이유이다. 이것은 하나님께서 하신 일이 아니고 사람이 한 일이다.

어떤 이들은 성령은 전혀 무시한 채 말씀만을 주장하기도 한다. 말씀에 중점을 두는 사람들은 원래 말씀과 성령은 분리될 수 없으므로 말씀만 잘 배우면 성령은 자동적으로 따라오게 되어 있다고 말한다. 그리고 성령에 중점을 두는 사람들은 성령을 따르는 것만이 진정으로 말씀을 따르는 것이라고 말하기도 한다! 대체적으로 볼 때, 양쪽 모두 자신들이 다른 한쪽에 대해서는 경시하고 있다는 것을 모르는 것 같다. 양쪽 모두 자신들이 중점을 두는 비율이 옳으며, 스스로 균형 있는 이해를 가지고 있다고 믿는다.

나는 양쪽 모두 바라본다. 나도 양쪽 모두에 처해봤으며, 각 진영에 깊숙이 들어가보았다. 그래서 양쪽 진영이 서로에 대해 어떻게 느끼고 생각하는지 감히 안다고 말할 수 있다.

분명 어떤 사람들은 성령보다는 말씀에 더 열려 있고, 또 어떤 사람들은 말씀보다는 성령에 더 열려 있는 것이 사실이다. 내 생각에, 말씀에 비교적 덜 열려 있는 사람들에게 그것을 인정하게 하는 일은 마치 새끼손가락으로 차를 언덕 위로 밀어 올리는 것과 같다. 그리고 성령에 비교적 덜 열려 있는 사람들에게 그것을 인정하게 하는 일은 마치 막 달려나가는 차의 범퍼를 새끼손가락으로 붙잡고 있는 것과도 같다.

과연 누가 겸손하게 인정할 것인가? 우리 모두 "나는 부자라 부요하여 부족한 것이 없다"(계 3:17)고 말하는 라오디게아 교인들 같지 않은가? 우리는 뜨겁지도 차지도 않아 미지근할 뿐이고, 그래서 쓸모가 적다. 말씀은 잘 알지만, 성령의 나타나심에 대해서는 죽을 만큼 두려워하고 기적을 의심하는 자들이 그렇다. 성령의 현현에 대해서는 잘 알지만, 교리에 대해서는 인내심이 부족하고 복음을 당연시하는 자들이 그렇다. 그 누구도 잘못을 인정하지 않는다.

얼마 전, 존 아노트 목사의 초빙으로 토론토에 있는 교회에서 약 300여 명의 사역자들을 모아 두고 이 내용으로 강의를 한 적이 있었다. 강의가 끝나고 마지막에 질의에 응답하는 시간이 있었는데, 한 사역자가 물었다. "말씀 중심적이면서 성령에 열려 있는 사람과 성령 중심적이면서 말씀에 열려 있는 사람 중 누가 더 개방적이라고 생각합니까?" 나는 얼핏 보면 성령 중심적인 사람들이 더 개방적인 것인 것처럼 보이지만, 사실은 거의 차이가 없는 것 같다고 대답했다.

성령에 개방적인 것처럼 보이는 사람들은 일반적으로 성령의 은사들에 대해 익숙한 사람들이다. 그들이 가진 개방성으로 인해, 이들은 주님으로 인한 자유와 그분에 대한 사랑을 꺼릴 것 없이 드러내곤 한다. 이것은 아주 긍정적인 일이다. 반면 말씀 중심적인 사람들은 보다 경직되어 보이고 감정을 드러내기를 싫어하며, 때로는 웃는 것조차 힘들어한다.

이런 면에서 성령 중심적인 사람들이 더 개방적으로 보인다. 그러나 겉으로만 그렇다. 종종 그들에게 말씀에 대해서는 그다지 열려 있는 것 같지 않다는 지적을 하면, 굉장히 기분 나빠하거나 방어적인 태도를 보인다.

꽤 인지도 있는 몇몇 사역자들과 나눈 대화를 잊을 수가 없다. 그때 나는 일부 자칭 성령으로 충만한 그리스도인들이 설교나 진지한 성경공부에 대해서는 얼마나 관심 없어 하는지에 대해 말하고 있었다. 그러자 한 사람이 말했다. "동의할 수 없군요." 그래서 나는 왜 자칭 성령 충만한 그리스도인들에게 경건함holiness을 강조해야 하는지 계속해서 지적했다.

처음에는 흥미를 가지고 개방적으로 대화를 나누던 이들이 나중에는 마음을 닫기 시작했다. 참으로 안타까운 일이었다. 하지만 내 친구들은 그 사역자들의 편을 들었다. "만약 그들이 경건함만을 주장했더라면, 그들의 교인 80퍼센트는 교회를 떠났을 거예요." 정말 그럴까? 실은 그 부분이 바로 내가 말하려고 했던 요점이었다! 만약 80퍼센트의 사람들이 경건함을 강조하는 것에 대해 열려 있지 않다면, 그것이 바로 말씀에 대해 열려 있지 않다는 증거가 아니고 무엇이겠는가? 바로 이 대화를 통해 나는 너무나 많은 그리스도인들이 성령에는 열려 있지만, 말씀에는 열려 있지 않다는 사실을 확인할 수 있었다.

우리는 지금 정직하지 못한 사람들에 대해 이야기하고 있는 것이 아니다. 이 양쪽 모두 신실하며 믿음이 좋은 사람들이다. 만일 그들을 거짓말탐지기 아래 앉힌다면, 모두 다 진심을 이야기하는 것으로 판명될 것이다. 말씀 중심적인 사람들은 척 봐도 이단을 구별해낼 줄 안다. 성령 중심적인 사람들은 눈 감고도 생명력 없는 전통을 구별해낼 줄 안다.

내일의 기름부음은 이 양극 간을 좁혀줄 것이다.

너희는 귀를 기울이고 내게로 나아와 들으라 그리하면 너희의 영혼이 살리라 내가 너희를 위하여 영원한 언약을 맺으리니 곧 다윗에게 허락한 확실한 은혜이니라 (사 55:3)

우리가 전적으로 서로를 용서하고 서로의 처지와 연약함을 인정할 줄 안다면, 내일의 기름부음으로 한 발짝 가까이 가게 될 것이다. 우리가 우리끼리 공격하는 것을 멈추고, 형제와 경쟁하는 것이 아니라 바깥세상에 있는 블레셋을 대항하기로 한다면, 우리는 내일의 기름부음으로 더 가까이 나아가게 될 것이다.

사울이 정작 걱정했어야 했던 블레셋보다 다윗에게 더 집착하였던 것을 기억할 것이다. 보도에 따르면 달 표면을 처음으로 걸었던 닐 암스트롱이 지구로 귀환하는 날, 당시 미국의 대통령이었던 리차드 닉슨은 이 우주선의 귀환을 환영하는 자리에 있었지만, 이 일보다 차파퀴딕에서 일어난 사건에 더 큰 관심을 가지고 있었다고 한다.

당시 대통령 후보로 유력했던 에드워드 케네디(존 F. 케네디의 막내동생 - 역주) 상원의원이 차파퀴딕에서 자동차 사고를 내면서 여성 동승자였던 메리 조 코페크니가 사망하는 끔직한 일이 발생했다. 이 사고로 에드워드 케네디의 정치생명은 막을 내리게 되었다. 세계 역사상 기록적인 날이었던 이날, 닉슨 대통령은 닐 암스트롱보다 자신의 정치적 라이벌이었던 케네디의 정치적 입지에 더 관심이 있었다. 사울 왕은 결국 블레셋 사람들의 침략을 막지 못하여 목숨을 잃었다. 다윗에게 관심을 집중한 대가로 모든 것을 잃고 만 것이다.

우리는 결속을 강화하고 겸손해져야 한다. 우리가 자신이 소속된 진영을 방어하느라 진리를 구하는 일에 게으를 때, 우리의 적인 사탄이 아주 좋아하고 있다는 사실을 기억해야 한다.

앞에서도 거론한 바 있듯이 웸블리에서 열린 말씀과 성령 컨퍼런스에서 나는 마태복음 22장 29절을 중심으로 설교했다. "예수께서 대답하여 이르시되 너희가 성경도, 하나님의 능력도 알지 못하는 고로 오해하였도다." 주님께서는 사두개인들이 이 두 가지 모두를 알지 못한다고 하셨다. 내가 발견한 바로는 일반적으로 봤을 때, 오늘날의 교회들은 이쪽이거나 혹은 저쪽이거나 이 둘 중 하나만을 강조하는 경향이 있다.

3년 전 존 윔버와 식사를 한 적이 있었다. 바로 그날 아침, 주님께서 존 윔버에 관한 말씀을 내게 주셨다. 너무나 저명한 이 하나님의 종과 만난다는 것에 대해서 나는 무척이나 긴장하고 있었다. 식사 도중 나는 그에게 이렇게 말했다. "목사님, 하나님께서 당신을 위한 말씀을 주셨습니다." 그러자 그는 매우 듣고 싶어 했다.

나는 이렇게 말했다. "저는 최근 목사님께서 하신 설교 한 마디 한 마디에 모두 동의합니다."

"그렇습니까?" 그는 분명 감사를 담은 어조로 대답했다. 나는 그가 무슨 말씀을 전했는지 상기시켜 주었다. "16세기에 루터와 칼빈이 우리에게 말씀을 주었지만, 하나님께서는 20세기에 우리가 그분의 능력을 보기를 원하신다고 말씀하셨습니다." 존은 그렇다고 했다.

"하지만 목사님은 요셉을 알지 못했던 바로 왕들을 가르치고 있습니다." 이것이 하나님께서 존 윔버를 위해 내게 주신 말씀이었다. 요셉을 총리로 삼았던 바로 왕이 죽고 나서, 이스라엘의 다음 세대들은 요셉에 대해 전혀 알지 못하는 새로운 바로 왕 밑에 살게 되었다. "목사님은 지금 능력을 행해야 할 이 세대가 이미 말씀을 알고 있다고 생각하십니다. 말씀이 16세기에 들어왔기 때문이지요. 하지만 오늘날의 사람들은 말씀이 무엇인지도 모르고 있습니다."

그는 포크와 나이프를 내려놓고 내 눈을 바라보았다. "지금 제가 생각하고 있는 것을 정확하게 짚으셨습니다." 그는 자신의 가슴을 가리키며 말했다. "지금 말씀하신 것을 인정합니다." 그리고 그는 하나님께서 주신 말씀을 참고하겠노라고 약속하였다.

나와의 만남 이후에 그가 나의 조언을 적용했는지 안했는지는 알 수 없다. 하지만 그는 겸손하게 나의 말을 인정하고 동의한다고 말했고, 나는 그 점에 대해 늘 그에게 감사하게 생각한다.

그것이 올 때, 세상은 깨어날 것이다!

말씀을 중점적으로 생각하는 진영에서는 이렇게 주장한다. "지금 필요한 것은 설교(가르침)이며, 성도들에게 주어진 바 된 믿음으로 다시 돌아가는 일이다. 우리는 개신교의 유산을 받들어 믿음으로 의롭게 된다는 교리와 하나님의 주권 그리고 구원의 확신을 회복해야 한다. 우리는 에드워즈, 휫필드 그리고 스펄전에게 주어졌던 계시에 대한 가치를 다시 회복해야 한다. 현재 사람들은 성경을 모르며 교리를 알지 못한다. 우리는 말씀으로 다시 돌아가야 한다."

반면 성령을 중점적으로 생각하는 진영에서는 이렇게 주장한다. "지금 필요한 것은 기적과 이적과 성령의 은사가 풀어져 능력이 나타나는 것이다. 예언적 은사와 치유의 은사를 가진 자들이 나와서 지금도 하나님께서 살아 계시다는 것을 세상이 보도록 해야 한다. 우리에게 필요한 것은 사도행전에서 그랬던 것처럼 하나님의 능력이 지축을 흔들며 우리 앞에 나타나는 것이다."

양쪽의 주장에 오류가 있는가? 전혀 없다. 양쪽 다 정확하게 맞는 말이다. 하지만 양쪽 다 완전하지는 않다. 어느 한쪽이 필요한 것이 아니라 두 가지가 모두 다 필요하다. 말씀과 성령의 재결합이 필요하다. 이것은 단순한 교회의 연합을 의미하는 것이 아니다. 오늘날 주님의 종들과 교회 안에 말씀과 성령이 동시에 결합되는 것이 필요하다. 어느 한쪽을 보유한 교회들은 많으나 둘 다 가진 교회는 많지 않아 보인다.

반복하건대 이 둘은 분리될 수 없다. 말씀이 있다는 것은 성령의 존재를 이미 인정하는 것이다. 예를 들면, 전파하는 믿음의 말씀으로(롬 10:8) 누군가가 회심하여 그리스도인이 되었다면, 그는 성령의 도우심으로 그것을 받아들인 것이다. 성령으로 아니하고는 누구든지 예수님을 주님으로 고백할 수 없다(고전 12:3). 그래서 말씀이 있는 곳에 성령이 있다. 이 두 가지 중 어느 것이라도 소홀히 여긴다면, 그 결과로 우리는 두 가지를 모두 경험하는 일이 적어질 것이다.

바울이 "우리 복음이 너희에게 말로만 이른 것이 아니라 또한 능력과 성령과 큰 확신으로 된 것임이라"(살전 1:5)고 말했을 때, 사실 그는 능력이 없는 설교도 있을 수 있다는 것을 인정하고 있다. 모든 목회자들은 (솔직하게 말한다면) 능력 없는 설교를 한다는 것이 어떤 것인지 알고 있다.

데살로니가 교회에서 한 바울의 설교는 강력한 것이었다. 그의 설교를 통해 그들이 택하심을 받았다는 것을 알 수 있었다(살전 1:4). 하지만 입으로는 올바른 것을 말하고 교리적으로도 문제가 없는데, 여전히 능력은 드러나지 않는 경우들도 보게 된다. 로이드 존스는 종종 이것을 '완벽한 교리, 철저한 무용지물'이라고 표현하곤 했다. 이것은 말씀과 성령이 각자의 영역으로 분리되어서 말씀으로 꽉 차되 성령은 없거나 성령으로 꽉 차되 말씀은 없는 것을 의미하는 것이 아니다. 이 둘 사이의 균형의 부재를 말하고 있는 것이다.

문제는 양쪽 진영에 있는 사람들에게 그들의 결핍이 무엇인지 자각하게 하기가 어렵다는 것이다. 보통 말씀 중심적인 사람들에게 물어보면,

가슴에 손을 얹으며 "우리도 성령을 인정해요"라고 말할 것이다. 물론 그것은 진심일 것이다. 하지만 바로 그렇게 말하는 그들이 진정 성령에 열려 있는다는 것이 무엇인지에 대해 강력하게 도전받아야 하는 사람들이다. 그들은 계속해서 "저는 열려 있다니까요"라고 말할 것이다.

성령 중심적인 사람들도 마찬가지다. 그들은 분명 "우리도 말씀을 알아요"라고 자신 있게 말할 것이다. 그들에게 정말로 말씀에 열려 있지 않다고 재차 말하면, 아마도 그들은 시험에 들 것이다. 그래서 난관에 봉착하는 것이다.

성령의 일하심을 강조하는 시대적 움직임이 아직 전도의 차원에서는 많이 적용되지 않고 있다. 물론 많은 예외가 있음도 알고 있으며, 그것에 대해 기쁘게 생각하고 하나님께 감사드린다. 하지만 대체적으로 아직 세상은 깨어나지 않았다.

나는 이러한 상황들이 하루 속히 바뀌기를 기도한다. 보통 사람들이 나의 집회에 올 때 무엇을 보기보다는 들으러 온다. 그들은 나에게 "말씀해주셔서 감사합니다"라고 인사할 것이다. 사람은 기대한 만큼 얻는다. 사람들은 보기 위해(기적이 일어나고 성령이 임하는 것을 관찰하기 위해) 어딘가를 찾아가기도 한다. 하지만 당신과 나의 기름부음 안에 말씀과 성령이 함께 조화를 이룬다면, 내 친구 린던 보우링이 말했듯이 "보려고 온 자는 들을 것이고, 들으러 온 자는 볼 것이다." 그것이 내일의 기름부음이며, 그것이 올 때 세상은 깨어날 것이다!

전능하신 하나님의 기름부음이 당신에게 임하기를 기도한다!

각 / 주

Chapter 1 기름부음

1) 로마 카톨릭에서 세례, 견진성사, 서품식 등의 의식을 치를 때에도 성유를 바르는 절차를 행한다.
2) 우리 교회에서는 현재 치유가 필요한 사람이 저녁예배가 끝난 후 지정된 의자에 앉아 기름부음 받기를 요청할 수 있도록 하였다.
3) 하지만 선지자가 실제로 기름부음 받은 경우도 있다. 하나님께서 엘리야에게 그의 후계자로 세울 엘리사에게 기름부으라고 말씀하셨다(왕상 19:16).

Chapter 2 나의 기름부음 인정하기

4) R. T. 켄달의 저서 《God Meant it for Good》 1998년 paternoster 출간

Chapter 11 은밀한 기름부음

5) 스펄전이 입학거부를 당하게 된 것과 관련해서 다른 이야기도 있다. 입학을 위한 인터뷰를 하기로 한 날, 학장과 스펄전이 서로 다른 방에서 기다렸던 것이다. 스펄전이 이 사실을 알게 되었을 때는 이미 약속시간이 1시간가량이나 지난 후였고, 끝내 그 학장은 포기하고 집으로 돌아가버린 다음이었다. 스펄전은 이 실수가 하나님의 섭리하심이었다고 믿었으며, 결국 이 학교에 들어가는 것을 포기하였다.

Chapter 12 내일의 사람

6) '돌아오시지 않는다'는 것이 구원의 문제까지 의미하지는 않는다. 성령을 슬프시게 했

다고 해서 구원을 잃는 것은 아니다. 우리는 구원의 날까지 인치심을 받았다(엡 4:30). 우리가 잃는 것은 구원이 아니라 올바르게 생각할 수 있는 힘이다. 비둘기가 다시 돌아온다는 것은 올바른 생각을 할 수 있는 능력과 그분의 임재하심을 다시 인식하게 된다는 뜻이다.

Chapter 13 말씀 앞에 열려 있기

7) 이것은 히브리어 원문을 의미상으로 옮긴 내용이다. 대부분의 현대 성경들이 원문의 의미를 그대로 표현하고 있지 않은데, 리빙바이블에는 다음과 같은 각주가 달려 있다. "그분의 모든 이름들보다 그분의 말씀을 더욱 중요하게 여기셨습니다."
8) 웨인 그루뎀《Systematic Theology》1994년 Zondervan 출간
9) 하나님의 비밀한 의도는 또한 우리를 향한 그분의 영원전부터의 목적과도 연관이 있다.

Chapter 14 성령께 열려 있기

10) 시편 51편은 나단 선지자로부터 죄에 대한 추궁을 받은 뒤(삼하 12:1-14) 지어진 다윗의 시다.
11) 이 표현은 로이드 존스 목사가 가르쳐준 것이다. 로워 헤이포드에 있는 남침례교회에서 설교할 때 그가 사용하는 것을 처음으로 들었다. 당시 나는 청소년을 위한 교리문답서를 만들었는데 그 질문 중 하나가 '성경이 하나님의 말씀이라는 것을 어떻게 알 수 있습니까?'였고, 정답은 '성령께서 깨닫게 해주심으로써'였다. 내가 이것을 로이드 존스 목사에게 보여줬을 때, 그는 '지금 당장 실제적인 방법으로 역사하시는 성령께서 깨닫게 해주심으로써'라고 고치는 것이 좋겠다고 권고했다. 그는 이 부분을 매우 중요하게 생각했다. 그리고 이런 일들은 내가 사고하는 방법을 넓혀주었다.

Chapter 15 내일의 기름부음

12) 히브리어 '카보드'는 눈에 보이며 실제로 감지할 수 있는 광선과도 같은 형태의 하나님의 성품을 의미하며, 영광, 광휘, 탁월 등의 의미와 연결되어 사용된다.